KD033391

김정은 체제 10년,

새로운 **국가 전략**

이화여대 북한연구회 총서 4

김정은 체제 10년, 새로운 국가 전략

초판 1쇄 발행 2022년 2월 28일

엮은이 | 이화여대 북한연구회
지은이 | 강혜석 · 김미주 · 김엘렌 · 박민주 · 송현진 · 윤은주 · 조윤영 · 조현정
펴낸이 | 윤관백
펴낸곳 | 도서출판 선인

등 록 | 제5-77호(1998.11.4)
주 소 | 서울시 마포구 마포대로 4다길 4(마포동 324-1) 곶마루 B/D 1층
전 화 | 02)718-6252 / 6257
팩 스 | 02)718-6253
E-mail | sunin72@chol.com

정가 24,000원
ISBN 979-11-6068-694-4 93300

· 잘못된 책은 바꿔 드립니다.
· www.suninbook.com

이화여대 북한연구회 총서 4

김정은 체제 10년, 새로운 국가 전략

이화여대 북한연구회 엮음

강혜석 · 김미주 · 김엘렌 · 박민주
송현진 · 윤은주 · 조윤영 · 조현정 지음

도서출판 선인

김정은 정권은 집권 10년을 지나며 대북제재, 코로나19, 자연재해라는 3중고로 총체적 난관에 직면해 있다. 현재 북한은 대내외적 위기를 극복하기 위한 새로운 전략을 모색하고 있다. 2011년 12월 집권한 김정은은 제대로 준비되지 못한 상황에서 북한의 3대 지도자가 되었다. 김일성, 김정일에 비해 권력기반과 정치적 자산이 취약했으며, 고난의 행군 이후 추락된 북한의 국가 위상과 경제력도 회복되지 않은 상태였다. 따라서 집권 초반기 김정은 정권은 권력기반 창출과 국가 위상 강화에 주력했다. 선대의 정치적 유산에 의존하기보다 기존 정치구도를 재편해 자체의 권력기반을 확보해 나갔다. 경제핵병진노선을 내세워 핵·미사일 개발에 주력하며 국가위상을 제고시켜 나갔다.

권력과 핵을 확보한 김정은 정권의 다음 행보는 경제발전과 남북 및 북미관계 개선으로 이어졌다. 북한은 2018년 핵개발에 주력했던 자원을 경제에 집중함으로써 발전동력을 확보하려는 시도로 경제건설총력집중노선을 선언했다. 하지만 북한경제가 회복하려면 대북제재 해소가 필수이고, 이는 남북 및 북미 관계 개선을 통해 가능하다. 북한이 2018년을 기점으로 남북 및 북미 정상외교에 활발히 나선 이유이다. 북한의 평창 동계올림픽 참가로 시작된 한반도 평화 분위기는 남북, 북미 정상회담으로 이어졌다. 하지만 2019년 하노이 북미 정상회담의 결렬로 김정은 위원장의 정상외교의 동력은 약화되었다. 북한은 2019년 12월 정면돌파전을 새로운 길로 선택했으나, 대북제재의 장기화로 인한 내구력 약화, 코로나19 사태에 따른 국경봉쇄와 자연재해 등으로 성공하지 못하고 있다. 현 상황의 돌파구가 마련되지 않는다면 한반도를 둘러싼 평화는 교착 국면이 장기화될 것이다. 이에 따른 어려움은 북한이 떠안게 될 것으로 보이며, 만성적인 경제 악화는 북한 주민들의 불만으로 이어질 것이다. 그렇다면 김정은 정권의 앞으로 행보는 어떻게 전개될 것인가. 이는 지난 10년간 북한의 전략을 돌아보는 것을 통해 전망해 볼 수 있을 것이다.

'이화여대 북한연구회'는 이화여자대학교 북한학과 20주년을 기념해 2019년부터 활동을 시작한 박사학위 졸업생들의 연구공동체이다. 회원들의 연구성과를 모아 매년 총서 시리즈를 발간하고 있다. 2018년 11월 첫 연구총서 『김정은 체제 변한 것과 변하지 않은 것』 발간을 시작으로 2020년 3월에 두 번째 총서인 『남과 북, 평화와 공존』, 2021년 3월에 『북한여성, 변화를 이끌다』라는 세 번째 총서를 출간했다. 이어 네 번째 총서로 2022년, 이화여대 북한연구회는 『김정은 체제 10년, 새로운 국가 전략』을 기획하여 출간하고자 한다. 북한은 김정은 정권 등장 이후, 10년이라는 시간을 보냈다. 이 시간 동안 북한은 이러저러한 전략을 시도하며 다양한 변화를 추구해 왔다. 이 책이 지난 김정은 체제의 여러 분야의 전략을 살펴보고, 새로운 10년을 맞이한 북한의 국가 비전은 무엇일지 조망해보는 실마리를 제공했으면 한다. 이 책은 총 2부로 구성되어 있다. 이화여대 북한연구회 회원들이 연초에 주제를 정하고, 각자 글을 써서 학술대회와 학술지에 발표한 총 8편의 글로 구성되었다.

제1부 '정치 전략'에서는 통치, 청년강국, 대남, 대일 전략을 되짚어보고 새로운 10년의 국가 비전을 전망해본다. 제1장은 김정은 시대 사회주의법치국가론의 부상과 북한의 국가 전략을 다룬다. 북한이 지향하는 사회주의법치국가론은 경제적 제도화나 통제수단으로서의 강화로서의 의미 그 이상으로 북한의 정치 지형에서 차지하는 의미가 크다. 이 글은 북한 특유의 수령체제가 지닌 근본위험 요소들, 즉 자의적이고 독단적인 정치행위로 인한 권력의 사유화 여지가 법치의 제도화 과정에서 일정하게 축소될 수 있는 가능성을 열어두고 있다. 제2장은 청년들에게 청년강국을 제시하며 청년영웅이 되라고 독려하고 있는 김정은 시대의 청년 전략을 다룬다. 국가 전략 실현의 주최로 청년들의 역할을 왜 강조하는지, 청년대회와 청년교양을 어떻게 강화하는지, 청년 전략의 지속과 변화는 무엇인지를 밝히고 있다. 제3장은 대남정책 변화와 남북정상회담을 다룬다. 김정은 시대의 대남정책은 체제 안보와 경제발전이라는 두 가지 전략을 실현하기 위해 펼쳐졌음을 밝힌다. 제4장은 북한의 대일 전략

을 다룬다. 김정은 정권에 들어서서 이뤄진 북·일 양국 간의 '스톡홀름 합의'는 당시 엄중한 국제사회 분위기에서 '전격적인' 진전으로 보였지만, 결과적으로는 양국 관계의 한계와 제약이 더욱 표면화되는 결과만 낳았다고 볼 수 있다.

제2부 '경제사회 전략'에서는 북한의 교육, 주민, 소극적 공조, 사회기술시스템 전환 전략을 담았다. 제5장은 북한의 계층 분화에 따른 교육격차의 요인과 계층 구조에 의한 교육격차의 실태를 분석함으로써 김정은 시대 교육 전략의 현주소와 전망을 밝힌다. 제6장은 주민 전략으로 김정은 시대 북한 내 소수자라 할 수 있는 여성, 아동, 장애인 전략을 다룬다. 특히, 북한 당국의 여성차별철폐협약, 아동권리협약, 장애인권리협약 가입 이후 해당 부분 정책 변화와 SDGs 관련 항목에 대응하여 어떤 정책을 펼치고 있는지 추세를 분석하였다. 제7장은 북한이 국제사회의 협력을 위해 취약계층을 중심으로 협력을 하는 북한 인권 분야와 사회권을 중심으로 한 SDGs 연계성을 다룬 '북한의 소극적 공조 전략'에 관한 연구이다. 제8장에서는 사회기술시스템 이론의 관점에서 출발하여, 물을 둘러싼 북한주민의 실천과 그에 대한 당국의 전략적 대응을 살펴본다. 그 결과, 북한주민의 자구적 지식과 기술적 실천이 괄목할 만한 시스템 변화를 빚어내는 만큼, 북한 당국은 시장에 깊이 개입하여 통치에 유리한 방식으로 시스템 전환을 굴절시켜 보려는 전략을 추진해 온 것으로 나타난다.

올해 네 번째 총서 시리즈를 발간하게 된 이화여대 북한연구회는 해가 갈수록 더 단단해지고 성장하고 있다. 이화여대 북한연구회가 연구공동체로 자리 잡도록 애써준 초대 회장 김정수, 2대 회장 이미숙, 3대 회장 윤은주 박사의 수고가 있었다. 여기에 운영진으로 참여해 대내외 학술회의와 학술교류사업을 담당해준 강혜석, 김엘렌, 김영지 박사 등의 헌신이 있어서 가능했다. 무엇보다 총서 발간을 위해 저자들을 독려하고 출판사와의 공조까지 많은 시간을 고생해 준 조영주, 김미주, 박민주 박사에게 감사의 마음을 전한다. 이번 총서에 새롭게 참여한 조윤영, 조현정 박사의 열정에도 감사하다. 이화여대 북한연구회 전체 회원들은 북한학을 중심으로 남북관계와 한반도 평화와 통일 등 다양한 주제들을 포괄하면서, 각 분야에서 연구와 활동을 하며 유의미한 성과를 내고 있다. 앞으로도 회원들의 더 많은 활약을 기대하며 존경의 마음을 전한다. 이 책이 북한연구에 대한 새로운 시각과 지평을 넓히는 데 기여하고, 후배 연구자들이 연구 열정을 키우는 계기가 되기를 희망한다.

이 책이 나오기까지 많은 분들의 지지와 격려가 있었다. 이화여대 북한학과에서 제자들이 학문적 뿌리를 내릴 수 있도록 지도를 해주신 김석향, 조동호, 박원곤 교수님께 감사의 마음을 드린다. 지난해 정년퇴임을 하셨지만, 이화여대 북한연구회가 출발하고 매년 단행본을 낼 수 있도록 물심양면으로 도와주신 최대석 명예교수님께도 존경의 마음을 전한다. 그동안 제자들이 성장하고 결실을 낼 수 있도록 이화여대 북한학과에서 강의해주신 여러 선생님들께도 감사의 인사를 드린다. 마지막으로 이 책의 출간을 위해 세심하게 애써주신 도서출판 선인에 진심으로 감사드린다.

2022년 2월

저자들의 뜻을 모아

이화여대 북한연구회 4대 회장 송현진

차 례

제2부 경제사회 전략

제1부

정 치
전 략

제1장
통치 전략*

"사회주의법치국가"의 부상**

강 혜 석

1. 들어가며

조선노동당 제8차 당대회를 상징하는 가장 핵심적인 단어가 '국가'와 '인민'이었다는 데 이의를 제기하기는 쉽지 않을 것이다. 먼저 '국가'와 관련해서는 김정은 시대의 국가 담론을 이끈 키워드인 '우리 국가제일주의'가 시대 규정의 핵심어가 된 점을 들 수 있다. 현 시대가 주체시대와 선군시대를 잇는 "우리 국가제일주의시대"라는 주장이 그것이다.[1] 또한 2013년 조선노동당 제4차 세포비서대회를

* 본 논문은 한국외대 『국제지역연구』 26권 1호 "'사회주의법치국가'론과 김정은 시대의 통치 전략: 북한식 법치의 내용과 특징"(2022)을 수정 · 보완한 것임을 밝힙니다.

** 본 연구는 원문의 의도를 충실히 전달하기 위해 북한식 표현을 가급적 그대로 사용하고 있음을 밝힙니다.

통해 김일성－김정일주의의 핵심으로 제시된 이래 반복적으로 강조되어 온 인민대중제일주의 역시 선군정치를 대체하며 우리 국가제일주의 시대의 기본정치방식으로 규정되었다.[2] 바야흐로 '국가'와 '인민'이 '선군'을 대신하며 김정은 시대의 핵심어로 선언된 것이다.[3]

또한 제8차 당대회에서는 이와 같은 시대규정과 및 이데올로기적 변화와 더불어 내용적이고 실질적인 측면에서 그에 못지않게 중요한 또 하나의 키워드가 강조되었다. 국가와 인민을 잇는 중요한 연결고리라 할 수 있는 '사회주의법치국가'론이 바로 그것이다. 김정은은 이번 제8차 당대회 보고를 통해 역사의 새로운 단계에 걸맞게 "국가사회제도"를 더욱 공고히 발전시켜 나가야 하며 이를 통해 "국가의 인민적성격을 강화하고 통일적, 과학적, 전략적관리를 실현"하는 동시에 "제도보위, 정책보위, 인민보위"를 가능케 하는 "사회주의법치국가"를 건설해야 함을 역설했다.[4] 김일성 정권의 '사회주의법무생활'론의 뒤를 이어 김정일 정권에서 발전적으로 재구성된 '사회주의법치국가'론이 김정은 시대를 관통하며 주요한 통치담론이자 정책적 지침으로 확고히 자리매김한 것이다.

그렇다면 과연 이와 같은 북한식 법치론, 즉 사회주의법치국가론

1) "우리 식 사회주의건설을 새 승리에로 인도하는 위대한 투쟁강령: 조선로동당 제8차대회에서 하신 경애하는 김정은동지의 보고에 대하여", 「로동신문」, 2021년 1월 9일.

2) 김정은, "경애하는 김정은동지께서 조선로동당 제4차 세포비서대회에서 하신 연설(2013.1.23)", 「조선중앙통신」, 2013년 1월 29일.

3) '국가'와 '인민'의 부상과 관련한 보다 자세한 논의는 다음을 참조할 것. 강혜석 · 안경모, "김정은 시대 통치 이데올로기(2012~2021): '선군'에서 '국가와 인민'으로", 정영철 편, 『세계정치: 김정은의 전략과 북한 34권』(서울: 서울대학교 국제문제연구소, 2021), pp. 65~120.

4) 「로동신문」, 2021년 1월 9일.

의 내용과 함의는 무엇일까? 과연 2020년 12월 제정된 '반동사상문화배격법'이 상징하듯 김정은 시대 내내 강화되어 온 일련의 통제강화의 일환일 뿐일까? '의법치국'(依法治國)의 모토를 통해 법치를 개혁 심화의 한 과정으로 규정한 중국의 역사적 경험과 북한의 법치 강화는 어떤 유사점과 차이점이 있을까? 사회주의법치국가는 과연 인민을 위한 것인가, 인민을 향한 것인가, 아니면 그 두 가지 길을 모두 포함하는 것인가? 본 연구는 이와 같은 질문들에 대한 답을 통해 김정은 시대 전면에 등장한 사회주의법치국가론의 배경과 내용, 함의를 살펴보고자 한다.

이를 위해 먼저 2장에서는 사회주의 체제에서 법치 개념이 갖는 역사적, 이론적 맥락을 살펴봄으로써 본 연구의 문제의식을 보다 구체적으로 드러낸다. 또한 3장에서는 법치와 관련한 김일성, 김정일 시대 북한의 담론들을 살펴보고 4장에서는 본격적으로 김정은 시대의 사회주의법치국가론을 분석한다. 마지막으로 결론에서는 앞선 논의를 바탕으로 그것이 북한의 미래와 우리의 정책적 대응에 갖는 함의를 간략히 논하도록 하겠다.

2. 사회주의와 법치

1) 사회주의, 법치, 그리고 제도화

주지하듯 마르크스 레닌주의에서는 계급독재가 법치에 우선한다. 또한 법의 주체인 국가는 궁극적인 소멸의 대상이다. 따라서 법 역시 국가와 함께 궁극적으로 사라져야 할 대상으로 간주되어 왔다. 적어도 도그마적으로 볼 때 사회주의에서 법치는 현재와 미래 어디에서도 그리 환영받지 못한 개념이었던 것이다.[5)]

헌법의 위상은 그 대표적인 예라 할 수 있다. 의회민주주의에서는 헌법이 최상위의 규범과 규칙으로 절대적 권위를 갖는 반면 당이 국가보다 우위에 있는 사회주의 당-국가체제에서는 국가의 최고 규범인 헌법이 당의 최고규범인 당규약의 하위 규범일 뿐이기 때문이다.[6)] 당의 "강령은 아직 존재하지 않는 것, 아직은 성취되지 않았고 미래에 쟁취되어야 하는 것"인 반면 "헌법은 이미 존재하는 것, 이미 성취되었고 지금 현재 쟁취된 것"이라는 스탈린의 규정은 바로 이와 같은 관점을 잘 보여주고 있었다.[7)]

그러나 '국가 사회주의'라는 모순된 개념에서 볼 수 있듯이 '실제로 존재하는 사회주의'(actually existing socialism)는 탈근대의 지향에도 불구하고 복잡하고 거대한 관료제라는 전형적인 '근대 국민국가'(modern nation state)의 모습으로 나타났다.[8)] 따라서 국가의 성장에 따른 관료제의 성장과 그에 발맞춘 법률 수요 증대라는 근대국가의 일반적 경향은 사회주의 국가에서도 동일하게 관찰되었다. 당의 강령에 의한 통치만으로는 거대하고 복잡한 국가 조직에 대한

---

5) Veniamin Evgen'evich Chirkin, Yu Yudin, O. Zhidhov 저. 송주명 역, 『맑스주의 국가와 법이론』(서울: 새날, 1990); H. Kelsen 저, 장경학 역, 『공산주의 법이론』(서울: 명지사, 1983).

6) 김성호, "헌법제정의 정치철학: 주권인민의 정체성과 인민주권의 정당성", 『한국정치학회보』 제42권 3(2008), p. 6.

7) J.V. Stalin 저, 서중건 역, 『스탈린 선집』 제2권(서울: 전진, 1990); 장명봉, "공산주의 헌법의 개관: 소비에트 헌법을 중심으로", 『중소연구』 제9권 3호(1985), p. 103.

8) Rudolf Bahro, *The Alternative in Eastern Europe*(London: Verso, 1977).

효율적인 통제와 관리가 불가능했던 것이다.

또한 이와 같은 수요는 옳고 그름이 아닌 효율성의 영역인 경제 분야가 확장되고 강조됨에 따라 증대되어 갔다. 시장 메커니즘의 확산이 이러한 경향을 더욱 가속화했음은 물론이다. 사적 소유에 기반한 거래는 안정성과 예측 가능성을 전제로 하지 않는 한 유지될 수 없기 때문이다.[9] 더불어 개방의 과정 역시 중요한 촉진요인이었다. 무정부성을 기본으로 하는 국제사회에서 투자와 거래를 보장할 유일한 장치는 국제법이든 국내법이든 궁극적으로 법 제도일 수밖에 없기 때문이다. 결과적으로 법률의 제정과 적용의 확대는 '제도화'(institutionalization)의 핵심적 기반으로 작동하며 사회주의 체제의 경제적 변화와 연동되어 왔다.

이러한 맥락에서 사회주의 체제 개혁, 개방의 과정이자 결과로서 법치의 부상은 많은 학문적, 정책적 관심을 받아왔다.[10] 특히 살아남은 사회주의 국가이자 개혁개방의 대표적 사례로서 매우 체계적이고 장기적으로 법치를 도입하고 확장시켜 나간 중국의 사례는 이러한 메커니즘을 잘 보여주고 있다.

알려진 바와 같이 중국의 법치국가를 향한 여정은 1978년 제11기 3중전회의를 기점으로 한 개혁개방을 계기로 시작되었다. 당시 중

---

9) 법치와 경제발전과의 상관관계에 대한 포괄적 논의로는 다음을 참조할 것. 박철, "경제발전을 위한 법치주의: 사회적 신뢰와 협조의 기초인 법과 법치주의를 중심으로", 『저스티스』 제106호(2008).

10) 한상돈, "중국 사회주의법치의 발전과 과제", 『저스티스』 제158권 3호(2017), pp. 191~211; 조영남, "중국의 법치 논쟁과 정치개혁", 『한국과 국제정치』 제26권 4호(2010), pp. 89~118; 이희옥, "시진핑 시기 반부패운동의 정치논리: 시장, 법치, 거브넌스의 관계", 『중소연구』, 39권 1호(2015) pp. 17~38; 김대인, "베트남의 법치주의 전환이 북한에 주는 함의: 행정구제를 중심으로", 『동북아법연구』 제15권 1호(2021), pp. 93~120.

국은 문화대혁명의 정치적 혼란을 수습하고 공산당 지배의 정당성과 정치적 안정을 회복하기 위해 사회주의발전과 법제개선을 당방침으로 확정했다.[11] 이후 1980년대 개혁개방의 속도를 따라가지 못했던 법제화를 가속화하기 위해 1990년대 법제 완비 문제가 다시 대두되었다. 이는 '시장경제가 곧 법치경제'라는 표현대로 엄격한 법의 수립과 집행이 담보되지 않으면 시장경제가 원활하게 작동하는 것은 불가능하다는 공감대 때문이었다.[12]

결국 중국은 1997년 9월 제15차 당대회에서 의법치국의 방침을 채택한 이후 1999년 3월 제9기 전국인민대표대회의 헌법수정을 통해 의법치국과 사회주의 법치국가건설을 국가 통치방침으로 공식화했다.[13] 의법치국이란 "광대한 인민 군중이 공산당의 지도하에 헌법과 법률의 규정에 의거하여 각종 통로와 형식을 통해 국가사무, 경제 · 문화 사업, 사회사무를 관리하고 국가 각 영역의 업무가 모두 법에 의거하여 진행되도록 하여 점차로 사회주의 민주가 법제화 및 제도화되도록 보장하는 것"을 의미하는 개념으로 2017년 민법총칙 제정 및 민법전 구축 작업이 시작되고 2020년 양회(兩會) 전국인민대표자회를 통해 최초의 '법전'으로 명명된 「민법전」이 통과됨으로써 상당한 진전을 이루어 왔다.

일련의 개혁조치들과 병행된 이러한 중국의 법치국가건설 과정은 북한 사회주의법치국가론의 부상 및 정식화를 독해하는 중요한 단초가 될 수 있다는 점에서 특히 주목할 만하다.[14] 실제 북한 법치

11) 조영남, 『중국의 법치와 정치개혁』(파주: 창비, 2012), p. 45.
12) 조영남, 위의 책.
13) 조영남, "중국의 법치 논쟁과 정치개혁", pp. 90~92.

론의 부상 역시 중요한 변화의 시도들과 연동되어 왔기 때문이다. 먼저 인민들에 대한 통제 이상의 의미를 갖지 않았던 김일성 시대의 '사회주의법무생활'론을 넘어 '사회주의법치국가' 개념을 통해 법치와 관련된 논의의 장을 열었던 2003년 『정치법률연구』의 간행과 법률제정의 본격화는 2002년 7 · 1 경제관리개선조치와 깊은 연관을 맺고 있었다. 또한 해당 시기 개혁을 주도하다 보수파의 반격에 의해 철직당했던 박봉주의 복귀 후 2014년 5월부터 재개된 일련의 개혁조치들, 즉 '사회주의기업책임관리제'를 포함한 '우리식 사회주의 경제관리방법' 역시 직후인 2014년 11월부터 본격화된 기업소법, 재정법, 회계법, 인민경제계획법, 상업은행법, 무역법 등 경제 관련 법률의 대대적 제정으로 뒷받침되었다. 이후 우리식 사회주의 경제관리방법의 강조와 발맞춰 법률제정 역시 지속적으로 증가해 왔음은 물론이다. 북한의 미래와 관련하여 법치에 대한 관심과 분석이 필요한 이유 중 하나라 하겠다.

더 나아가 이와 같은 변화는 경제적 측면뿐만 아니라 정치적 측면에서도 마찬가지로 중요한 함의를 지니고 있다는 점에 주목할 필요가 있다. 비록 외부의 기준에서 보았을 때 사회주의 독재체제 내에서 법치의 부상은 진정한 민주화나 인권의 보장 등과 거리가 먼 것이었지만 적어도 그들 스스로의 과거와 비교했을 때는 정치 권력의 자의성이 제한되고 투명성은 증대되는 '정치 제도화'(political

---

14) 실제로 북한당국은 중국의 법제사업과 관련한 관심을 매체를 통해 보도하기도 했다. 최근 로동신문은 중국 국무원의 헌법선서의식, 인민일보의 시진핑 헌법 관련 발언, 내몽골자치구에서의 헌법선전주간 활동 등을 주 내용이다. 중국의 법률체계 완비가 곧 사회주의 현대화강국을 적극추동할 것이라는 주장이었다. 리효진, "법률체계를 더욱 완비하기 위하여", 「로동신문」, 2018년 12월 26일.

institutionalization) 과정으로서의 함의를 지니고 있기 때문이다. 이른바 '법에 의한 통치'(rule by law)와 '법의 통치'(rule of law) 개념 간의 구분을 중심으로 다음 장에서 해당 논점을 보다 자세히 살펴보도록 하겠다.

2) 북한 법치 연구: 개념, 성과, 과제

법치란 무엇인가? 다이시(Albert Venn Diecy)의 고전적 정의에 따르면 법치는 다음의 세 가지 관점에서 이해된다.[15] 첫째, 자의적 권력의 영향과 대립되는 의미로 일반법은 절대적 우위와 최고성을 지닌다. 둘째, 법 앞에서의 평등, 즉 일반법원(ordinary Law Courts)에 의해 실현되는 국가의 일반법률에 모든 계층이 평등한 적용을 받는다. 셋째, 헌법을 구성하는 법원칙들은 사법(private law)의 확장된 결과물이다. 다시 말해 법학의 관점에서 볼 때, '법치'는 곧 '법의 지배'(rule of law)에 다름 아닌 것이다.

또한 국가권력과 통치 엘리트의 전횡을 방지하는 동시에 개인의 권리를 보호하려는 목적에 초점이 맞추어진 이와 같은 부르주아 민주주의의 전통적인 관점에서 볼 때 법치는 크게 두 개의 수준으로 구분된다.[16] 첫 번째는 형식적(formal) 법치이다. 해당 개념은 앞선 다이시의 정의들이 제도적, 형식적으로 갖춰졌느냐 여부를 중시하

---

15) Alert Venn Diecy 저, 안경환 · 김종철 역, 『헌법학입문』(서울: 개명사, 2001), pp. 121~122.

16) 김도균 · 최병조 · 최종고, 『법치주의의 기초: 역사와 이념』(서울: 서울대학교출판부, 2005), pp. 33~41.

는 관점으로 법의 '내용'은 관심의 대상이 아니다. 두 번째는 실질적(substantive) 법치로 여기서 법은 인권을 포함한 개인의 시민적, 정치적 권리를 보장해야 하며 사실상 이를 가능케 하는 특정한 정치체제, 즉 자유 민주주의를 전제로 한다.

문제는 '사회주의 법치'가 실질적 법치는 물론이고 형식적 법치와도 거리가 멀다는 점이다. 사회주의 체제에서 사용되는 법치의 개념은 위와 같은 '법의 지배'와 차별적인 의미인 '법에 의한 지배'(rule by law)에 가깝다. 다시 말해 사회주의체제에서 법은 계급독재의 당위 속에 국가와 인민을 통제하고 관리하는 '수단'으로서의 의미가 강하다. '법의 지배는 국가권력을 보유한 자들이 자의적 또는 광범위한 재량권을 행사하는 통치방식에 기초를 둔 모든 종류의 통치구조와 대립한다'는 지적에서도 볼 수 있듯이 법의 제정 및 실행의 주체가 정치권력을 독점적으로 행사하는 것을 '방지'하기보다는 '방기'하고 심지어 '조장'하기까지 하는 '법에 의한 지배'는 '법의 지배'의 본질적 의미와는 상당한 거리가 있다는 것이다.[17)]

물론 이는 사회주의 체제를 표방하고 있음에도 불구하고 레닌주의의 기본인 집단지도체제를 부정하며 조직으로서의 당의 영도가 아닌 인격으로서의 수령의 영도를 기본으로 하는 이른바 '수령의 유일적

17) Alert Venn Diecy, 『헌법학입문』, pp, 121~125. 한편, 정치학의 관점에서 법에 의한 지배로 나타나는 법치의 양면성에 대한 포괄적 논의를 제공하는 연구 성과로는 아담 쉐보르스키 · 호세 마리아 마라발 외(Maravall & Przeworski)가 대표적이다. 또한 법의 지배와 법에 의한 지배의 개념을 엄밀히 구분하지는 않았으나 법치주의가 가진 이와 같은 폭력적이고 억압적인 속성을 한국 현대사를 사례로 구체적으로 드러낸 연구로는 홍성태의 연구가 유익하다. Jose Maria Maravall & Adam Przeworski 편, 안규남 · 송호창 외 역, 『민주주의와 법의 지배』(서울: 후마니타스, 2008); 홍성태, "정치적 억압의 전략과 법치주의", 『한국사회학』 제55권 2호(2021).

영도체계'를 구축해 온 북한에서는 더욱 전형적으로 나타났다.[18] 북한에서 말하는 '사회주의법치국가'는 "당이 령도하는 법치국가"로 "당의 령도 밑에 법을 가지고 나라를 다스리고 당과 수령의 선군사상과 선군령도를 실현해나가는 국가"를 의미한다.[19] 또한 수령과 수령의 후계자는 사회주의헌법제정에서 "결정적 역할"을 하는 바, "수령의 후계자는 헌법사상의 진수를 철저히 고수하면서 새롭게 제기되는 실천적요구에 맞게 그것을 더욱 발전풍부화시키며 수령의 의도를 더 잘 실현하기 위한 새로운 헌법건설사상을 제시"하고 "현실에 맞게 헌법을 수정보충하는 사업을 틀어쥐고 조직 지도함으로써 사회주의법건설투쟁을 성과적으로 이끌어나가"는 존재로 헌법 위에 군림한다.[20] "법이 인민을 지키고 인민이 법을 지키는" 것이 사회주의법치국가의 기본이라 주장하고 있음에도 불구하고 어디까지나 '법이 인민을 지키는' 법치의 본질이 아닌 '인민이 법을 지키는' 통치의 합리화 논리가 북한식 사회주의 법치에서 압도적 비중을 차지하고 있는 것이다.[21]

용어상의 혼란을 막기 위해 법치라는 용어 대신 '법에 의한 지배'를 추구하지만 통치자는 법의 구속을 받지 않으며 국민이 법을 통해 최고통치자를 통제할 수 없는 상태'를 의미하는 '법제'(法制)라는

18) 이와 같은 북한 체제의 전통적인 특성이 법치를 포함한 정치 체제 전반의 제도화 흐름과 함께 일정한 변화의 조짐을 보이고 있다는 점 역시 주목해야할 지점이다. 관련한 최근의 논의로는 다음을 참조할 것. 안경모, "김정은 시대 북한 정치 변화의 함의: '당-국가체제'와 '정치 제도화' 개념을 중심으로", 『아세아연구』 제64권 4호(2021), pp. 39~73.

19) 강철남, "사회주의법치국가의 본질", 『사회과학원 학보』 제1호(2007), p. 21.

20) 오진혁, "사회주의헌법제정에서 수령이 차지하는 역할", 『정치법률연구』 제42호(2013).

21) 김정은, "현 단계에서의 사회주의건설과 공화국정부의 대내외정책에 대하여(2019.4.12)", 「조선중앙통신」, 2019년 4월 13일.

용어를 활용할 필요가 있으며 같은 맥락에서 북한의 법현실이 법치주의라기보다는 법률주의(legalism)에 여전히 머물고 있어 법의 지배의 관점에서 보았을 때는 아직 의미 있는 진전이 있다고 보기 어렵다는 평가가 나오는 이유이다.[22)]

그러나 대다수의 연구들은 물론 상기한 비판적 평가를 제시한 연구들조차 많은 한계에도 불구하고 2000년대 이후 사회주의 법제의 보강과 김정은 시대 사회주의법치국가론의 부상을 통해 북한의 법치 수준이 '인치'(rule of man) 혹은 '법 없는 통치'(rule without law)로부터 법치를 향해 진전해 왔다는 점 자체에 대해서는 별다른 이견이 없다.[23)]

또한 앞서 언급한 바와 같이 법제도화의 관점과 넘어선 '정치제도화'(political institutionalization) 개념은 논의의 차원을 확장시켜 나갈 가능성을 제공한다. 정치제도화는 절차적 정당성과 개인의 자유와 권리보다는 국가의 '능력'에 주목하는 개념으로 최근 사회주의와 신권위주의 연구에서 자주 활용되고 있는 개념이다. 그 핵심은 국가

---

22) 황의정, "김정은 시대 북한식 사회주의법치의 의미와 한계: 법의 지배(rule of law)의 일반론적 시각을 중심으로", 『동북아법연구』 제12권 3호(2019), p. 130; 김도균, "북한 법체계에서 법개념론과 법치론에 관한 고찰", 『법학』 제46권 1호(2005) p. 67; 안동인, "북한 법제정정비지원의 법적 성격과 기능적 수용주체", 『행정법연구』 제60호(2020), p. 119.

23) 물론 북한의 수령이 법위에 군림하는 것은 변함이 없다. 그러나 통치행위는 설사 개인독재체제에서조차 최고지도자뿐만이 아니라 국가 관료제를 통해 조직적이고 집단적으로 이루어진다. 이러한 차원에서 북한에 법치로의 진전이 있었냐 여부는 수령의 통치가 아닌 보다 포괄적인 국가 차원의 통치 행위를 대상으로 평가될 필요가 있다. 황인표, "북한의 법 인식 변화를 통한 북한 이해", 『윤리연구』 제76호(2010), p. 122; 황의정, 위의 논문, p. 111, 132; 김병기, "북한 법제정법을 중심으로 살펴본 북한의 입법체계", 『행정법연구』 제60호(2020), p. 84; 최은석, "북한의 사회주의 법제정의 합리화와 규범적 법문건의 입법기술", 『입법학연구』 제8집(2011), p. 75; 박정원, "북한의 '사회주의 법치국가 건설론'과 법제 정비 동향", 『동북아법연구』 제5권 1호(2011) p. 23; 박정원, "북한의 입법이론과 체계 분석", 26권 2호(2013), p. 213; 박정원, "북한의 법제정(입법) 체계의 분석 및 전망", 제53호(2017a), p. 50.

건설(state building)의 관점에서 국가가 자신에게 부여된 국민의 보호와 복지의 증진, 법질서의 유지 등을 수행할 제도적 장치들과 운영의 능력을 갖추고 있는지 여부가 중요하다는 것이다.[24] 이러한 접근을 통해 정치제도화 개념은 정치 민주화론이 포착해내지 못하는 '민주화 없는 효율화'를 분석하고 국가 능력의 변화를 추적할 수 있다는 장점을 가지고 있는 것으로 평가되어 왔다. 요컨대 정치제도화론은 제도화를 매개로 법치의 부상과 최근 북한 정치의 "정규화" 흐름을 종합함으로써 새로운 변화들을 종합적으로 평가하고 이해할 수 있는 분석틀을 제공해 준다.[25]

이러한 차원에서 본 연구는 선행 연구들의 성과를 계승하고 확장하려는 노력의 일환으로 제8차 당대회를 비롯한 최근의 변화들을 추가적으로 분석하는 동시에 특정한 법체계가 아닌 사회주의법치국가론 자체와 관련한 담론들의 변화와 법체계 전반을 시계열적으로 면밀히 살펴봄으로써 김정은 시대의 통치 전략과 향후 북한 정치에 대한 전망을 제공하고자 한다.

3. "사회주의법치국가"론의 등장

앞서 간략히 언급한 바와 같이 북한에서 법에 의한 통치의 강조

24) 조영남, "중국의 정치개혁: 성과와 한계", 이현정 편, 『개혁 중국: 변화와 지속』(서울: 한울 아카데미, 2019), pp. 109~110.

25) 안경모, "김정은 시대 북한 정치 변화의 함의: '당-국가체제'와 '정치 제도화' 개념을 중심으로", 『아세아연구』 제64권 4호(2011).

는 전적으로 새로운 현상은 아니다. 법의 정치적 기능과 역할에 대한 북한 당국의 입장은 이미 1990년대에 들어 보다 적극적으로 변화되기 시작했으며 2000년대에 가서는 이러한 흐름이 '사회주의 법치'의 개념으로 종합되었다. 특히 사회주의법무생활과 관련한 노작 발표 등 북한식 법치에 대한 김정일의 관심이 강화된 것은 그 중요한 계기가 되었다. 이후 20여 년간 북한에서 법의 위상이 한 단계 격상되었다는 사실 자체는 논란의 여지가 없다. 이하에서는 김일성 시대의 법치개념에서부터 김정일 시대 사회주의법치국가론의 등장에 이르기까지 김정은 시대 이전의 북한 법치론을 살펴본다.

1) 김일성 시대 북한의 법과 정치

사회주의 북한에서 법은 기본적으로 프롤레타리아 독재의 기능을 수행하는 무기로 간주되어 왔다. 이는 마르크스주의의 원론적인 견지에서 법을 곧 국가의 일부이자 소멸의 대상으로 간주하던 법(=국가)소멸론을 일국사회주의론의 부상과 1936년 스탈린헌법의 제정과 함께 법(=국가)활용론으로 대체해 간 진영 전체의 입장 변화의 연장선이라 할 수 있다.[26]

정권 초기 법의 정치적 기능과 역할을 긍정적으로 묘사한 김일성의 발언들은 이러한 입장을 잘 보여준다. 그는 "법은 정치의 한 개의 표현형식"이라며 정치를 떠난 법은 알 수도 없으며 집행할 수도

---

26) 황인표, "북한의 법 인식 변화를 통한 북한 이해", p. 105.

없다고 보았다. 법은 "국가의 정책을 실현하기 위한 무기"라는 것이다.[27] 이후 북한에서 정치가 법의 언어로 보다 구체화된 것은 1972년 사회주의 헌법의 제정과 관련 있다. "조선민주주의인민공화국 사회주의헌법은 공화국 북반부에 수립된 선진적인 사회주의제도와 프로레타리아 독재를 법적으로 옹호하며 사회주의 완전 승리를 이룩하는 데 복무할 사명을 지닌 가장 혁명적인 헌법"이라는 서문은 그 자신감을 드러내고 있었다. 사회주의 헌법 제정 이후 김일성, 김정일 노작과 같은 북한 정치담론에서 법은 보다 더 유의미하게, 자주 등장하기 시작했다. 1970년대 후반부터 김정일이 법과 관련한 담론에 본격적으로 참여하기 시작하면서 그와 같은 현상은 보다 활발해졌다. 법치, 즉 법규범에 의한 북한의 통치담론은 사회주의법무생활, 혁명적준법정신 등의 이름으로 구체화되었다.[28] 김일성·김정일의 노작과 주요 담론을 살펴보면 이는 크게 네 가지 특징으로 정리된다.

첫째, 전체 인민에 대한 준법정신의 강조이다. 김일성은 "만일 사

---

27) 김일성, "우리 당 사법정책을 관철하기 위하여", 1958년 4월 29일, 『김일성저작선집 2』(평양: 조선로동당출판사, 1968).

28) 김일성과 김정일은 이하의 노작들에서 "사회주의법무생활"을 수차례 강조한 바 있다. 김일성, "수송사업에서 새로운 혁신을 일으킬데 대하여", 1977년 4월 6일, 『김일성저작집 32』(평양: 조선로동당출판사, 1986); 김정일, "사법검찰사업을 개선강화할데 대하여", 1982년 11월 21일, 『김정일선집 10』(평양: 조선로동당출판사. 2011). 특히 김정일에 따르면 사회주의법무생활이란 모든 사회성원들이 사회주의국가가 제정한 법규범과 규정의 요구대로 일하며 생활하는 것"으로서 집단적이고 조직적인 행동의 보장, 계급투쟁의 무기, 프롤레타리아독재의 무기, 사회주의 사회의 정치, 경제 문화생활에서 지켜야할 규범과 준칙, 사람들의 머릿속에 남아 있는 낡은 사상 잔재 제거 및 부르주아 사상, 수정주의 사상 유입 방지, 경제문화건설에서 조직동원적 작용 등의 기능을 담당한다. 김정일, "사회주의법무생활을 강화할데 대하여", 1982년 12년 15일, 『김정일선집 10』(평양: 조선로동당출판사, 2011).

회 모든 성원들이 국가의 법질서를 지키지 않고 명령, 지시에 복종하지 않는다면 혁명과 건설은 고사하고 국가자체를 유지해 나갈 수 없습니다"라며 법질서 준수를 강조했다.[29] "당적통제와 사상투쟁을 강화하여 일군들로 하여금 법규범을 위반하는 것은 곧 당성이 없는 행동이며 매우 수치스러운 일"로서 당적 양심과 혁명적 양심의 회복을 촉구한 것도 같은 맥락이다.[30] 이와 같은 인식은 더 나아가 법이 인민 행동의 지침이자 준거가 된다는 입장으로 발전했다. "사회주의사회에서 법은 모든 사회성원들의 의무적인 행동규범이며 인민정권이 자기의 정치를 실현하는 기본수단"으로 혁명적준법기풍을 잘 준수해야 한다는 것이었다.[31]

둘째, 엘리트들의 관료주의 배격이다. 1977년 김일성은 엘리트 즉 지도일군들이 사회주의 법을 먼저 잘 지킬 때 "인민대중의 리익을 침해하는 관료주의가 없어지고 인민들의 민주주의적 자유와 권리가 더욱 원만히 보장"된다고 주장했다.[32] 아래와 같이 1980년 제6차 당대회에서 사회주의법무생활이 강조되는 중요한 근거 역시 "인민대중의 리익을 옹호"하기 위함이었다.

---

29) 김일성, "덕천지구탄광들에서 석탄생산을 더욱 늘일데 대하여", 1977년 3월 31일, 『김일성저작집 32』(평양: 조선로동당출판사, 1986).

30) 김일성, "수송사업에서 새로운 혁신을 일으킬데 대하여".

31) 김일성, "사회주의의 완전한 승리를 위하여", 1986년 12월 30일, 『김일성저작집 40』(평양: 조선로동당출판사, 1994); 김일성, "주체의 혁명적기치를 높이 들고 사회주의, 공산주의 위업을 끝까지 완성하자", 1988년 9월 8일, 『김일성저작집 41』(평양: 조선로동당출판사, 1995).

32) 김일성, "인민정권을 더욱 강화하자", 1977년 12월 15일, 『김일성저작집 32』(평양: 조선로동당출판사, 1986).

> 우리 당은 정권기관 일군들속에서 관료주의를 없애기 위하여 사상교양과 사상투쟁을 강화하는 한편 사회주의법무생활을 강화하도록 하였습니다.[33]

이 같은 입장은 김정일에 의해 보다 강조되었다. 그는 공민들의 인권, 재산 등을 보호할 것을 역설하며 특히 "인민들의 생명재산 침해하는 현상과 투쟁"할 것을 촉구하였다.[34] 또한 "국가기관 일군들이 관료주의, 전횡을 부리면서 인권을 유린하는" 현상에 대한 강한 투쟁을 통해 인민들의 권리를 보호하고 "사회안전기관들에 대한 준법감시를 강화"하여 이들 역시 인민에 대한 인권 유린을 할 수 없도록 하겠다고 밝혔다. 더불어 신소제도는 기관과 개별일군들로부터 침해당한 이익을 법기관에 호소할 수 있도록 한 제도라는 점도 분명히 했다.

셋째, 경제부문의 법 규율 강조이다. 이는 급속한 공업화와 산업화에 따라 해이해진 기강을 바로 잡는 것이 동원전략과 정치적 충성심의 회복을 위해 중요한 문제였다는 점이 하나의 배경으로 작용한 것으로 판단된다. 실제 사회주의법무생활이 강조되기 시작한 1970년대 후반의 법치 담론은 주로 경제영역에 집중되었다. 그 예로 김일성은 1977년 12월 15일 최고인민회의 제6기 1차 회의에서 "인민정권기관들은 국가, 경제기관 지도일군들속에서 사회주의법무생활을 강화"해야 한다고 주장했는데 특히 사회주의법무생활지도위원회의 설치를 언급하며 이들의 "중요한 임무는 국가, 경제기

---

33) 김일성, "조선로동당 제6차대회에서 한 중앙위원회사업총화보고", 1980년 10월 10일, 『김일성저작집 35』(평양: 조선로동당출판사, 1987).

34) 김정일, "사법검찰사업을 개선강화할데 대하여", 1982년 11월 21일, 『김정일선집 10』(평양: 조선로동당출판사, 2011).

관 지도일군들이 권력을 람용하지 않도록 법적으로 통제하며 온 사회에 혁명적준법기풍을 세우는 것"이라 규정했다.[35] 또한 "검찰소를 비롯한 법기관들에서는 일군들이 당의 경제정책을 바로 집행하지 않는데 대하여 제때에 문제를 세우고 투쟁하여야 하겠으나 그렇게 하지 않고" 있다며 사법일군들을 질타한 부분이나, 경제사업에서 성공적인 전환을 이루기 위해서는 당적지도와 더불어 "법적통제"를 강화하여야 한다고 주장한 것 역시 마찬가지의 맥락으로 해석된다.[36]

넷째, 사법부분에 대한 견제이다. 김일성은 "정권기관, 사회안전기관, 사법, 검찰기관 같은 권력기관에서 일하는 일군들속에서 권력을 람용하고 법을 위반하며 관료주의" 현상이 나타날 수 있음을 경고했다. 특히 이를 방지하기 위한 조치로서 '신소제도'를 적극 활용할 것을 강조한 것이 특징이다.[37] 신소제도는 일종의 청원제도로 개인의 억울함에 대한 법적 호소를 위한 것이기도 하지만 사법기관에 대한 정치적 견제의 역할 역시 담당하고 있기 때문이다. 또한 "사회안전기관들에 대한 준법감시"를 강화하여 인민들의 "인권을 유린"하는 현상을 방지해야 한다며 "관료주의와 세도, 전횡은 사법검찰일군들이 특별히 경계하여야 할 매우 유해로운 사업태도, 사업작풍"이

35) 김일성, "인민정권을 더욱 강화하자", 1977년 12월 15일, 『김일성저작집 32』(평양: 조선로동당출판사, 1986).

36) 김일성, "조선로동당 중앙위원회 제6기 제7차 전원회의에서 한 결론", 1983년 6월 16~17일, 『김일성저작집 38』(평양: 조선로동당출판사, 1992); 김일성, "공작기계공업과 전자, 자동화 공업발전에서 전환을 일으킬데 대하여", 1988년 11월 30일, 『김일성저작집 41』(평양: 조선로동당출판사, 1995).

37) 김일성, "인민정권기관 일군들의 역할을 더욱 높일데 대하여", 1978년 4월 20일, 『김일성저작집 33』(평양: 조선로동당출판사, 1987).

라 강조한 김정일의 언급 역시 마찬가지의 맥락으로 볼 수 있다.[38]

상기한 네 가지 특징은 북한에서 법치 개념이 등장하기 이전인 1970년대 후반부터 1980년대 후반까지 법에 대한 인식이 어떠했는가를 잘 보여주고 있다. 종합하면 당시 북한의 법에 대한 접근은 매우 제한적이고 시혜적이며 수단적인 차원에서 머물렀을 뿐 법의 지배(rule of law)와는 물론 법에 의한 지배(rule by law)에도 근접했다고 보기 어려운 수준이었다. 그러나 이와 같은 한계에도 불구하고 수령중심의 1인 독재 체제이자 프롤레타리아 독재를 표방하는 북한에서 법치의 맹아들이 완전히 부재했던 것은 아니라는 점은 이후의 부상을 이해하는 중요한 단초라 판단된다.

2) 김정일 시대 법치의 부상

김정일 시대 북한식 법치는 발전적으로 재구성된다. 법치의 원리가 전국가적인 차원으로 반영되기 시작한 것이다. 김정일 시대 북한 법치는 다음의 네 가지 특징으로 나타났다.

첫째, 사회주의법치국가론의 등장을 통한 '법치' 개념의 전면화이다. 사회주의법무생활론 등에서 볼 수 있듯이 북한은 비록 '진정한 법의 통치'와 거리가 멀긴 했으나 법치의 내용을 일부 수용해 왔다. 그러나 이러한 현실과 달리 담론 상에서는 법치 개념에 대해 상당한 거부감을 드러내기도 했다. 이는 앞서 간략히 살펴본 바와 같이 법치가 국가의 산물이고 국가는 자본주의의 산물이라는 마르크스

---

38) 김정일, "사법검찰사업을 개선강화할데 대하여".

주의의 도그마와 관련된 것이었다. 북한이 사회주의권의 붕괴와 관련한 주요한 원인을 "현대수정주의자들과 사회주의 배신자들"이 "부르주아법치" 개념에 따라 정치, 경제, 문화제도를 개혁한 "비정상적인 사태"에서 찾아 온 것은 그 대표적인 예라 할 수 있다.[39]

그러나 2003년 사회주의법치국가론의 등장과 함께 법치는 긍정의 언어로 재해석되었다.[40] 2003년 『정치법률연구』 창간호는 그 시작이었다. 여기서 진문길 교수는 사회주의헌법 제정 10주년을 기념하여 발표된 김정일의 글을 찬양하며 그가 사회주의법건설 실천이 제기하는 문제들에 대해 해답을 제시함으로써 "사회주의법치국가건설"에 불멸의 기여를 했다고 주장했다.[41] 김정일이 "주체의 법제정사상과 방침"을 제시하고, "혁명적준법기풍" 수립을 위한 과업과 방도를 명시했으며, "사회주의법무생활지도위원회"의 기능과 역할을 강화하기 위한 원칙과 제반사항들을 규명함으로써 "인민의 참다운 사회주의법치국가건설의 튼튼한 토대"를 마련했다는 설명이었다.[42]

39) 진문길, "사법검찰사업에서 혁명적전환의 계기를 마련한 강령적 지침: 위대한 령도자 김정일동지의 로작 「사법검찰사업을 개선강화할데 대하여」 발표 20돐에 즈음하여", 『근로자』 제11호(2002).

40) 기존의 많은 연구는 『김일성종합대학학보: 력사 · 법률편』에 실린 진유현(2005)의 논문을 근거로 북한에서 '사회주의법치국가'론이 처음 등장한 시점을 2005년으로 주장한다(황인표 2010; 박정원 2013; 장명봉 2012; 황의정, 2019) 그러나 본문에서 지적한 바와 같이 실제 사회주의 법치국가론은 그보다 1년 앞선 2003년에 이미 등장한 것으로 확인된다.

41) 진문길, "위대한 령도자 김정일동지께서 밝히신 사회주의법무생활리론은 사회주의 법리론 발전과 법건설 실천에 불멸의 기여를 한 탁월한 리론", 『정치법률연구』 제1호(2003); 김정일, "사회주의법무생활을 강화할데 대하여".

42) 진문길은 황금철, 진유현과 함께 최근까지 북한 사회주의법치론의 대표적인 논자로 활약하고 있다. 이들은 『근로자』, 『(정치)법률연구』, 「로동신문」 등 북한의 다양한 매체를 넘나들며 통치자원으로서의 법치론을 활발하게 유통해 왔다.

물론 이와 같은 법치의 재해석은 앞서 언급한 바와 같이 사회주의의 붕괴를 초래한 해악으로 규정되어 온 '현대사회민주주의자들의 부르주아 법치주의'와 차별적인 "인민을 위하여 복무하며 당이 영도하는" '사회주의 법치국가론'을 전제로 한 것이라는 점에서 그 한계가 명확했다. 그러나 민족주의의 예에서 보듯 특정한 개념의 전면적인 복권에 앞서 제한사항을 붙인 '과도기적 개념'을 설정해 온 북한의 전례에 비추어 볼 때 결코 그 함의가 적지 않았다.[43)]

둘째, 법 제도화와 법제사업의 본격화이다. 이러한 변화의 배경에는 이미 김일성 시대 말기부터 나타나기 시작한 법 현실과 관련한 인식의 전환이 자리하고 있었던 것으로 판단된다. 이전에는 법이 없어서 법질서가 문란한 것이 아니라 법기관들과 위원회가 제대로 역할을 못하기 때문이라며 제도보다는 법의 해석과 적용에 문제가 있다는 입장이었으나 1980년대 후반부터는 아래와 같이 제도적 보완의 필요성을 강조하기 시작한 것이다.[44)]

> 사회주의제도를 공고히 하고 사회주의적민주주의를 실시하는데서 **법률제도를 완비하고 사회주의법무생활을 강화하는것이 중요**합니다. 우리는 사회주의건설의 성과에 기초하여 사회주의적민주주의를 더 잘 보장할수 있도록 법규범과 규정들을 제정하고 끊임없이 완성해나가며 전체 인민들이 높은 준법의식을 가지고 국가의 법을 자각적으로 지키도록 하여야 하겠습니다.[45)]

43) 김만혁, "개념해설: 법치국가", 『정치법률연구』 제1호(2003). 한편, 민족주의의 복권 과정에 대해서는 다음을 참조할 것. 강혜석, "김정일 시대 북한 민족주의의 진화: 「주체성과 민족성」과 「민족주의에 대하여」를 중심으로", 『국제정치연구』 제23권 1호(2020), pp. 43~74; 강혜석, "정당성의 정치와 북한의 민족재건설: 주체, 우리 식, 우리민족제일주의", 『다문화사회연구』 제10권 1호(2017), pp. 65~96.

44) 김일성, "공작기계공업과 전자, 자동화 공업발전에서 전환을 일으킬데 대하여".

1992년 수정헌법에 "국가는 사회주의법률제도를 완비하고 사회주의법무생활을 강화한다"는 조항(제18조)을 신설한 것이나 국적과 관련한 부분이 추가된 점, 그리고 신소와 청원과 관련한 부분에 "법이 정한 절차와 기간 안에 심의처리"해야 한다는 문구가 새로 보강된 점 역시 이러한 흐름의 연장선에 있었다고 할 수 있다.

결과적으로 이러한 변화는 김정일 시대가 본격화된 2000년대 들어 그 논리가 보다 정연해지고 주장의 강도 역시 보다 심화된 형태로 나타났다. 국가 전반에 "정연한 제도와 질서를 세우는 것은 법제통제를 강화"하여 북한을 "참다운 인민의 사회주의법치국가"로 만들기 위한 과제라는 취지였다.[46] "법이 없으면 국가관리는 멈춰서게 되며 국가와 사회는 무질서와 혼란"에 빠질 것이므로 "사회주의사회에서 국가관리는 곧 사회주의법건설사업"이라는 주장이나 "법질서의 공고한 체계가 국가사회제도이며 나라의 법률제도이자 국가사회제도"라는 주장 역시 이러한 흐름을 잘 보여주고 있었다.[47]

셋째, 법의 대중화 및 광범위한 법률연구의 시작이다. 2003년 『정치법률연구』라는 이름으로 법률 전문 계간지가 발간되기 시작한 것은 그 중요한 전환점이었다. 물론 이전에도 법률과 관련한 논문들이 김일성 종합대학 학보의 형태로 출판되기는 하였으나 특히 북한에 전문 학술지 자체가 매우 희소하다는 점을 고려할 때 학보와 독

45) 김일성, "우리 나라 사회주의의 우월성을 더욱 높이 발양시키자: 조선민주주의인민공화국 최고인민회의 제9기 제1차 회의에서 한 시정연설", 1990년 5월 24일, 『김일성 저작집 42』(평양: 조선로동당출판사, 1995).

46) 리성국, "사회주의국가관리에서 행정법적제재의 필요성", 『정치법률연구』 제14호 (2006).

47) 진유현, "사회주의법건설은 사회주의국가관리와 현실의 합법칙적요구", 『정치법률연구』 제31호(2010).

자적인 전문 학술지의 위상과 함의는 현격히 다를 수밖에 없었다. 이처럼 새로 마련된 논의의 장을 활용해 다양한 연구물이 산출되었음은 물론이다. 헌법을 비롯해 사회주의법치 일반, 사회주의법무생활, 공민의 의무 등 법치의 기본 이념을 다룬 논문뿐만 아니라 국제무역, 상거래, 국제조약 및 규범, 국제투자, 외자은행, 합영기업, 외국인 투자기업, 국제대부, 국제세무법률 등 대외개방을 염두에 둔 다양한 경제 관련 법안 및 국내 민·형법, 국제규범 및 조약, 재판 및 변호 등 사법 절차 일반에 관한 내용 등도 다수 게재되었다.

또한 2004년 대중용 법전이 북한에서 최초로 발간된 것 역시 북한의 법치 역사에서 기록될 만한 일이라 할 수 있다. 해당 법전의 발간은 사회주의 법제 정비 사업의 일환으로 기획된 결과로 2004년 초판 당시 112개의 법령이 기재되었다.[48] 이후 2006년 발간된 증보판은 2004년 7월부터 2005년 12월까지 신규제정 또는 수정보충된 법률 47개가, 2008년 발간된 증보판은 2006년 1월부터 2007년 12월까지 2년 사이에 채택되거나 수정보충된 법안 53개가 수록되었다.[49] 물론 일반적인 법치의 기준에서 볼 때 이는 매우 초보적인 진전일 수 있으나 법전 자체가 없었던 과거에 비해 법률의 생산과 유통에 당국이 보다 적극적으로 나서기 시작했음을 보여준다는 점에서 그 의미가 적지 않았다.

넷째, 국가(=정권)의 강화와 법치의 결합이다. 관련하여 주목되는 지점은 탈냉전과 함께 북한 정치 담론에서 프롤레타리아 독재

48) 박정원, "'2016년 북한 법전(증보판)'의 내용과 특징", 『북한법연구』 제7호(2017b), p. 408.

49) 박정원, "북한의 사회주의 법치국가 건설론과 법제 정비 동향", pp. 6~11.

가 인민민주주의 독재로 대체된 점이다. 주지하듯 1970년 5차 당대회 규약 및 1972년 사회주의 헌법에 명시된 이래 1980년 제6차 당대회 규약은 물론이거니와 1991년까지도 "프롤레타리아독재의 기능을 약화시키는 것은 부르죠아자유화의 바람을 끌어들이며 반사회주의분자들에게 활동의 무대를 마련"해 줄 뿐이라며 해당 개념을 옹호해 온 북한의 입장은 1992년 헌법을 통해 프롤레타리아 독재가 인민민주주의 독재로 대체되며 전변되었다.[50] 후계체제를 마무리 지으며 사회주의권의 붕괴에 대한 대응을 주도했던 김정일은 수차례에 걸쳐 인민민주주의 독재 개념을 언급하며 이를 "사회주의를 반대하는 온갖 반혁명적 요소를 철저히 진압하고" "인민대중의 의사와 요구에 맞게 사회에 대한 정치적 지배를 실현하기 위한 무기"로 규정했다.[51]

물론 이러한 변화에 대한 가장 일반적인 해석은 계급 혁명이 요원해진 현실을 인정한 수세적 적응의 과정이라는 것이다. 하지만 독재의 성격을 하향한 이와 같은 조치가 혁명의 지향이 후퇴했음을 의미하는 것은 사실이나 반드시 수세적인 것은 아니며 오히려 이러한 정당성의 위기에도 불구하고 현 정권에 의한 권력 독점을 지속

50) 편집국, "인민정권의 기능과 역할을 높여 우리 나라 사회주의위력을 더욱 강화해나가자", 『근로자』 제9호(1991).

51) 김정일, "경애하는 수령 김일성동지의 위대한 업적을 빛내여나가자", 1992년 4월 17일, 『김정일선집 16』(평양: 조선로동당출판사, 2012); 김정일, "당, 국가, 경제사업에서 나서는 몇 가지 문제에 대하여", 1992년 11월 12일, 『김정일선집 17』(평양: 조선로동당출판사, 2012); 김정일, "우리 식 사회주의를 견결히 옹호 보위하는 참다운 사회안전 일군들을 키워내자", 1992년 11월 20일, 『김정일선집 17』(평양: 조선로동당출판사, 2012); 김정일, "우리 인민정원의 우월성을 더욱 높이 발양시키자", 1992년 12월 21일, 『김정일선집 17』(평양: 조선로동당출판사, 2012); 김정일, "위대한 수령님의 뜻을 받들어 내 나라, 내 조국을 더욱 부강하게 하자", 1994년 12월 31일, 『김정일선집 18』(평양: 조선로동당출판사, 2012).

하기 위한 공세적인 대응으로서의 성격을 지니고 있다는 점 역시 중요하다. 다시 말해 혁명과 계급이 아닌 국가와 인민을 호명하는 과정은 이데올로기적 정당성에 기반한 동원체제를 보완할 통치의 물리적 기반을 강화하는 과정, 즉 국가라는 거대한 관료조직을 최대한 활용하여 '법에 의한 통치'를 강화하는 과정으로서의 의미를 동시에 갖고 있었다는 것이다.

사회주의 국가들의 실패가 "사회안전기관이 제구실을 하지 못"해 "사회주의 국가의 독재기능이 마비"된 탓이라는 인식은 이를 잘 보여주고 있었다.[52] 또한 인민정권을 "인민대중의 자주적권리의 대표자"로 규정하고 "인민민주주의독재를 실시하는 것"이 "인민정권의 중요한 기능"이라 명시한 것은 이를 통해 "사회주의제도를 파괴하고 제도를 전복"하려는 세력들로부터 체제를 수호해야 한다는 주장과 병행되었다.[53] 당과 인민정권을 중심으로한 유일적령도체계를 강조하는 과정에서 "국가의 법규률", "사회안전기관", "인민군대" 등 국가기관의 기능을 강화시킴으로써 체제를 지킬 수 있다는 설명이었다.[54] 인민정권이 "법질서를 어기는 자들에 대한 법적제재를 강화"하여 비사회주의적 현상을 불식시켜야 한다는 주장도 마찬가지의 논리에 기반하고 있었음은 물론이다.[55] 각급 인민위원회가 법을 철저하게 준수하면서 사회주의법무생활을 장악지도하고, 사법검찰기관들의 역할을 제고하도록 한 것은 법을 앞세워 국가를 통한 통

52) 김정일, "우리 식 사회주의를 견결히 옹호 보위하는 참다운 사회안전 일군들을 키워내자".

53) 김정일, "우리 인민정원의 우월성을 더욱 높이 발양시키자".

54) 김정일, "당, 국가, 경제사업에서 나서는 몇 가지 문제에 대하여".

55) 김정일, "우리 인민정원의 우월성을 더욱 높이 발양시키자".

치력을 강화하려는 과정에 다름 아니었던 것이다.[56)]

4. “사회주의법치국가”론의 진화

주지하듯 사회주의법치국가 건설은 김정은 시대 북한정치의 핵심 키워드 가운데 하나다. 김정일 시대에 등장한 사회주의법치국가론은 김정은 정권의 출범과 함께 최고지도자의 직접 호명을 통해 핵심적 정치 담론 가운데 하나로 부상했다. 김정은 정권이 정식 출범한 첫 해인 2012년 겨울, 1982년 2차 대회 이후 30년 만에 개최된 ‘사법검찰기관 열성자 대회’는 그 시발점이었다. 여기서 김정은은 서한을 통해 ‘사회주의법치국가’ 건설의 기치 아래 사법기관들을 강화하고 사법검찰기관들의 “수령보위, 정책보위, 제도보위, 인민보위”의 정치적 사명을 다할 것을 강조했다. 또한 8차 당대회 이후 현재까지 이와 같은 흐름은 지속 강화되어 온 것으로 보인다.

1) 김정은 시대의 개막과 “사회주의법치국가”론의 전면화

김정은 시대 사회주의법치국가론은 최고지도자의 호명을 통해 정식화된다. 김정은은 취임 초기부터 사회주의법무생활, 혁명적준

56) “인민정권이 인민대중의 리익을 침해하는 세력과 요소에 대하여 독재를 실시하는 것은 인권유린이 아니라 철저한 인권옹호”라는 김정일의 당시 언급은 사회주의독재에 대한 안팎의 부정적 시선으로부터 그 역시 자유롭지 않음을 보여준다. 김정일, “우리 인민정원의 우월성을 더욱 높이 발양시키자”.

법정신 등을 통한 사회주의법치국가의 실현을 주요한 통치 담론으로 내세웠다. 이는 단순한 수사적 차원을 넘어 정책과 제도 변화에 직접적인 변화를 가져왔다는 점에서 중요한 의미를 지녔다.

먼저 김정은은 취임한 지 1년 가까이 되던 즈음 김정일의 「사법검찰사업을 개선강화할데 대하여」 발표 30주년을 맞아 작성된 "전국사법검찰일군열성자대회 참가자들에게 보낸 서한"을 통해 자신의 메시지를 전했다.[57] 그는 "사법검찰기관은 수령보위, 정책보위, 제도보위, 인민보위의 중요한 사명을 지닌 우리 당의 믿음직한 정치적보위대, 인민민주주의독재의 위력한 무기"이므로 사법검찰기관은 "나라의 법질서를 세우는데서 커다란 역할"을 한다고 보았다.[58] 이는 곧 사법검찰기관이 "당의 령도 밑에서 법집행을 감독통제하고 국가의 사법권을 행사하는 독자적인 권력기관"이며 "검찰기관과 재판기관의 법적통제기능을 강화"해야만 "혁명적 법질서" 수립과 "우리 식의 사회주의법치국가" 건설이 가능하다는 주장이었다.[59] 또한 이들에 대한 "현실체험과 재교육" 등을 통한 실무 업무능력 강화와 사법검찰일군양성을 위한 교수교양양성사업 활성화의 필요성도 함께 언급되었다.

---

57) 김정은, "혁명발전의 요구에 맞게 사법검찰사업에서 새로운 전환을 일으킬데 대하여: 김정은 원수님 전국사법검찰일군열성자대회 참가자들에게 서한", 2012년 11월 26일, 「조선중앙통신」.

58) "사법검찰기관은 당의 령도밑에 법집행을 감독통제하며 국가의 사법권을 행사하는 독자적인 권력기관"임을 명시하고 있는데, 여기에는 인민보안기관, 검찰기관, 재판기관 등이 포함된다. 이들의 법적 '통제'기능이 강화되어야 "혁명적법질서"가 세워지고 "사회주의법치국가"건설이 가능하다는 논리였다. 김정은, "혁명발전의 요구에 맞게 사법검찰사업에서 새로운 전환을 일으킬데 대하여: 김정은 원수님 전국사법검찰일군열성자대회 참가자들에게 서한".

59) 김정은, "혁명발전의 요구에 맞게 사법검찰사업에서 새로운 전환을 일으킬데 대하여: 김정은 원수님 전국사법검찰일군열성자대회 참가자들에게 서한".

전국사법검찰일군열성자대회가 있은 지 약 열흘 후, 제5차 전국법무일군대회도 개최되었다. 이 대회는 김정일의 「사회주의법무생활을 강화할데 대하여」 발표 30주년을 기념하여 열린 대회였다.[60] 해당 대회는 "사회주의법무생활을 강화하여 온 사회에 혁명적인 제도와 질서를 확립하자!", "모두 다 법질서를 자각적으로 지켜 우리의 국가사회제도를 더욱 공고발전시키자!"는 구호를 내세워 북한식 법치의 사상적 공세를 이어 나갔다.[61]

김정은은 이후에도 지속적이고 반복적으로 사회주의 법치를 강조했다. 2014년 신년사에서는 "혁명적 규률과 질서"를 강조하며 "국가의 법과 결정지시"를 철저히 지켜 모든 일군과 근로자가 "공화국 공민으로서의 높은 자각"을 바탕으로 "법규범과 질서"를 지킬 것을 주문했다.[62] 또한 인민대중의 요구와 이익을 대표하는 인민정권기관들을 향해서는 "인민들이 사회주의헌법을 비롯한 국가의 법규범과 규정들을 자각적으로 지키도록 준법교양과 법적통제를 강화"해야 한다고 주장했다.[63] 또한 이러한 주장은 2019년 시정연설을 통해 보다 구체화되었다. 공화국법은 "혁명의 전취물을 수호하고 사회

60) "전국법무일군대회 진행", 「로동신문」, 2012년 12월 6일.

61) 전국법무일군대회는 2017년 10월 26일 제6차 대회로 다시 한 번 개최되게 된다. "제6차 전국법무일군대회 진행", 「로동신문」, 2017년 10월 26일. 이 대회에서 김정은은 또 한 번 전국법무일군대회 참가자들을 대상으로 서한을 보낸 것으로 보이나, 현재까지 원문은 공개되지 않은 상황이다. 다만 북한의 매체를 통해 해당 서한의 제목이 "혁명발전의 요구에 맞게 사회주의법무생활을 더욱 강화하자"이며 그 핵심 키워드가 바로 '인민'에 있다는 사실은 확인할 수 있었다. 황금철, "경애하는 최고령도자 김정은동지께서 밝히신 사회주의법무생활을 강화하여 진정한 인민의 나라를 법으로 지켜나갈데 대한 사상의 중요내용", 『정치법률연구』 제2호(2018), p. 8.

62) 김정은, "신년사", 「조선중앙통신」, 2014년 1월 1일.

63) 김정은, "조선로동당 제7차대회에서 한 당중앙위원회 사업총화보고(2016.5.7)", 「로동신문」, 2016년 5월 8일.

주의제도를 공고발전시키며 인민의 권리와 리익을 옹호보장하는 위력한 무기"로서 "혁명과 건설이 심화되는데 맞게 당 정책적 요구에 립각하고 현실을 반영하여 법규범과 규정을 보다 세분화, 구체화하여 과학적으로 제정완성하고 제때에 수정보충함으로써 사회주의국가의 인민적인 정치실현을 믿음직하게 담보" 해야 한다는 것이었다.[64] 이처럼 최고지도자가 직접 나선 것은 이전 시기 전국가적인 차원에서 북한식 법치의 발전적 재구성에도 불구하고 최고지도자의 호명까지는 이르지 못했던 것에 비하면 한 차원 격상된 방식이었다.

사회주의법치국가를 위한 북한 당국의 노력은 전체 인민을 대상으로 한 대중적 차원의 정치사상적 동원전략으로도 수행되었다. '모범준법단위칭호쟁취운동'이 그것이다. 모범준법단위칭호쟁취운동은 "기관, 기업소, 단체들을 단위로 하여 일군들과 근로자들속에 준법의식을 높이기 위한 사상교양사업, 준법교양을 선차적인 사업으로 진행하도록 함으로써 그들이 사회주의법규범과 규정준수집행에 자각적으로 동원될 수 있도록"하는 것을 목표로 하는 것으로 2007년 제4차 전국법무일군대회를 통해 시작되었다.[65] 그러나 해당 운동이 본격화된 것은 2009년 5개 단위가 모범준법단위를 수여받은 이후 특히 김정은 시대 들어 최고인민회의 상임위원회와 각도(직할시)인민위원회가 책임을 맡고 각급 당조직이 당위원회적인 사업으로 진

64) 김정은, "현 단계에서의 사회주의건설과 공화국정부의 대내외정책에 대하여(2019.4.12)".

65) 최은경, "모범준법단위칭호쟁취운동을 전사회적으로 힘있게 벌리는 것은 온 사회에 자각적인 준법기풍을 세우기 위한 효과적인 방도", 『정치법률연구』 제3호(2017), p. 44; 황금철, "사회주의법무생활을 강화하는 것은 혁명의 승리적 전진을 위한 중요한 사업", 「로동신문」, 2018년 3월 13일; "모범준법단위칭호쟁취운동의 생활력 과시", 「로동신문」, 2020년 8월 14일.

행한 이후였다.[66] 최고인민회의 상임위원회 정령의 형식을 통해 부여되는 모범준법단위칭호를 받은 단위는 2019년에는 500여 개로, 2020년(8월 기준)에는 200여 개로 급격히 증대되어 2020년 8월을 기준으로 총 13년간 2,000여 개의 단위가 모범준법단위칭호를 수여받기에 이르렀으며 『로동신문』은 해당 소식을 1면 또는 2면을 할애해 중요 뉴스로 보도해 왔다.[67]

또한 법률과 관련한 학술적 논의의 장이 격상된 점 역시 주목된다. 법과 관련한 연구를 게재하던 주요한 두 개의 지면 모두에서 해당 부분의 독자성이 강화된 것이다. 먼저 김일성종합대학 학보의 경우 역사 분야와 묶여서 게재되던 것이 2018년 제64권 4호부터 분리되어 법률학의 이름으로 별권 발행되기 시작했다. 또한 『정치법률연구』 역시 2018년 1호부터는 『법률연구』로 그 명칭이 변경되고 정치와 관련한 논문들이 축소되며 그 독자성이 강화되었다.

마지막으로 대대적인 법제사업의 전개를 들 수 있다. 김정은 집권 후인 북한의 법률은 꾸준히 보강되어 2012년 조선민주주의인민공화국법전은 187개의 법령, 2016년 버전에는 218개의 법령이 공개 및 수록되었다.[68] 2018년 이후 법령은 노동신문에 발표된 것들만 정리한 내용이 다음 〈표 1〉과 같다.

---

66) "모범준법단위칭호쟁취운동의 생활력 과시", 「로동신문」, 2020년 8월 14일.

67) 조선민주주의인민공화국 최고인민회의 상임위원회, "혁명적 준법기풍을 확립하는데 이바지한 단위들에 모범준법단위칭호를 수여함에 대하여", 「로동신문」, 2018년 8월 6일; 조선민주주의인민공화국 최고인민회의 상임위원회, "사회주의법무생활에서 모범적인 단위들에 모범준법단위칭호를 수여함에 대하여", 「로동신문」, 2018년 9월 14일; "모범준법단위칭호쟁취운동의 생활력 과시", 「로동신문」.

68) 박정원, "2016년 북한 법전(증보판)의 내용과 특징 분석", p. 408; 김병기, "북한 「법제정법」을 중심으로 살펴본 북한의 입법체계", p. 86.

〈표 1〉 2018년 이후 최고인민회의 법령 및 결정 현황(로동신문)

제정 시기	날짜	구분	법안
최고인민회의 제14기 제5차 회의	2021.9.29	법령	·「조선민주주의인민공화국 시, 군발전법을 채택함에 대하여」 ·「조선민주주의인민공화국 청년교양보장법을 채택함에 대하여」 ·「조선민주주의인민공화국 인민경제계획법을 수정보충함에 대하여」
		결정	·「조선민주주의인민공화국 고려항공총국을 조선민주주의인민공화국 국가항공총국으로 함에 대하여」
	2021.9.28	결정	·「조선민주주의인민공화국 재자원화법을 철저히 집행할데 대하여」
최고인민회의 상임위원회 제14기 제16차 전원회의	2021.8.26	정령	·「조선민주주의인민공화국 도로교통법을 수정보충함에 대하여」 ·「조선민주주의인민공화국 산림법을 수정보충함에 대하여」
최고인민회의 상임위원회 제14기 제15차 전원회의	2021.7.2	정령	·「조선민주주의인민공화국 금속공업법을 채택함에 대하여」 ·「조선민주주의인민공화국 화학공업법을 채택함에 대하여」 ·「조선민주주의인민공화국 기계공업법을 채택함에 대하여」 ·「조선민주주의인민공화국 마약범죄방지법을 채택함에 대하여」 ·「조선민주주의인민공화국 인삼법을 수정보충함에 대하여」
최고인민회의 상임위원회 제14기 제14차 전원회의	2021.5.2	정령	·「조선민주주의인민공화국 혁명사적사업법을 채택함에 대하여」 ·「조선민주주의인민공화국 쏘프트웨어보호법을 채택함에 대하여」 ·「조선민주주의인민공화국 상품식별부호관리법을 채택함에 대하여」 ·「조선민주주의인민공화국 환경보호법을 수정보충함에 대하여」 ·「조선민주주의인민공화국 건설법을 수정보충함에 대하여」
최고인민회의 상임위원회 제14기 제13차 전원회의	2021.3.4	정령	·「조선민주주의인민공화국 사회보험 및 사회보장법을 채택함에 대하여」 ·「조선민주주의인민공화국 수입물자소독법을 채택함에 대하여」

제정 시기	날짜	구분	법안
최고인민회의 상임위원회 제14기 제12차 전원회의	2020.12.5	정령	·「조선민주주의인민공화국 반동사상문화배격법을 채택함에 대하여」 ·「조선민주주의인민공화국 과학기술성과도입법을 채택함에 대하여」 ·「조선민주주의인민공화국 림업법을 채택함에 대하여」 ·「조선민주주의인민공화국 이동통신법을 채택함에 대하여」
최고인민회의 상임위원회 제14기 제11차 전원회의	2020.11.5	정령	·「조선민주주의인민공화국 금연법을 채택함에 대하여」 ·「조선민주주의인민공화국 기업소법을 수정보충함에 대하여」
최고인민회의 제14기 제3차 회의	2020.4.30	법령	·「조선민주주의인민공화국 재자원화법을 채택함에 대하여」,「조선민주주의인민공화국 원격교육법을 채택함에 대하여」,「조선민주주의인민공화국 제대군관생활조건보장법을 채택함에 대하여」
최고인민회의 제14기 제2차 회의	2019.8.30	법령	·「조선민주주의인민공화국 사회주의헌법의 일부 내용을 수정보충함에 대하여」

2) 김정은 시대 사회주의법치국가론의 내용과 특징

김정은 시대 사회주의법치국가론은 크게 두 가지 방향으로 전개되고 있다. 잘 알려진 대로 '통제'강화를 의미하는 '인민에 대한 법치'와 '제도화'를 통한 예측가능한 국가 시스템 구축을 의미하는 '인민을 위한 법치'가 그것이다. 북한에서 법치가 강조되고 있다는 사실은 일면 합리성과 보편성을 강화하는 측면이 있으나 인민에 대한 탄압을 성문화된 법으로 정당화하는 구실이 될 수 있다는 점에서 경계의 대상이 되기도 한다. 이하에서는 김정은 시대 사회주의법치국가의 두 가지 서로 다른 내용과 특징을 살펴본다.

(1) 법치를 통한 통제

사회주의법치국가론이 지닌 통제의 측면이다. 북한의 설명에 따르면 “혁명적준법기풍을 확립한다는 것은 사회의 모든 성원들이 높은 준법의식을 가지고 국가의 법을 존엄있게 대하며 그것을 자각적으로, 의무적으로 지키고 집행해나가는 것을 습성화, 습벽화한다는 것”을 의미한다.[69] 문제는 혁명적준법기풍 확립을 통한 인민대중제일주의와 사회주의법치국가의 건설의 현실화 과정에서 인민에 대한 탄압과 통제가 정당화된다는 점에 있다. “모든인민보안일군들이 사회성원들에 대한 준법교양에 선차적인 관심을 돌리고 […] 위법행위와 비사회주의적현상을 없애기 위한 법적통제, 법적투쟁을 강하게” 전개해나갈 것을 강조한 북한의 주장은 그것을 잘 뒷받침한다.[70]

최근 비사회주의적 현상들에 대한 통제를 중심으로 더욱 부각되고 있는 이와 같은 측면은 인민보안성 정치국 부국장등 의해 작성된 아래와 같은 『근로자』의 한 논설에서도 잘 나타난다.

> 사치와 허례허식을 좋아하는 현상, 술판, 먹자판을 벌려놓으며 안일해이하고 부화방탕하게 생활하는 현상, 불순출판선전물을 밀수밀매하거나 보고 류포시키는 현상, 우리 식이 아닌 이색적인 옷차림과 몸차림을 하고다니는 현상 등 온갖 비사회주의적현상[71]

---

69) 황금철, “혁명적준법기풍확립은 사회주의건설의 획기적전진을 위한 중요한 사업”, 「로동신문」, 2021년 2월 21일.

70) 길영남, “법무생활을 강화하는 것은 사회주의법치 국가건설의 필수적요구”, 『근로자』 제2호(2018).

71) 리두성, “비사회주의적현상은 사회주의를 좀먹는 위험한 독소”, 『근로자』 제7호(2017), pp. 25~27.

비사회주의적 현상을 철저히 없애자면 **법기관들의 기능과 역할을 높여야** 한다. 비사회주의적 현상은 사상교양과 사상투쟁만으로 다 없앨수 없다. 비사회주의적 현상을 완전히 쓸어버리자면 사상교양과 사상투쟁을 힘있게 벌리는 것과 함께 강한 법적통제가 안받침되어여야 한다. **비사회주의적 현상들은 대다수가 국가의 법과 질서를 어기는 위법행위**들이다.[72]

이처럼 비사회주의적 행위가 법에 저촉되는 위법행위라는 규정은 인민에 대한 통제와 탄압의 구실이 되고 있다. "인민보안, 사법, 검찰기관 일군들은 인민 앞에서 무한히 겸손하고 인민의 생명재산을 위하여 목숨도 서슴없이 바쳐싸워야 하지만 범죄자들에 대해서는 조금도 양보하지 말고 법적 제재를 가해야 한다"는 주장이나 비사회주의와 반사회주의에 오염되면 "나중에는 당과 사회주의제도를 반대하는 반혁명분자"가 될 수 있음을 경고하며 "모든 인민보안일군들은 인민의 이익을 침해하는 비사회주의, 반사회주의적 현상"과 관련한 "위법현상"을 막기 위해 전력투쟁할 것을 주장하는 목소리들은 사회주의 법치가 지닌 위험성을 잘 보여준다.[73]

특히 아래와 같은 김정은의 보고에서 나타나듯 조선로동당 제8차 당대회를 기점으로 당과 국가 및 사회 전반에 걸쳐 공안정국을 조성하는 이러한 흐름이 더욱 강화되고 있다는 점은 많은 우려를 낳고 있다.

72) 리명복, "비사회주의적현상을 쓸어버리는 것은 사회주의수호전의 중요한요구", 『근로자』 제3호, pp. 42~44.

73) 리두성, "비사회주의적현상은 사회주의를 좀먹는 위험한 독소", p. 27; 최영일, "비사회주의, 반사회주의적현상과의 투쟁은 심각한 계급투쟁", 『근로자』 제12호(2018), pp. 20~21.

> 보고에서는 비사회주의, 반사회주의적현상을 쓸어버리고 온 나라에 사회주의생활양식을 철저히 확립하기 위한 사업을 전당적, 전국가적, 전사회적인 사업으로 내밀어 사람들의 정신도덕생활령역에서 혁명적인 전환이 일어나도록 하기 위한 문제가 중요하게 언급되였다 […] 사회주의생활양식에 어긋나는 현상들과의 대중적투쟁을 강력히 전개하여야 한다.[74]

사실 이와 같은 흐름은 당대회 전부터 일정 부분 예견된 결과였다. 개최 한 달 전 최고인민회의 상임위원회 제14기 제12차 전원회의에서 등장한 '반동사상문화배격법'이 그것이다.[75] 『로동신문』은 해당 법의 제정 배경으로 소련 및 동구의 붕괴의 역사를 다시 소환하며 "사람들의 준법정신"이 흐려짐에 따라 비사회주의, 반사회주의 현상이 조장된 것이 참사의 원인이었으므로 "법적통제기능"을 강화해야 한다는 논리를 펼쳤다.[76] 또한 당 대회 개최 이후 한 달 만에 열린 조선로동당 중앙위원회 제8기 2차 전원회의의 보고에서도 이 같은 기조는 지속강화되었다. 전원회의에서 상정된 다섯 가지 주요 의정 가운데 두 번째가 바로 「전사회적으로 반사회주의, 비사회주의와의 투쟁을 더욱 강도높이 벌릴데 대하여」였기 때문이다.[77]

관련하여 주목할 점은 비사회주의, 반사회주의 척결을 위한 법기

74) "조선노동당 제8차대회에서 하신 경애하는 김정은동지의 보고에 대하여", 「로동신문」, 2021년 1월 9일.

75) "조선민주주의인민공화국 최고인민회의 상임위원회 제14기 제12차전원회의 진행", 「로동신문」, 2020년 12월 5일.

76) "사회주의헌법을 철저히 구현하여 우리의 국가사회제도를 더욱 공고발전시키자", 「로동신문」, 2021년 12월 27일.

77) "당대회결정관철의 첫해 진군을 자랑찬 혁신과 전진으로 빛내이자, 조선로동당 중앙위원회 제8기 제2차전원회의에 관한 보도", 「로동신문」, 2021년 2월 12일.

관 당조직들에 대한 역할을 강조하는 글에서 아래에 같이 당세포의 역할을 비중있게 다루고 있다는 사실이다. 반동문화사상법과 같은 법률 제정과 사법검찰기관 등의 통제라는 '위로부터의' 통제와 당조직의 최말단인 세포 단위를 통한 '아래로부터의' 통제가 동시에 강조되고 있다는 점에서 전방위적인 조직적 공포정치의 우려를 낳는 지점이기 때문이다.

> 당세포들이 비사회주의적현상을 뿌리뽑기 위한 투쟁에서 자기의 책임과 역할을 다해나가도록 하는데 큰 힘을 넣어야 한다. 당원과 근로자들을 교양하여 혁명하는 거점이고 우리 식 사회주의를 지키는 말단혁명초소인 당세포에서부터 투쟁의 불을 걸어 비사회주의적현상을 뿌리뽑기 위한 투쟁을 벌려나간다면 이색적인 사상독소와 사회를 좀먹는 부정적현상들이 전파되고 조장되는 것을 철저히 막을 수 있다.[78]

제3의 고난의 행군을 호명한 오늘날 북한의 상황과 사회주의법무생활, 혁명적준법정신, 사법감찰기관의 역할, 비사회주의 및 반사회주의 배격 등에 대한 강조 분위기를 종합해 볼 때 사회주의법치국가로 향하는 두 얼굴 가운데 통제와 탄압에 기반한 전반적인 공안정국의 기조가 최근 강화되고 있는 것은 분명해 보인다.

(2) 법치를 통한 제도화

북한식 사회주의법치국가는 다른 한편으로 제도화로 구현되고

78) 림종환, "비사회주의적현상을 뿌리뽑기 위한 투쟁에서 법기관 당조직들의 역할", 『근로자』 제4호(2018).

있다. 일련의 제도화 과정은 사회주의 법치국가건설의 실천적 차원에서 매우 중요한 의미를 지닌다. 제도화의 경로의존적 속성은 그들의 의도와 무관하게 자의적, 임의적, 정치적 전횡을 견제하는 역할을 하는 동시에 궁극적으로 체제적 속성 자체에도 영향을 미칠 수 있기 때문이다. 이러한 차원에서 북한 법치의 이미지가 흔히 반동사상문화배격법 등 처벌의 강화로 대변되는 경향이 있음에도 불구하고 실제 김정은 시대 북한에서 제정되거나 수정 · 보충된 법률의 대부분은 법제정법, 형사소송법 등의 절차법을 포함하여 대내외 경제관련 법률과 민법 및 상법 등 제도화와 관련된 부분이 양적으로나 질적으로나 압도적인 비중을 차지한다는 점에 주목할 필요가 있다.

먼저 법제정법과 관련한 부분을 살펴보자. 법 수립과 집행의 규범화는 법치 구현의 가장 초보적인 기반이기 때문이었다.[79] 법제정체계의 중요성은 이미 2000년대 초반부터 북한 학계에서 제기된 바 있었다. "법제정체계는 법적으로 규정된 국가기관들 사이의 법제정 권한의 분담관계"를 의미하며 "법의 엄격성을 보장하자면 어떤 국가기관이 어떤 법을 제정할 수 있는가 하는 것을 법적으로 명확히 규정"해야 한다는 문제의식이 그것이었다.[80] 더불어 법제정사업규범은 "국가기관들이 규범적 법문건을 제정하는 데서 지켜야할 준칙을 규제한 법규범들의 총체로서 국가기관들이 지배계급의 의사와

79) 「조선민주주의인민공화국법제정법」은 2012년 12월 19일 채택되고 2013년 7월 1일부터 시행되었다.

80) 리경철, "법제정체계의 본질과 종류", 『정치법률연구』 제9호(2005).

요구를 규범적 법문건의 형식으로 법화하는 과정에서 지켜야할 활동원칙과 방법들을 규제"하는 것이라는 주장이었다.[81] 이처럼 법제정사업규범을 바로 제정하고 그것을 정확하게 지켜나감으로써 "법제정사업의 정규화, 규범화"를 보장할 수 있다는 주장은 법치의 제도화에 대한 북한 당국의 관심을 잘 보여준다.[82]

또한 자의적이고 모호하며 불안정한 형식이라는 비판을 받아온 북한 입법체계의 안정화 · 정교화 경향이 보다 큰 틀에서 조선로동당의 통치의 정상화 즉 당-국가체제의 회복과 깊은 연관을 맺고 있을 가능성 역시 주목된다. 법제정법 제1장 1조는 "법제정법은 법제정 사업에서 제도와 질서를 엄격하게 세워 사회주의 법체계를 완비하는 데 이바지"하고 있음을 분명히 했다. 특히 3조는 "국가는 법제정사업에서 조선로동당의 로선과 정책을 정확히 구현하도록 한다"고 명시함으로써 법과 당의 영도원칙 간의 관계를 적시하고 있다.[83] 북한 입법과 관련한 법제정은 당을 통한 법치의 행위 준거로 마련된 측면이 있으며, 수령 및 당의 권력 전횡이나 독단적이고 비합리적인 정책 실행에 대한 최소한의 안전장치로서의 역할을 할 여지가 있다는 것이다.

81) 강남철, "법제정사업규범의 본질과 그 제정의 필요성", 『정치법률연구』 제21호(2008).

82) 리경철, "법제정법을 제정하는 것은 현시기 법제정사업을 개선하기 위한 중요한 방도", 『정치법률연구』 제42호(2013).

83) 법제정법은 △ 최고인민회의와 최고인민회의 상임위원회 법제정 △ 내각의 법제정 △ 내각 위원회, 성의 법제정 △ 도(직할시) 인민회의와 인민위원회의 법제정을 구분하여 명문화하고 있으며, 구체적인 법작성과 법체계화와 관련한 내용을 세세하게 다루었다. 74조에 따르면 법률정리는 해마다 하도록 정례화의 규정을 마련했으며, 75조에 따라 법제정기관이 정기적으로 법규집을 편집하고 효력있는 법문건들을 수록하도록 했다(『법제정법』 2012년 12월 19일 채택).

다음으로 형법, 특히 형사소송법에 대한 북한 당국의 관심이다. 북한의 형사소송법은 수차례 개정을 통해 인권보장과 관련한 내용을 추가했고, 형사절차에 관한 규정을 체계화하고 구체화하였다.[84] 특히 아래 〈표 2〉에서 보듯 『(정치)법률연구』에 관련 논의들이 지속되어 왔으며 특히 2018년을 기점으로 상당한 비율로 증가한 점이 주목된다.

〈표 2〉『(정치)법률연구』 형사소송관련 논문 목록(2012~2019)

연도	호	논문 제목	연도	호	논문 제목
2012년	1호	· 공화국수사제도의 본질과 우월성	2016년	1호	· 형사책임의 구분
	2호	· 공화국형사소송에서 변호사의 지위		2호	· 형사책임에 대한 견해의 력사적변천
				3호	· 우리 나라 범죄신고제도는 가장 인민적인 범죄신고제도
				4호	· 공화국형사판결, 판정의 효력의 특징
2013년	1호	· 형벌집행에 대한 일반적리해	2017년	3호	· 형사소송의 본질에 대한 주체적 리해
	2호	· 범죄인정에서 증명의 요구에 대한 일반적리해			
2014년	2호	· 공화국형사재판에서 변호인활동의특징	2018년	1호	· 형사소송에서 검증의 본질
				2호	· 형사소송행위에 대한 일반적리해
	3호	· 공화국형사법에 규제된 사회적교양처분의 특징 · 범죄자심문에 적용되는 언어의 일반적특징		4호	· 범죄확정과 형벌량정의 일반원칙에 대한 리해 · 공화국변호사제도의 본질과 인민적 성격 · 형사소송에서 기소에 대한 력사적리해

[84] 김소라, "북한 형사소송법상의 인권보호 조항과 그 적용사례: 모성보호 조항을 중심으로", 『북한학연구』 제16권 2호(2020).

연도	호	논문 제목	연도	호	논문 제목
2015년	1호	· 형사책임의 특징 · 형벌의 역할에 대한 일반적리해	2019년	1호	· 형사소송륜리에 대한 일반적리해 · 공화국형사소송에서 기소의 본질 · 공화국형사소송에서 소송관계자배제제도의 특징 · 형민사소송에서 증명의 요구에 대한 리해 · 형사사건병합과 분리의 본질과 특징
	2호	· 공화국형사재판의 특징 · 형사책임의 해결방식에 대한 일반적 리해 · 형사소송에서 증거에 대한 법적보호의 중요성		2호	· 형법해석의 본질적특성 · 형법규범효력의 시간적범위확정에 대한 리해 · 형법상긴급피난의 본질과 특징 · 공화국형법에 규제된 자백의 본질과 특징 · 우리 나라 형사상소심제도의 특징 · 공화국형사소송에서 소송관계자배제사유
	3호	· 형사책임의 개념과 형벌과의 관계 · 공화국형사소송에서 검사의 역할		3호	· 형법해석의 역할 · 형사책임의 진전과정에 대한 리해
	4호	· 형사소송의 필수적공정으로서의 증거수집의 본질		4호	· 형벌량정에 대한 리해 · 공화국형법리론에서 범죄적 인과관계와 관련한 리해에서 제기되는 몇가지 문제 · 범죄결과에 대한 리해

경제관련 법률의 대대적 제정과 연구사업도 중요하다. 지적제품의 유통 및 계약, 특허와 상표, 손해 배상, 전자상거래 및 신용카드 관련 등 북한의 국내경제 현실 변화 및 미래의 지향을 반영한 법률 제정에 대한 필요성이 『(정치)법률연구』 등을 통해 공론화되고 있는 것이다. 법제정사업에서 경제관련법률의 양적 증가는 이러한 현실의 반영이다. 김정은 시대 들어 북한의 대내외 경제관련 법률의

제정 및 수정·보충은 매우 활발하게 이루어져 왔다. 2012년 새로 발간된 조선민주주의인민공화국 법전과 2016년 법전을 검토한 아래 〈그림 1〉에서 볼 수 있듯이 경제관련법은 실제 북한 법에서 상당한 비중을 차지하고 있다. 또한 에네르기, 금속, 지하자원, 농업수산, 교통운수, 국토 환경보호부문 등 간접적인 경제관련법까지 합하면 경제관련 북한법의 비중은 더욱 클 것으로 짐작된다.

〈그림 1〉 조선민주주의인민공화국 부문별 법 조항 수 비교

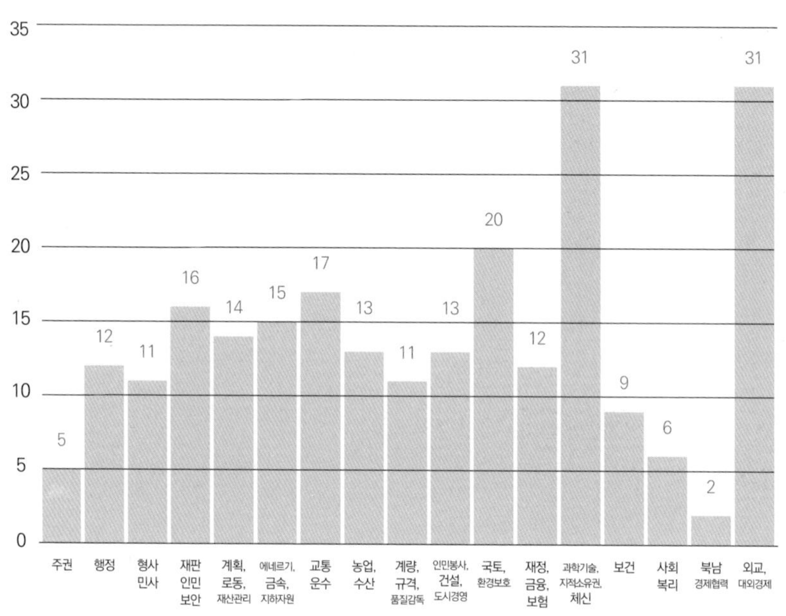

더불어 대외개방과 관련하여 투자, 계약, 금융, 기술, 특허, 관세, 보험, 담보 등 거의 모든 경제 영역을 총망라한 법률 제정 및 연구 사업이 이루어지고 있다는 점 역시 주목된다. 〈그림 1〉에서 보듯

외교 · 대외경제관련법은 단일 부문으로는 과학기술 · 지적소유권 · 체신부문과 함께 북한법 가운데서 가장 많은 비중을 차지하고 있다. 앞서 언급한 바와 같이 법치가 경제발전을 위한 주요한 전제조건 중 하나라는 점에 비추어 볼 때 북한의 대내외 경제관련 법제정 사업의 활성화가 개혁, 개방과 관련한 전망에 갖는 함의는 지속적인 관심을 요한다 할 수 있다.[85)]

마지막으로 국제법과 관련한 부분이다. 경제분야 및 대외개방과 관련한 북한 당국의 관심은 자연히 국제법 및 국제규범에 대한 학습과 내재화에 대한 필요로 이어진 것으로 보인다. 실제 『(정치)법률연구』(2012~2019)는 국제기구의 공정성, 국제조약, 세계무역기구, 국가기구 기준, 국제인권 문제, 외국재판소 판결, 국제법과 국내법의 관계, 국제전쟁법, 범죄자인도순위, 국제범죄, 국제테러 등 국제법과 관련한 주제들을 광범하게 다루어 북한 당국의 높은 관심을 잘 보여주고 있다.

요컨대 최근 법제정에서 상당한 비중을 차지하고 있는 법제정법, 형사소송법, 대내외 경제관련법, 국제법 등의 사례에서 볼 수 있듯이 북한의 법치가 제도화의 한 부분으로 작동하고 있는 점은 비교적 분명하다.

85) 이는 비단 북한의 경우에만 국한된 것은 아니다. 1990년대 이후 세계은행(World Bank)의 지원 아래 많은 경제학자들이 경제발전과 법치주의가 밀접한 상관관계가 있다는 연구결과를 내놓음으로써 법치주의는 경제발전과 관련한 핵심적인 키워드로 부상해 왔다. 또한 유엔환경계획(UNEP: United Nations Environment Programme) 역시 지속가능한 발전을 위해 법치주의를 발전시켜야 한다는 입장을 밝히기도 했다(박철 2008, 41~42).

5. 나오며

기본적으로 '국가' 차원의 '법'이 아니라 '당' 차원의 '이데올로기와 규약'에 근거하여 '당파적으로' 국가를 운영해 나가는 사회주의 국가에서 법의 역할은 당파성이 아닌 보편성을 기반으로 운영되는 자유민주주의 국가의 그것에 비해 매우 취약하다. 그러나 당의 기능 및 역할과 마찬가지로 법치의 범위와 강도 역시 시기별로, 국가별로 상이한 모습을 보여왔으며 이는 예외 없이 사회주의 체제의 변화와 연동되어 왔다.

이러한 차원에서 오늘날 북한이 지향하는 사회주의법치국가론은 통제수단의 강화로서 뿐만이 아니라 정치 지형에서 차지하는 의미가 적지 않다. 북한 특유의 수령체제가 지닌 근본적인 위험 요소들, 즉 자의적이고 독단적인 정치 행위로 인한 권력의 사유화 여지가 법치에 의한 제도화 과정에서 일정하게 축소될 수 있는 여지가 있기 때문이다. 중국에서 국가기구의 수립과 발전, 정치 과정의 합리화와 안정화, 국가 통치의 법제화와 규범화를 핵심으로 하는 정치제도화가 마오시대의 일인독재나 소규모 통치세력에 의한 임의적인 권력행사, 즉 인치(人治)를 극복하는 데 결정적인 역할을 한 것은 그 예이다.[86] 이러한 차원에서 법치의 강화를 수반한 북한의 제도화 과정 역시 통치의 합리성과 안정성을 확보함으로써 북한식 개혁의 단초가 될 수 있는 가능성을 담지하고 있다고 할 수 있다.

물론 많은 연구들이 지적하고 있듯이 전형적인 독재국가인 북한

86) 조영남, 『중국의 법치와 정치개혁』, p. 21.

에서 법의 강화가 통치의 수단들을 강화하는 데 그치며 오히려 국민들의 삶의 질을 저하시킬 가능성이 크다는 점 역시 간과되어선 안될 것이다. 특히 8차 당대회 이후 최근의 8기 4차 당중앙위원회 전원회의에 이르기까지 '혁명적 준법정신', '반사회주의, 비사회주의와의 전면전' 등이 강조되고 있는 현재의 흐름은 이러한 우려를 더욱 크게 하고 있다.[87] 그러나 앞서 살펴본 바와 같이 북한의 법치에 대한 강조와 법제의 보완이 특정한 정세의 산물이기보다는 매우 장기간에 걸쳐 일관되게 이루어졌다는 점, 그리고 그 내용에 있어 내부통제와 관련된 법률들뿐만이 아니라 법제정법, 소송법, 경제관련, 국제법관련 등을 상당한 비중으로 포괄하고 있다는 점은 북한의 법제보완을 통제강화의 측면에서만 바라보는 시각이 충분치 않다는 점을 보여준다. 북한의 법치 현실과 법치주의의 부상에 대한 보다 큰 관심과 연구가 필요한 이유라 하겠다.

87) "위대한 우리 국가의 부강발전과 우리 인민의 복리를 위하여 더욱 힘차게 싸워나가자", 「로동신문」, 2022년 1월 1일.

참고문헌

1. 국문단행본

김도균 · 최병조 · 최종고. 『법치주의의 기초: 역사와 이념』, 서울: 서울대학교출판부, 2005.

조영남. 『중국의 법치와 정치개혁』, 파주: 창비, 2012.

2. 영문단행본

Bahro, Rudolf. *The Alternative in Eastern Europe,* London: Verso, 1977.

Chirkin, Veniamin Evgen'evich, Yu Yudin, O. Zhidhov · 송주명 역. 『맑스주의 국가와 법이론』, 서울: 새날, 1990.

Diecy, Alert Venn 저 · 안경환, 김종철 역. 『헌법학입문』, 서울: 개명사, 2001.

H. Kelsen · 장경학 역. 『공산주의 법이론』, 서울: 명지사, 1983.

Maravall, Jose Maria & & Adam Przeworski 편 · 안규남, 송호창 외 역. 『민주주의와 법의 지배』, 서울: 후마니타스, 2008.

Stalin, Joseph 저 · 서중건 역. 『스탈린 선집(1932~1953) 2』, 서울: 전진, 1990.

3. 국문논문

강혜석. "김정일 시대 북한 민족주의의 진화: 「주체성과 민족성」과 「민족주의에 대하여」를 중심으로". 『국제정치연구』 제23권 1호(2020).

______. “정당성의 정치와 북한의 민족재건설: 주체, 우리 식, 우리민족제일주의”. 『다문화사회연구』 제10권 1호(2017).

강혜석 · 안경모. “김정은 시대 통치 이데올로기(2012~2021): ‘선군’에서 ‘국가와 인민’으로”. 정영철 편. 『세계정치: 김정은의 전략과 북한 34권』, 서울: 서울대학교 국제문제연구소, 2021.

김대인. “베트남의 법치주의 전환이 북한에 주는 함의: 행정구제를 중심으로”. 『동북아법연구』 제15권 1호(2021).

김도균. “북한 법체계에서 법개념론과 법치론에 관한 고찰”. 『법학』 제46권 1호(2005).

김병기. “북한 「법제정법」을 중심으로 살펴본 북한의 입법체계”. 『행정법연구』 60호(2020).

김소라. “북한 형사소송법상의 인권보호 조항과 그 적용사례: 모성보호 조항을 중심으로”. 『북한학연구』 제16권 2호(2020).

김성호. “헌법제정의 정치철학: 주권인민의 정체성과 인민주권의 정당성”. 『한국정치학회보』 42권 3호(2008).

박정원. “북한의 사회주의 법치국가 건설론과 법제 정비 동향”. 『동북아법연구』 제5권 1호(2011).

______. “북한의 입법이론과 체계 분석”. 『법학논총』 제26권 2호(2013).

______. “북한의 법제정(입법) 체계의 분석 및 전망: ‘법제정법’을 중심으로”. 『법제연구』 제53호(2017a).

______. “2016년 북한 법전(증보판)의 내용과 특징 분석”. 『북한법연구』 제17호(2017b).

박 철. “경제발전을 위한 법치주의: 사회적 신뢰와 협조의 기초인 법과 법치주의를 중심으로”. 『저스티스』 제106호(2008).

안경모. “김정은 시대 북한 정치 변화의 함의: ‘당－국가체제’와 ‘정치 제도화’ 개념을 중심으로”. 『아세아연구』 제64권 4호(2021).

안동인. “북한 법제정정비지원의 법적 성격과 기능적 수용주체”. 『행정법연구』 제60호(2020).

이희옥. “시진핑 시기 반부패운동의 정치논리: 시장, 법치, 거브넌스의 관계”. 『중소연구』 39권 1호(2015).

조영남. “중국의 법치 논쟁과 정치개혁”. 『한국과 국제정치』 제26권 4호(2010).
______. “중국의 정치개혁: 성과와 한계”. 이현정 편. 『개혁 중국: 변화와 지속』, 서울: 한울 아카데미, 2019.
장명봉. “공산주의 헌법의 개관: 소비에트 헌법을 중심으로”. 『중소연구』 제9권 3호(1985).
______. “북한의 ‘법치’강조와 최근 법제동향: 헌법, 대외경제중재법, 행정처벌법. 인민보안단속법, 금강산국제관광특구법을 중심으로”. 『북한법연구』 제14호(2012).
최은석. “북한의 사회주의법제정의 합리화와 규범적 법문건의 입법기술”. 『입법학연구』 제8집(2011).
한상돈. “중국 사회주의법치의 발전과 과제”. 『저스티스』 제158권 3호(2017).
황의정. “김정은 시대 북한식 사회주의법치의 의미와 한계: 법의 지배(rule of law)의 일반론적 시각을 중심으로”. 『동북아법연구』 제12권 3호(2019).
황인표. “북한의 법 인식 변화를 통한 북한 이해”. 『윤리연구』 제76호(2010).
홍성태. “정치적 억압의 전략과 법치주의”. 『한국사회학』 제55권 2호(2021).

4. 북한문헌

강남철. “법제정사업규범의 본질과 그 제정의 필요성”. 『정치법률연구』 제21호(2008).
강철남. “사회주의법치국가의 본질”. 『사회과학원 학보』 제1호(2007).
길영남. “법무생활을 강화하는 것은 사회주의법치 국가건설의 필수적요구”. 『근로자』 제2호(2018).
김만혁. “개념해설: 법치국가”. 『정치법률연구』 제1호(2003).
김일성. “우리 당 사법정책을 관철하기 위하여”. 1958년 4월 29일. 『김일성저작선집 2』, 평양: 조선로동당출판사, 1968.
______. “덕천지구탄광들에서 석탄생산을 더욱 늘일데 대하여”. 1977년 3월 31일. 『김일성저작집 32』, 평양: 조선로동당출판사, 1986.
______. “수송사업에서 새로운 혁신을 일으킬데 대하여”. 1977년 4월 6일. 『김일성저작집 32』, 평양: 조선로동당출판사, 1986.

______. "인민정권을 더욱 강화하자". 1977년 12월 15일. 『김일성저작집 32』, 평양: 조선로동당출판사, 1986.

______. "인민정권기관 일군들의 역할을 더욱 높일데 대하여". 1978년 4월 20일. 『김일성저작집 33』, 평양: 조선로동당출판사, 1987.

______. "조선로동당 제6차대회에서 한 중앙위원회사업총화보고". 1980년 10월 10일. 『김일성저작집 35』, 평양: 조선로동당출판사, 1987.

______. "조선로동당 중앙위원회 제6기 제7차 전원회의에서 한 결론". 1983년 6월 16~17일. 『김일성저작집 38』, 평양: 조선로동당출판사, 1992.

______. "사회주의의 완전한 승리를 위하여: 조선민주주의인민공화국 최고인민회의 제8기 제1차회의에서 한 시정연설". 1986년 12월 30일. 『김일성저작집 40』, 평양: 조선로동당출판사, 1994.

______. "주체의 혁명적 기치를 높이 들고 사회주의. 공산주의 위업을 끝까지 완성". 1988년 9월 8일. 『김일성저작집 41』, 평양: 조선로동당출판사, 1995.

______. "공작기계공업과 전자. 자동화 공업발전에서 전환을 일으킬데 대하여". 1988년 11월 30일. 『김일성저작집 41』, 평양: 조선로동당출판사, 1995.

______. "우리 나라 사회주의의 우월성을 더욱 높이 발양시키자: 조선민주주의인민공화국 최고인민회의 제9기 제1차 회의에서 한 시정연설". 1990년 5월 24일. 『김일성저작집 42』, 평양: 조선로동당출판사, 1995.

김정은. "혁명발전의 요구에 맞게 사법검찰사업에서 새로운 전환을 일으킬데 대하여: 김정은 원수님 전국사법검찰일군열성자대회 참가자들에게 서한". 「조선중앙통신」. 2012년 11월 26일.

______. "경애하는 김정은동지께서 조선로동당 제4차 세포비서대회에서 하신 연설". 「조선중앙통신」. 2013년 1월 29일.

______. "신년사". 「조선중앙통신」. 2014년 1월 1일.

______. "조선로동당 제7차대회에서 한 당중앙위원회 사업총화보고(2016.5.7)". 「로동신문」. 2016년 5월 8일.

______. "현 단계에서의 사회주의건설과 공화국정부의 대내외정책에 대하여(2019.4.12)". 「조선중앙통신」. 2019년 4월 13일.

김정일. "사법검찰사업을 개선강화할데 대하여". 1982년 11월 21일. 『김정일선집 10』, 평양: 조선로동당출판사, 2011.

______. "사회주의법무생활을 강화할데 대하여". 1982년 12월 15일. 『김정일선집 10』, 평양: 조선로동당출판사, 2011.

______. "경애하는 수령 김일성동지의 위대한 업적을 빛내여나가자". 1992년 4월 17일. 『김정일선집 16』, 평양: 조선로동당출판사, 2012.

______. "당, 국가, 경제사업에서 나서는 몇 가지 문제에 대하여". 1992년 11월 12일. 『김정일선집 17』, 평양: 조선로동당출판사, 2012.

______. "우리 식 사회주의를 견결히 옹호보위하는 참다운 사회안전 일군들을 키워내자". 1992년 11월 20일. 『김정일선집 17』, 평양: 조선로동당출판사, 2012.

______. "우리 인민정권의 우월성을 더욱 높이 발양시키자". 1992년 12월 21일. 『김정일선집 17』, 평양: 조선로동당출판사, 2012.

______. "위대한 수령님의 뜻을 받들어 내 나라, 내 조국을 더욱 부강하게 하자". 1994년 12월 31일. 『김정일선집 18』, 평양: 조선로동당출판사, 2012.

리경철. "법제정체계의 본질과 종류". 『정치법률연구』 제9호(2005).

______. "법제정법을 제정하는 것은 현시기 법제정사업을 개선하기 위한 중요한 방도". 『정치법률연구』 제42호(2013).

리두성. "비사회주의적현상은 사회주의를 좀먹는 위험한 독소". 『근로자』 제7호(2017).

리명복. "비사회주의적현상을 쓸어버리는 것은 사회주의수호전의 중요한 요구". 『근로자』 제3호(2015).

리성국. "사회주의국가관리에서 행정법적제재의 필요성". 『정치법률연구』 제14호(2006).

리효진. "법률체계를 더욱 완비하기 위하여". 「로동신문」. 2018년 12월 26일.

림종환. "비사회주의적현상을 뿌리뽑기 위한 투쟁에서 법기관 당조직들의 역할". 『근로자』 제4호(2018).

오진혁. "사회주의헌법제정에서 수령이 차지하는 역할". 『정치법률연구』 제42호(2013).

조선민주주의인민공화국 법전, 평양: 법률출판사, 2012.

조선민주주의인민공화국 법전 증보판, 평양: 법률출판사, 2016.

진문길. “사법검찰사업에서 혁명적전환의 계기를 마련한 강령적 지침: 위대한 령도자 김정일동지의 로작 「사법검찰사업을 개선강화할데 대하여」 발표 20돐에 즈음하여”. 『근로자』 제11호, 평양: 근로자사, 2002.

______. “위대한 령도자 김정일동지께서 밝히신 사회주의법무생활리론은 사회주의법리론 발전과 법건설 실천에 불멸의 기여를 한 탁월한 리론”. 『정치법률연구』 제1호(2003).

진유현. “사회주의법치국가건설에 대한 주체의 리론”. 『김일성종합대학학보: 력사 · 법학』 제51권 1호(2005).

______. “사회주의법건설은 사회주의국가관리와 건설의 합법칙적요구”. 『정치법률연구』 제31호(2010).

최영일. “비사회주의, 반사회주의적현상과의 투쟁은 심각한 계급투쟁”. 『근로자』 제12호(2018).

최은경. “모범준법단위칭호쟁취운동을 전사회적으로 힘있게 벌리는 것은 온 사회에 자각적인 준법기풍을 세우기 위한 효과적인 방도”. 『정치법률연구』 제3호(2017).

편집국. “인민정권의 기능과 역할을 높여 우리 나라 사회주의위력을 더욱 강화해나가자”. 『근로자』 제9호(1991).

황금철. “경애하는 최고령도자 김정은동지께서 밝히신 사회주의법무생활을 강화하여 진정한 인민의 나라를 법으로 지켜나갈데 대한 사상의 중요내용”. 『정치법률연구』 제2호(2018).

______. “사회주의법무생활을 강화하는 것은 혁명의 승리적 전진을 위한 중요한 사업”. 「로동신문」. 2018년 3월 13일.

______. “혁명적준법기풍확립은 사회주의건설의 획기적전진을 위한 중요한 사업”. 「로동신문」. 2021년 2월 21일.

「로동신문」 각 호.

「조선중앙통신」 각 호.

제2장
청년강국 전략*

청년영웅을 중심으로

송 현 진

1. 들어가며

북한은 2021년 1월 제8차 당대회를 개최한 데 이어 4월에 제10차 청년동맹대회를 개최하였다. 김정은은 이 대회에 보낸 서한에서 "청년들을 사회주의를 견결히 옹호하고 사회주의 건설투쟁에 헌신하는 애국청년으로 만드는 것, 이것이 현시기 청년동맹의 기본임무"라며 청년세대를 사회주의를 신념화한 애국청년으로 준비할 것을 강조했다.[1] 2021년 4월 9일 열린 당 세포대회에서도 "당과 혁명, 조국

* 이 글은 "김정은 시대의 '청년강국'과 '청년영웅' 연구" 『북한연구학회보』 제25권 제1호(2021)의 원고를 수정 · 보완한 것임을 밝힙니다.

1) 김정은, "혁명의 새 승리를 향한 력사적진군에서 사회주의애국청년동맹의 위력을 힘있게 떨치라: 청년동맹 제10차대회에 보낸 서한", 「로동신문」, 2021년 4월 30일.

과 인민의 사활이 걸린 문제, 더는 수수방관할 수 없는 운명적인 문제"라며 청년문제의 절박함을 토로하였다.[2] 또한 2021년의 사업을 평가하고 2022년을 준비하는 조선노동당 중앙위원회 제8기 제4차 전원회의에서는 2021년 "수많은 청년들이 어렵고 힘든 부문에 탄원진출하고 사람들을 감동시키는 미덕, 미풍의 소유자들로 자라난 것을 비롯하여 청년들의 기세가 매우 앙양된 것은 괄목할 만한 정치적 성과"라며 청년사업의 성과를 평가하였다.[3]

김정은 체제는 집권 초부터 청년세대에 각별한 관심을 보여 왔다. 2012년 6월, 김정은은 아버지 김정일과 달리 소년단 창립 66주년 행사에 직접 참석해 공개 연설을 했다. 8월 '청년절'에는 전국 각지의 청년 대표 만여 명을 평양으로 초청해 축하행사를 진행했다. 경제난으로 20년 넘게 중단됐던 '전국청년미풍선구자대회'도 부활시켜 사회적으로 모범이 된 청년들을 격려하고 칭찬했다. 2015년 조선노동당 창건 70돌을 맞아 '인민중시, 군대중시, 청년중시'를 3대 전략 노선으로 선포했다. 제7차 당대회 사업총화에서 김정은 위원장은 청년들을 혁명의 계승자로 튼튼히 키움으로써 세상에 둘도 없는 청년강국을 건설했다고 주장했다. 2016년 신년사에서는 청년들에게 청년강국의 주인으로 강성국가 건설에서 '청년영웅'이 될 것을 요구했다.

최근 북한 매체는 북한경제의 어렵고 힘든 부문에 진출한 이들을

---

2) 본사정치보도반, "경애하는 김정은동지께서 조선로동당 제6차 세포비서대회에서 결론 「현시기 당세포강화에서 나서는 중요과업에 대하여」를 하시였다", 「로동신문」, 2021년 4월 9일.

3) 본사정치보도반, "조선로동당 중앙위원회 제8기 제4차전원회의에 관한 보도", 「로동신문」, 2022년 1월 1일.

‘청년영웅’이라 추켜세우며 청년세대의 역할을 유독 강조하고 있다. 청년들이 제8차 당대회에서 결의한 ‘5개년계획’을 수행하기 위해 솔선수범하여 어려운 과제를 맡아 돌파구를 열어야 한다는 것이다. 그렇다면 집권 10년을 맞은 김정은 체제가 ‘청년강국’이라는 비전을 제시하고 청년들에게 ‘영웅’이 되라고 하는 이유는 무엇일까? 이러한 김정은 체제의 ‘청년중시’ 정책은 북한 노동력의 핵심축인 청년을 내세워 경제발전의 성과를 내고, 군대의 구성원인 청년을 통해 체제를 수호하겠다는 의도로 볼 수 있다.

이 연구의 목적은 김정은 체제가 ‘청년영웅’을 앞세워 ‘청년강국’ 전략을 내세우는 배경이 무엇인지, ‘청년영웅’으로 대표되는 청년세대에 요구하는 역할과 그 의미가 무엇인지 고찰하는 것이다. 이를 위해 첫째, 김정은 시대 ‘청년강국’전략의 등장배경을 탐색한다. 둘째, 김정은 체제가 지난 10년 동안 배출한 영웅 중 ‘청년영웅’의 역할과 그 의미를 탐색한다. 셋째, 김정은 체제 10년을 맞아 ‘청년강국’의 지속성 여부를 탐색한다.

김정은 시대 북한 청년에 대한 연구는 주로 청년동맹이나 청년중시정책, 청년세대의 특징을 다루고 있다. 청년동맹에 관한 연구가 가장 활발하며 김정은 시대 청년동맹의 활동과 특징 및 전망에 관한 연구, 청년동맹 제9차 대회의 전개 및 주요 내용 평가에 관한 연구이다.[4] 청년중시정책을 다룬 연구는 김정은 시대 청년중시정치의 내용과 변화요인, 청년중시정책의 등장배경 및 특성, 미디어에

4) 김종수, “북한 김정은 시대 청년동맹 연구”, 『통일정책연구』 제22권 2호(2013); 김종수, “북한 청년동맹 제9차 대회에 관한 연구”, 『북한학보』, 42집 1호(2017).

나타난 청년중시정책을 분석하고 있다.[5] 그리고 경제난과 시장화라는 이전 세대와는 다른 경험을 한 청년세대의 정체성과 특성을 분석한 연구가 있다.[6] 이러한 선행연구는 김정은 체제가 사회주의 강국을 건설하는 과정에서 청년의 역할을 중요하게 여기고 있음을 반영하고 있어 연구적 의의를 지닌다. 하지만 김정은 시대 '청년영웅'을 중심으로 '청년강국'에 초점을 맞춘 연구와 제10차 청년동맹대회에 관한 연구는 아직 없다는 한계도 있다. 북한 최고의 '청년영웅'이라 할 수 있는 김정은이 국가전략 실현의 주체로 '청년영웅'을 앞세워 '청년강국'을 건설하려는 것에 대한 본 연구는 집권 10년을 맞아 국가전략의 지속과 변화를 점검해야 하는 현시점에서 중요한 의미를 지닌다.

2. 김정은 시대 '청년강국'의 등장 배경

1) 청년세대의 사상문화적 이완에 따른 청년층 결속

김정은 시대 청년층은 1990년대 중반 고난의 행군 당시 장마당에

5) 강민정, "김정은 시대 TV미디어에 나타난 북한의 청년 정책 연구: 조선중앙TV의 보도 프로그램을 중심으로", 『아시아연구』, 20권 1호(2017); 김창희, "김정은시대의 청년동맹과 청년중시정치에 관한 연구", 『한국동북아논총』 제23권 제3호(2018); 배영애, "김정은 체제의 '청년중시' 정책에 관한 연구", 『통일정책연구』 제27권 2호(2018).

6) 김성경, "북한 청년의 세대적 마음과 문화적 실천: 북한 사이(in-between) 세대의 혼종적 정체성", 『통일연구』 제19권 1호(2015); 황규성, "북한청년의 사회적 공간과 주변대중화", 『북한연구학회보』 제20권 제1호(2016); 경남대 극동문제연구소 편, 『북한 청년들은 "새 세대"인가?』(서울: 경남대 극동문제연구소, 2017).

서 생계를 유지하는 부모 아래서 자라나 사회주의 복지제도의 혜택을 누리지 못한 세대이다. 컴퓨터와 휴대전화 등을 통해 외부 정보를 습득하고 어렸을 때부터 남한의 대중문화를 접한 세대이다. 북한이탈주민 1,000명을 조사한 결과를 보면, 북한에 살 때 개인보다 집단을 먼저 우선시해야 한다고 생각한 게 15% 정도라고 한다.[7] 그것은 국가와 집단보다 개인과 가족을 우선시하는 경향이 청년세대를 중심으로 자리를 잡아 가고 있음을 의미한다. 김정은 시대 청년들은 국가로부터 권리나 혜택을 충분히 누리지 못한 채, 국가가 요구하는 의무와 헌신을 요구받고 있다. 이들은 사회주의와 자본주의, 국가와 시장, 집단주의와 개인주의, 기성세대와 청년세대의 가치 사이에서 양면적으로 끼어 있는 '사이(in-between)세대'로 볼 수 있다.[8]

김정은은 제8차 당대회 이후 기회가 있을 때마다 청년들의 언행과 머리단장, 옷차림, 언어예절, 인사예절, 공중도덕 같은 예의범절, 심지어 인간관계까지 통제할 것을 지시하고 있다. 제10차 청년동맹대회에 보낸 김정은의 서한을 보면 청년들의 사상문화적 이완의 심각성과 청년동맹이 전체 청년을 결속하지 못함을 알 수 있다. 김정은은 청년들 사이에서 반사회주의, 비사회주의적 행위가 만연하고 있으며, 청년동맹이 청년들의 생활총화와 정기총회도 제대로 하지 못하고 있음을 지적한다. 현재 법을 어기고 범죄행위를 저지른 청년들은 모두 조직에서 이탈했거나 조직적 통제를 싫어하는 청년이라며, 청년동맹이 조직생활 유리자나 미소속자 문제를 시급히 해결

7) "조용한 4·27 3주년: 北, '청년세대' 사상 단속", 『KBS 남북의 창』(온라인), 2021년 5월 1일; 〈https://news.kbs.co.kr/news/view.do?ncd=5175835〉.

8) 경남대 극동문제연구소 편, 『북한 청년들은 "새 세대"인가?』, pp. 164~168.

할 것을 지시했다. 김정은은 농촌을 비롯한 많은 지역에서 청년동맹원 수가 줄어들고 있다며 청년동맹이 전체 청년을 결속하지 못하고 있음을 지적했다. 현재 청년세대가 고난의 시기에 태어나 사회주의 제도의 혜택을 받지 못하고 자랐기 때문에 이러한 사상문화적 이완 현상이 나타나고 있다고 분석했다.[9] 2021년 4월 열린 제6차 당세포비서대회에서 청년문제가 국가의 사활이 걸린 최고 중대사이므로 더는 수수방관하지 말 것을 제기했다.[10] 이는 계속되는 경제적 어려움 속에 통제하기 어려운 청년세대가 김정은 체제의 새로운 위협요소로 떠오르고 있고, 이를 해결하지 못하면 북한의 미래가 없음을 시사한다.

이에 김정은 체제는 2016년 제9차 대회에 이어 2021년 4월 청년동맹 제10차 대회를 개최하여 청년세대의 기강을 잡기 위해 전력을 기울이고 있다. 제10차 대회에서는 청년동맹의 명칭도 '김일성－김정일주의청년동맹'에서 '사회주의애국청년동맹'으로 변경하였다. 김정은은 청년동맹 대회에 보낸 서한에서 모든 청년을 사회주의를 옹호하고 강국건설에 헌신하는 애국청년으로 만드는 것을 김정은 집권 10년 차 청년동맹의 임무로 제시했다. 청년동맹의 첫 번째 중요

---

9) 김정은, "혁명의 새 승리를 향한 력사적진군에서 사회주의애국청년동맹의 위력을 힘있게 떨치라: 청년동맹 제10차대회에 보낸 서한", 「로동신문」, 2021년 4월 30일.

10) "현시기 당세포앞에 나서는 과업은 여덟째로, 청년교양에 특별한 힘을 넣는것입니다. 청년들은 당의 후비대, 교대자이며 따라서 청년교양문제는 당조직들이 한시도 소홀히 하거나 늦추지 말아야 할 최중대사입니다. 더우기 지금 우리 청년들의 건전한 성장과 발전에 부정적영향을 미치는 요소들이 적지 않고 새세대들의 사상정신상태에서 심각한 변화가 일어나고있는 현실은 청년들을 늘 옆에 끼고있는 당세포들이 청년교양에 보다 큰 힘을 넣을것을 요구하고있습니다. 전당의 당세포들은 오늘날 청년교양문제를 당과 혁명, 조국과 인민의 사활이 걸린 문제, 더는 수수방관할 수 없는 운명적인 문제로 받아들이고 이 사업에 품을 아끼지 말아야 합니다". 「로동신문」, 2021년 4월 9일.

한 과업은 모든 청년을 사회주의 신념을 간직한 애국청년으로 준비하는 것이라며, 청년세대의 사상교양을 무엇보다 강조하였다. 사회주의 사상으로 청년세대를 무장시키기 위해서 집단주의 사상을 교육하고, 사회주의 제도가 주는 혜택의 소중함을 모든 청년이 알도록 교육하라고 지시하고 있다. 그러면서 사회주의를 신념화한 애국청년이 되려면 '천리마 시대' 청년들을 본받아야 한다며, 천리마 시대 인간개조의 선구자로 유명한 길확실과 리신자 영웅을 집중적으로 호명하고 있다.[11] 인민민주주의 사회에서 사회주의 사회로 전환되던 1950~60년대는 새로운 '사회주의 인간형'이 필요했고, 길확실, 리신자 같은 '인간개조' 영웅이 북한 주민을 새로운 사회주의 인간으로 개조하는 역할을 담당했다. 김정은 집권 10년 차에 '인간개조'를 다시 강조하고 있는 이유는 그만큼 청년층의 사상 · 정신적 이완이 심각하여 김정은 체제를 유지하는 데 걸림돌이라고 판단했기 때문이다. 김정은 시대 들어와 '청년강국'을 내세운 것은 청년문제의 심각성을 절감하고, 당 조직과 청년동맹이 책임지고 청년세대를 결속해 북한 사회주의의 미래를 수호하기 위해서다.

2) 청년세대의 돌파력을 통한 경제적 어려움 극복

김정은 체제는 '강성국가' 건설과 '인민생활' 향상을 국가목표로 내세우고, 과학기술에 기반한 경제강국 건설을 추진해 왔다. 김정은 위원장은 제8차 당대회에서 국가경제발전 5개년 전략의 실패를

11) 리남호, "천리마시대의 인생관", 「로동신문」, 2021년 4월 30일.

인정했다. 2018년부터 경제건설 총력노선을 채택하고도 주민들이 체감할 수 있는 수준으로 경제를 발전시키지 못한 것이다.[12] 따라서 새로운 '경제발전 5개년계획'은 대북제재 장기화라는 제약 속에서도 실현 가능성을 고려한 목표로 제시되었다. 주요 경제정책을 살펴보면 금속공업, 화학공업, 농업과 경공업을 경제건설의 중심과업으로 설정했으며, 산업 부문별로 자립경제 구축을 위해 필요한 전략을 강조했다. 관광사업을 활성화한다는 것을 제외하고는 대외경제와 관련해서 매우 신중한 태도를 견지하고 있으며, 계획경제체제를 재정비하고 내부자원 활용의 효율성을 제고하는 데 방점을 두고 있다. 하지만 대북제재 상황 개선의 불확실성과 코로나19 장기화를 고려할 때 북한경제의 어려움은 지속될 것으로 보인다.[13]

북한은 '5개년계획' 추진을 위해 근로단체 중 첫 번째로 청년동맹 제10차 대회를 개최했다. 노동력의 핵심축인 청년세대가 '5개년계획'의 돌파구를 열어 경제발전의 성과를 내겠다는 의도이다. 김정은 위원장은 청년동맹의 과업으로 "당 8차 대회 결정관철을 위한 실천적 투쟁 속에서 모든 청년들을 영예로운 사회주의건설자"로 키우자고 제시했다.[14] 청년을 돌격대로 내세운 것은 청년의 힘으로 경제발전을 촉진할 의도도 있지만, 청년세대를 미래의 사회주의 건설자로 키우는 것이라고 설명했다. '5개년계획' 수행에서 청년들이 먼저

12) 최은주, "조선노동당 8차 대회를 통해 본 북한의 전략", 『정세와 정책』, 2021-2(2021), pp. 2~3.

13) 홍민 · 오경섭 · 김진하 · 홍제환 · 최지영 · 정은이 · 정은미, 『북한 조선노동당 제8차 대회 분석』(서울: 통일연구원, 2021), pp. 15~22.

14) 김정은, "혁명의 새 승리를 향한 력사적진군에서 사회주의애국청년동맹의 위력을 힘있게 떨치라: 청년동맹 제10차대회에 보낸 서한", 「로동신문」, 2021년 4월 30일.

'돌격투사'가 되어 어렵고 힘든 과제를 맡아 돌파구를 열라고 요구하고 있다. 이 과정에서 '청년영웅'을 많이 배출하자고 김정은은 강조했다.[15] 청년들이 경제발전의 돌파구를 열기 위해서는 '청년영웅'을 앞세워 다양한 대중운동을 전개해 경제건설의 전 분야를 '청년판'으로 들끓게 하자고 독려했다.

북한당국이 5개년계획의 성공을 위해 청년동맹대회를 열고 청년들에게 맡긴 경제 분야는 다음과 같다. 공업부문의 5개년계획 생산목표를 달성할 돌파구를 열기 위해 청년들은 청년돌격대 활동, 대중적 기술혁신 운동을 벌여야 한다. 삼지연시 꾸리기 3단계 공사와 평양시 5만 세대 살림집 건설도 청년돌격대가 나서서 완공해야 한다. 농업·수산·경공업 부문의 생산목표 달성을 위해 청년들이 기수가 되어야 한다. 도·시·군 청년동맹은 농촌 살림집을 비롯한 여타의 건설 완공을 위해 청년돌격대 활동에 참여해야 한다. 조선인민군 내 청년동맹과 군수공업부문 청년도 5개년계획을 위해 앞장서야 한다. 과학연구부문 청년동맹도 5개년계획 수행을 위해 과학기술 문제를 해결하도록 하며 공장과 기업소 내에서 기술혁신청년돌격대로 활동하고, 전민과학기술인재화 실현에 앞장서야 한다. 사회주의 문화 건설을 위해서도 청년들은 군중문화예술활동과 대중체육활동으로 북한사회 전체가 '청년판'으로 활기에 넘치게 해야 한다.[16] 이처럼 김정은 체제가 '청년강국'을 제시하고 청년동맹대회를 개최한 것은 청년들의 노동력으로 돌파구를 열어 경제적 어려움을

15) 위의 신문.

16) "주체적 청년운동의 강화발전을 힘있게 추동하게 될 새로운 전환적 계기: 김일성김정일주의청년동맹 제10차대회 개막", 「로동신문」, 2021년 4월 29일.

타개하기 위해서다.

3) 청년엘리트 구축을 통한 김정은 체제 강화

20대 중반이라는 젊은 나이에 집권한 김정은은 정치적 연륜이나 정통성 확보를 위한 업적 면에서 김정일과 비교해 상대적으로 부족했다. 따라서 집권 초부터 김정은 중심의 유일체제 구축을 위한 기반 확립 및 통치 세력 확보가 절실했다. 김정은 체제는 제6차 당대회가 열린 지 36년 만인 2016년 제7차 당대회를 열고, 다시 5년 만인 2021년 1월 제8차 당대회를 개최했다. 이처럼 5년마다 당대회를 개최한 목표는 조선노동당의 권위를 강화해서 당 중심 지배체계를 강화하고, 이를 기반으로 김정은의 절대 권력을 공고화하기 위함이다. 김정은 체제 엘리트의 세대교체는 고령인 항일 빨치산 세대(혁명 1세대)뿐 아니라 1950~60년대 천리마 운동 세대까지 권력의 요직에서 퇴진하는 추세이다. 1970년대 중반 3대혁명소조운동을 주도했던 50~60대의 3대혁명 세대들이 초기 김정은 시대를 이끌어 갈 핵심세력으로 부상했다. 최근 김정은 체제는 권력 엘리트 세대교체를 위해 당·정·군 기관에 40~60대 엘리트를 배치하고 있으며, 엘리트 연령층은 점차 40대로 내려가는 추세이다.

김일성은 청년 시절 항일운동을 함께한 항일 빨치산 세대와 천리마 운동 세대의 엘리트를 등용하여 유일체제를 확립했다. 김정일은 후계자 시절 3대혁명소조운동을 직접 지도하며, 이 운동에서 능력을 발휘한 청년엘리트를 기반으로 후계체제를 구축한 후 권력을 승계했다. 청년지도자 김정은은 지난 10년 동안 김정일이 세워준 후 견인들을 숙청하고, 자신과 함께 10년의 업적을 만들어왔고 앞으로 만들어 갈 젊은 엘리트를 중심으로 체제를 강화해가고 있다. 2016년 제7차 당대회를 기점으로 당조직을 정비하고 점진적인 세대교체를 추진했다. 청년세대의 정치참여율을 높이기 위해 60세 이상의 당원을 당대회 참가자 추천과정에서 제외했으며, 그 대표자 중 청년들의 비중이 높아졌다.[17] 중앙당 파워엘리트들도 젊어졌다. 정치국 상무위원에 장년층인 황병서(68)와 최룡해(67)가 임명되고, 후보위원에 임철웅(56)이 신임되는 등 이전보다 상당히 젊은 인물들이 정치국 위원으로 선출되었다. 또한 당 전문부서에 농업부 부장 리철만(49) 등 젊은 세대들이 임명됐다. 김정은의 여동생이자 당 선전선동부 부부장 김여정 또한 중앙위원회 위원으로 선출되었다. 정치국과 정무국 등 핵심 정책기관의 고위직 엘리트들은 노년과 장년층 중심으로 배치했지만, 당중앙위원회 위원과 후보위원은 54.9% 교체했다. 당중앙위 위원과 후보위원 235명 중 129명(54.9%)이 신규 선출되었다.[18]

제8차 당대회에서는 조선노동당의 첫째 과업이 김정은 유일적 영도체계 구축이라고 밝히며 김정은을 중심으로 한 엘리트들의 충성을 촉구했다. 제8차 당대회에서 새로 중용된 인사의 특징을 보면 자연적인 세대교체와 실무능력 위주의 인사, 김정은 측근 인물을 핵심요직으로 발탁한 것이다.[19] 김정은에 대한 충성심과 능력이 검증

17) 박영자, 『김정은 시대 조선로동당의 조직과 기능: 정권 안정화 전략을 중심으로』(서울: 통일연구원, 2017), p. 77.

18) 박영자, "김정은정권의 핵심 파워엘리트", 『북한』 2017년 10월(통권 550호), pp. 42~43.

19) 홍민 · 오경섭 · 김진하 · 홍제환 · 최지영 · 정은이 · 정은미, 『북한 조선노동당 제8차 대회 분석』, pp. 4~14.

된 조용원(50대) 당 중앙위원회 조직비서와 김재룡(60대) 조직지도부장을 등용한 것은 당조직 강화를 통해 김정은 체제를 강화하려는 의도로 판단된다.[20] 당 정치국 구성원들의 평균 연령이 7차 당대회와 비교해 9세 정도 젊어진 것으로 나타났다.[21] 정치국 상무위원은 제7차 당대회와 비교해보면 김정은 위원장과 최룡해 최고인민회의 상임위원장을 제외한 3명이 새로운 인물로 선출됐다. 14명 정치국위원 중 경제 전문가이며 부총리인 오수용과 김영철 통일전선부장을 제외한 12명이 교체되었고, 60대가 주류로 등장하여 세대교체가 이뤄졌다. 정치국 후보위원은 9명에서 11명으로 확대되었고, 김여정 부장이 정치국 후보위원에서 탈락하였으나 리선권 외무상이 후보위원에 유임되었다. 당대회 직후 1월 17일 개최된 제14기 제4차 최고인민회의에서 내각이 40~50대 인물로 대폭 세대교체 되면서 경제 분야의 쇄신을 추구하고 있다. 내각 8명의 부총리 중 박정근, 전현철, 김성룡, 리성학, 박훈, 주철규 등 6명을 교체하여 세대교체를 가속화했다. 내각 각 분야 상(장관)들을 대부분 젊은 경제 전문가로 교체하여 내각 경제 엘리트들의 세대교체도 이루었다.[22]

이처럼 김정은 체제는 청년세력의 결집을 위해 '청년강국'을 내세

---

20) 김정은 체제에서 핵심 실세로 부상한 조용원 당 조직지도부 제1부부장이 2019년 2월 '노력영웅' 칭호를 받았다고 한다. 김여정 당 중앙위원회 제1부부장의 조직지도부 장악에 공을 세운 것으로 인정받아 비공개로 영웅 칭호를 받았다는 전언이다. "조용원 '노력영웅' 칭호 받았다: "김여정 조직부 장악에 공로", 「Daily NK」(온라인), 2020년 12월 16일; 〈https://www.dailynk.com/〉.

21) "김정은, 북한 권력층 세대교체…9세 젊어졌다", 「북한 헤럴드」(온라인), 2021년 1월 13일; 〈https://thenorthkoreaherald.tistory.com/60〉.

22) 이상숙, "북한 제8차 당대회 주요 내용 평가와 대외관계 전망", 『주요국제문제분석』, 2021-01(2021), pp. 13~15.

우고, 30대 청년지도자와 통치연합을 이룰 수 있는 젊고 실력을 갖춘 엘리트로 세대교체를 하고 있다. 청년동맹을 지도했던 청년 엘리트들이 당과 국가의 핵심지도부로 부상하고 있어, 청년조직 사업의 경험이 풍부한 엘리트 집단이 앞으로 김정은과 함께 북한을 이끌어나갈 것으로 판단된다. 제8차 당대회를 기준으로 청년동맹 1비서 출신인 최룡해는 최고인민회의 상임위원회 위원장으로, 청년동맹 중앙위원회 위원장인 박철민은 당 중앙위원회 후보위원, 청년동맹 1비서 출신 리일환은 당중앙위원회 비서로 활약하고 있다.[23] 김정은 체제 새로운 10년은 30~40대 청년 엘리트가 권력의 주축이 되어 김정은 유일체제를 강화해 나갈 것으로 보인다.

3. 김정은 시대의 '청년강국' 정책

1) 청년강국 건설

김정은 위원장은 집권 초부터 업적을 과시하여 권력의 정당성을 입증하기 위해 대규모 건설공사에 집중했다. 대표적으로 백두혈통이라는 권력의 정통성을 확보하고 전력문제 해결을 위해 백두산선군청년발전소 건설장을 여러 차례 현지지도하며 청년돌격대원들을 격려했다. 청년강국이란 표현은 김정은이 2015년 4월 이 건설장을 방문하여 청년돌격대원들의 '영웅적 위훈'을 강조하며 '청년강국'이

23) 배영애, "김정은 체제의 '청년중시' 정책에 관한 연구", p. 121.

란 “새로운 시대어로 값 높이 평가해 주었다”고 소개하면서 본격적으로 사용되기 시작했다.[24] 이 발전소가 ‘청년강국’의 상징이라며 ‘백두산영웅청년발전소’로 명명하고, ‘백두산영웅청년정신’을 김정은 시대를 대표하는 시대정신으로 규정했다.[25]

북한은 이미 어느 나라도 이루지 못한 사상강국과 군사강국일 뿐 아니라 ‘청년강국’이라고 강조한다. 청년강국이 건설됨으로써 사상강국, 군사강국의 지위가 더욱 공고해졌으며, 경제강국이나 문명강국을 추진할 확고한 담보가 마련됐다는 주장이다. 김정은 체제가 인민중시, 군대중시, 청년중시를 당 3대 전략으로 내세운 것은 군대와 함께 청년집단에 의거해 인민의 꿈과 이상을 실현하는 사회주의 강국을 건설하겠다는 취지이다.[26] ‘청년강국’의 표징도 청년들이 얼마나 많은가가 아니라 어떻게 준비되는가에 의해 결정된다며, 수령결사옹위 정신이 바로 청년강국을 지탱할 힘이라고 주장했다. ‘청년강국’은 “청년들이 선봉적이며 핵심적인 역할에 의하여 약동하는 젊음으로 비약하며 부강번영하는 나라”로 모든 청년이 현재와 미래 청년강국의 주인공이다.[27] ‘청년강국’의 본질은 당과 수령에 충실한 500만 명 청년동맹과 128만 명의 청년군대를 가지고 있으며, 청년들

---

24) “김일성사회주의청년동맹 제9차 대회 결정서: 청년동맹의 명칭을 새로 명명할데 대한 경애하는 원수님의 명언해설”, 「로동신문」, 2016년 8월 27일.

25) 백두산영웅청년정신은 전체 인민이 김정은을 중심으로 굳게 뭉쳐 유일체제를 구축할 시대적 요구와 강성국가 건설을 향해 총진군하는 시대적 요구도 반영하고 있다. 또 최악의 조건에서 최상의 성과를 이룩해나가는 자력자강의 시대적 요구도 반영하고 있는 정신이다. 방철진, “백두산영웅청년정신은 오늘의 시대정신”, 『정치법률연구』, 2016년 제4호(2016), pp. 22~23.

26) 리철민 · 원주철, 『젊음으로 비약하는 청년강국』(평양: 평양출판사, 2016), p. 8.

27) 오천일, “경애하는 김정은동지께서 청년강국의 존엄과 위용을 최상의 경지에 올려세우신 불멸의 업적”, p. 18.

의 선봉적, 돌격대적 역할로 부강번영하는 나라를 말한다. 결국 '청년강국'을 건설하는 것은 미래의 주인공으로 청년을 키우는 것으로, 경제강국 건설은 청년강국 건설과 함께 추진해야만 성공할 수 있다는 주장이다. 청년세대의 진취성, 용감성이라는 특성을 발휘하여 강국건설을 위한 주인공이 되어 북한을 부강하고 번영하게 하는 것이 바로 '청년강국'이라는 것이다.[28)]

결국 '청년강국'은 김일성, 김정일 시대 '청년중시' 정책을 김정은 시대 들어와서 더욱 강조하기 위해 만든 담론이다. 백두산영웅청년발전소 건설과정에서 발휘된 청년돌격대의 모범을 전체 청년과 주민들에게 확산하고 청년들이 국가에 더 충성할 수 있도록 독려하기 위해 '청년강국'이라는 비전을 제시한 것이다.[29)] 이전 시대 청년들의 역할과 사명이라고 할 수 있는 청년중시, 강성대국 건설을 김정은 체제는 '청년강국'으로 변화, 발전시켜 청년들의 마음을 다잡아 권력을 유지하기 위함이다.

2) 청년대회 활성화

김정은 체제는 청년세대의 사상문화적 이완과 경제적 어려움을 극복하고 청년 엘리트 구축을 위해 두 차례의 청년동맹대회를 비롯해 다양한 청년대회를 지속해서 개최하고 있다. 약 500만 명이 활동하는 청년동맹은 만 14세~30세 청년들이 의무적으로 가입하는 가장

28) 손정철, "경애하는 최고령도자 김정은동지께서 밝히신 청년강국에 관한 사상의 본질과 그 독창성", 『김형직사범대학학보(사회과학)』, 2018년 제4호(2018), pp. 17~19.

29) 김종수, "북한 청년동맹 제9차 대회에 대한 연구", pp. 111~112.

큰 규모의 대중단체이다. 2016년 제9차 청년동맹대회를 개최하고 김일성사회주의청년동맹을 김일성–김정일주의청년동맹으로 개칭했다. 이러한 명칭 변경은 '온 사회의 김일성·김정일주의'를 실천하기 위한 것이며, 김정은은 강국건설에서 청년들이 선봉대, 돌격대 역할을 해달라고 요구했다. 북한은 2021년 4월 제8차 당대회가 열린 후 대중단체 중 처음으로 청년동맹대회를 개최했다. 이 대회에서는 김일성–김정일주의청년동맹을 '사회주의애국청년동맹'으로 개칭했다. 김정은은 사회주의애국청년동맹이라는 명칭에 대해 모든 청년이 사회주의를 생명처럼 여기는 애국청년으로 준비하며, 청년동맹이 사회주의 건설에서 돌격대의 위력을 발휘할 것에 대한 기대가 담겨있다고 소개했다.[30] 자본주의 문화에 물든 청년이 아닌 사회주의 사상으로 무장한 청년, 집단주의와 애국심으로 무장한 청년으로 거듭나 강국건설에 나서주기를 간절히 바라는 의도를 포함한다.

김정은 체제는 '청년강국' 정책으로 다양한 청년대회를 개최하며 김정은이 직접 행사에 참석하거나 챙기는 행보를 보여주고 있다. '청년강국'이라는 비전으로 청년들의 마음을 사로잡으며 '청년지도자'로서 김정은의 존재감을 각인시키고 있다. 청년세대에 대한 김정은의 관심은 청년들이 앞으로 '청년강국'을 이끌어 갈 세대로 김정은 체제 유지와 직결되기 때문이다. 다음의 〈표 1〉은 김정은 시대에 개최된 청년대회이다.

30) 김정은, "혁명의 새 승리를 향한 력사적진군에서 사회주의애국청년동맹의 위력을 힘있게 떨치라: 청년동맹 제10차대회에 보낸 서한", 「로동신문」, 2021년 4월 30일.

〈표 1〉 김정은 시대 청년대회(회의) 현황

연도	횟수	청년대회(회의) 현황
2012	2	· 청년동맹 대표자회(7월) · 조선인민군중대 청년동맹초급단체위원장 대회(10월)
2013	2	· 청년동맹 중앙위원회 전원회의(1월) · 전국3대혁명소조원열성자회의(2월)
2014	4	· 청년동맹 중앙위원회 전원회의(2, 4, 10월) · 청년동맹 제4차 초급일꾼대회(9월)
2015	6	· 제2차 전국청년미풍선구자대회(5월) · 청년동맹 중앙위원회 전원회의(1, 3, 10, 11월) · 제4차 3대혁명붉은기쟁취운동선구자대회(11월)
2016	4	· 청년동맹 중앙위원회 전원회의(1, 5, 9월) · 청년동맹 제9차 대회(8월)
2017	5	· 청년동맹 중앙위원회 전원회의(1, 6, 11월) · 청년동맹 90돌 기념 중앙보고회(8월) · 조선인민군 제4차 청년동맹 초급단체비서 열성자대회(9월)
2018	3	· 청년동맹 중앙위원회 전원회의(5, 11월) · 전국청년과학기술성과전시회(8월)
2019	5	· 청년동맹 중앙위원회 전원회의(1월) · 모범적인 청년동맹초급선전일군 경험토론회(3월) · 전국청년동맹 5대교양해설대경연(3월) · 전국청년건설기능공경기(5월) · 전국청년과학기술성과전시회(8월)
2020	1	· 청년동맹 중앙위원회 전원회의(1월)
2021	6	· 청년동맹 제10차 대회(4월) · 청년동맹 중앙위원회 전원회의(2, 3, 6, 9, 10월)

출처: 2012~2017년은 배영애, "김정은 체제의 '청년중시' 정책에 관한 연구", p. 122; 2018~2021년은 「로동신문」을 참조하여 작성.

2012년에는 청년동맹 대표자회의와 조선인민군중대 청년동맹초급단체위원장 대회를 개최했다. 2013년에는 전국 3대혁명소조원열성자회의를 열면서 1995년 이후 중단됐던 3대혁명소조운동을 부활시켜, 청년 엘리트 소조원들의 활동을 재개해 나갔다. 2014년에는 청년동맹 제4차 초급일꾼대회를 열어 조직에서 이완된 청년들을 아래로부터 재조직하려고 했다. 2015년 5월에는 전국에서 선발된 3,000명의 청년이 참가한 제2차 전국청년미풍선구자대회를 개최했다.[31] 김정은은 대회에 직접 참석하여 "새 출발한 청년들을 모두 안아주고 싶으며, 이 땅위에 청년중시의 위대한 경륜이 마련되고 세상에 둘도 없는 청년강국이 탄생했다"고 연설했다.[32] 이 대회를 통해 집단주의를 실천한 청년들의 미풍을 촉구하며 청년사업의 중요성을 강조했다. 2015년 11월에는 제4차 3대혁명붉은기운동선구자대회를 열어 3대혁명의 요구대로 청년들의 사상교양에 힘써 새 시대의 주인공으로 키울 것을 주장했다.[33]

2018년 8월에는 국가경제발전 5개년 전략 목표를 달성하기 위해 전국청년과학기술성과전시회를 열어 각급 청년동맹조직이 출품한 100여 건의 과학기술성과와 700여 건의 발명품을 전시했다. 2019년 8월에도 같은 전시회를 개최했다. 2019년 3월에는 모범적인 청년동맹초급선전일군 경험토론회와 전국청년동맹 5대교양해설대경연을 진행했다. 대회에서는 청년들을 영웅적 투쟁으로 불러일으킬 목적으로 5대교양에 대한 선전선동사업의 성과와 경험을 교환했다. 2019년 5월에는 전국청년건설기능공경기를 진행했다. 각 도청년동맹조직에서 선발한 기능공들이 참가했으며 삼지연군 건설에

31) 1997년 12월 '전국공산주의미풍선구자대회'라는 이름으로 1차 대회를 열었으며, 18년 만에 2차 대회가 열린 것이다.

32) "청년들은 혁명적이고 고상한 사회주의 미풍의 선구자가 되자", 「로동신문」, 2015년 5월 13일.

33) 3대혁명붉은기쟁취운동은 사상 · 기술 · 문화 3대혁명을 관철할 목적으로 전 사회적으로 전개했던 대중운동으로 천리마운동에 이어 북한의 사회주의 건설 노선으로 규정됐었다. 이 대회는 1986년 11월, 1995년 11월, 2006년 2월에 개최했으며, 김정은 체제에 와서 제4차 대회를 개최한 것이다.

참가하는 돌격대원들의 기술기능수준을 향상시킬 목적으로 개최됐다. 또한 김정은 체제는 매년 8월마다 청년절 행사를 성대하게 치르고 있다. 청년들에게 '청년강국'의 주인이라는 자부심을 고취시켜 동요를 막고 체제에 결속하기 위한 목적이다. 이처럼 김정은 체제는 두 차례의 청년동맹대회와 다양한 청년대회, 청년절 행사를 지속해서 개최하여 청년들을 '청년강국' 건설의 주체로 내세우고 있다.

3) 청년교양 강화

김정은 체제는 '청년중시'를 당의 영원한 전략적 노선이라 하면서, '청년강국'의 위용을 높이기 위해 청년교양의 중요성을 강조하고 있다. 청년세대의 결속이 체제유지와 직결되므로 청년교양에 깊은 관심을 기울이는 것이다. 집권 첫해인 2012년 '전반적 12년제 의무교육'실시를 시작으로 학교교육과 사회교육을 통해 청소년교양을 강조했다. 김정은 체제는 청년세대의 혁명성 약화와 자본주의 문화의 유입으로 생활풍조가 오염됐다고 빈번하게 거론하고 있다. 그러면서 부모들부터 자녀교양에 힘쓰도록 하며 당 일꾼을 비롯한 사회 전체가 청년들의 교양에 최선을 다할 것을 강조한다. 제10차 청년동맹대회에서 청년세대가 타락하면 그런 나라의 앞날은 없다고 강조하며, 청년들을 사회주의도덕과 문화의 참다운 주인으로 만드는 것을 청년동맹의 중요한 과업으로 제시했다.

이전 시대와 확연히 달라진 청년의 사상 · 정신 · 문화 · 생활 문제에 직면해 김정은 체제는 청년들에 대한 사상교양 사업을 3배로 강화하라는 지침을 내렸다. 김정은은 제10차 청년동맹대회에 보낸 서한에서 청년들 속에 퍼진 악성종양 같은 반동적 사상문화의 해독성을 인식하고 반사회주의, 비사회주의 행위들을 조장하거나 청년들의 건전한 정신을 좀먹는 사소한 요소도 절대로 묵과하지 말 것을 지시했다.[34] 그러기 위해서는 청년동맹의 역할을 강화하고, 청년교양을 정규화해야 한다고 강조했다. 청년동맹은 학습회, 강연회를 비롯한 내부교양체계를 정상적으로 운영하고 혁명전적지, 혁명사적답사와 여러 교양거점들에 대한 참관을 조직하여 5대교양을 심화할 것을 강조했다. 제7차 당대회를 앞두고 김정은 위원장은 새로 건설된 '청년운동사적관'을 현지지도하며 사회주의 강국을 건설하는 과정에 '영웅청년신화'가 연일 창조되고 있음을 강조했다. '청년운동사적관'에는 김일성 시대부터 김정은 시대에 이르는 청년운동사에 관한 사진, 자료 등을 전시하고 있어, 청년세대 교양을 위해 활용되고 있다. 그리고 2020년 1월 평양시 청년야외극장을 시작으로 10월에는 평안남도 청년야외극장, 11월에는 사리원, 12월에는 해주 청년야외극장을 준공했다. 또 청년학교를 정상화하고 청소년 출판물을 통한 청년교양을 다양한 방법으로 꾸준히 진행해 한 명의 청년도 청년동맹 조직에서 벗어나지 않도록 하라고 지시했다. 이렇듯 김정은 체제는 청년들의 교육과 문화생활을 담당하는 교양기지를 개관하고 있다.[35]

---

34) 「로동신문」, 2021년 4월 30일.

35) "평양시청년공원야외극장 준공식 진행", 「로동신문」, 2020년 1월 17일; "청년야외극장 새로 건설", 「로동신문」, 2020년 10월 20일; "사리원청년야외극장이 새로 일떠섰다", 「로동신문」, 2020년 11월 20일; "해주청년야외극장 준공", 「로동신문」, 2021년 12월 22일.

이처럼 현재 진행되는 청년교육의 문제점을 지적하고 청년세대의 심리와 특성에 맞는 다양한 교양수단, 정보기술수단을 활용할 대책을 세울 것을 강조한다. 이는 김정은 체제가 청년들의 정체성 변화와 외부 정보 유입에 따른 교육이 실질적으로 큰 효과를 거두지 못하고 있음과 청년들에 대한 교양 방법에 한계가 많음을 드러낸 것이다.[36] 김정은 위원장이 연일 나서서 청년문제와 청년교양 강화를 제기하는 것을 보면 우리가 생각하는 것보다 김정은 체제 청년들의 조직이탈, 사상이완 현상이 더 심각함을 짐작할 수 있게 한다. 청년들을 사회주의 애국청년으로 잘 교양하여 청년강국의 주인, 사회주의의 주인으로 만들기 위한 김정은 체제의 노력은 체제 유지를 위해 지속적으로 강조될 전망이다.

4. 김정은 시대의 '청년영웅'

1) 모범 청년에 대한 '표창' 제도

김정은 체제는 시대의 전형을 찾아내 전체 청년에게 따라 배우도록 하고 있다. 모범을 보인 청년들은 뒤떨어진 청년들을 도와주고 교양해야 한다. 북한은 김일성 시대부터 청년들의 최고지도자에 대한 충성과 사회주의 건설에 모범을 보인 청년들에게 주는 '표창' 제도를 제정하여 전체 청년들이 따라 배우도록 하였다. 1956년

36) 배영애, "김정은 체제의 '청년중시' 정책에 관한 연구", p. 128.

1월 17일 민청창립 10주년을 기념하면서 청년들에게 '민청창립 10주년기념청년의 영예상'을 제정하고 해마다 수많은 청년조직과 청년동맹원에게 표창하였다. 이 상을 발전시킨 '김일성청년영예상'을 1972년 1월 제정하며, 김일성은 청년들이 힘이 있어야 나라가 힘이 있고 청년동맹이 사업을 잘해야 당이 튼튼하고 혁명과 건설이 잘되어 간다고 청년세대의 중요성을 강조했다.37) 이 상이 제정된 후 2011년까지 40년간 860여 개 단체와 9,570여 명의 청년이 '김일성청년영예상'을 받았다. 1970년대는 70일 전투와 100일 전투, 3대혁명붉은기쟁취운동 과정에서 경제건설의 돌파구를 여는 데 기여한 청년들이 이 상을 받았다. 1980년대에는 80년대속도창조운동과 서해갑문 건설과정 등에 공헌한 청년들이 이 상을 수여했다. 김정일 시대 강성대국 건설을 위한 과정에서 청년영웅도로와 금강산발전소, 월비산발전소 건설에 참여한 청년군인, 청년돌격대원도 이 상을 받았다. 제3차 세계청년여자축구선수권대회에서 우승한 축구선수, 과학탐구로 강성국가 건설에 기여한 청년들도 '김일성청년영예상'을 받았다.38)

김정은 체제는 2012년 2월 3일 '김정일청년영예상'을 새롭게 제정하며, '김일성청년영예상'과 함께 청년들을 위한 최고상이라는 의미를 부여했다. 수령에 충성한 청년, 당정책 관철에 앞장선 청년, 국가안보에 헌신한 청년군인, 강성국가 건설에 참여한 청년돌격대원

37) 조선중앙통신, "「김일성청년영예상」을 제정할데 대한 조선민주주의인민공화국 내각결정이 채택되였다", 「로동신문」, 1972년 1월 17일.

38) 황명희, "지난 40년간 860여개 단체에 김일성청년영예상 수여, 9750여명의 김일성청년영예상수상자 배출", 「로동신문」, 2012년 1월 19일.

에게 앞으로 이 상을 수여하겠다고 밝혔다.[39] 이후 북한은 김정일 생일인 광명성절(2월 16일)에는 '김정일청년영예상'을, 김일성 생일인 태양절(4월 15일)에는 '김일성청년영예상'을 모범적인 청년동맹 간부와 동맹원, 초급 청년동맹조직에 수여하고 있다. 김정은 체제에서 '김정일청년영예상'을 수여 받은 청년은 2012년 104명, 2013년에는 23개 조직과 65명의 청년동맹원, 2014년에는 5명의 청년, 2015년에는 8개 조직과 20명의 청년, 2016년에는 27개 조직과 38명의 청년, 2017년에는 17개 조직과 27명의 청년, 2018년에는 17개 조직과 27명의 청년, 2019년에는 20개 조직과 청년 22명, 2021년에도 27개 조직과 23명의 청년이다. 김정은 시대 '김일성청년영예상'도 '김정일청년영예상' 수상자 숫자와 비슷하게 주고 있다.

김정은 체제는 2014년 12월 25일 만수대의사당에서 한 해 동안 여러 분야에서 공헌한 공로자들에게 상을 주는 '국가표창식'을 진행했다. 표창식에서는 김일성훈장과 영웅 칭호를 비롯하여 김일성상과 김정일상, 김일성의 이름이 새겨진 시계표창과 김정은의 표창장, 김일성청년영예상과 김정일청년영예상, 인민과학자칭호와 공훈과학자칭호 등 각 분야에 공훈칭호 및 국기훈장 1급을 수여했다. 2014년부터는 매년 한 해를 마무리하는 12월에 '국가표창수여식'을 진행하며, 수상자의 성과를 언급하고 모범 사례를 발표하고 있다. 이처럼 김정은 체제는 기존에 있던 '표창' 제도와 함께 새로운 상을 제정해 이전 시대보다 더 많은 대상에게 상을 주고 있다. 이것은

---

39) 조선민주주의인민공화국 최고인민회의 상임위원회, "정령 제2152호", 「로동신문」, 2012년 2월 3일.

김정은 체제가 대북제재 등으로 체제위기와 경제적 어려움에 직면해 있고, 시장화 현상으로 인민들 사이에 집단주의 문화가 위축되고 있는 현상을 반영하고 있는 것으로 볼 수 있다. 위기를 극복하고 문제를 돌파하기 위해 영웅 칭호를 비롯한 각종 상을 청년들에게 주어 그들의 모범을 전체 청년을 비롯한 주민들에게 확산하기 위해서다.

2) 청년영웅의 역할

북한은 한국전쟁 시기 '영웅' 칭호를 제정하여, 주체형 공산주의 인간의 전형으로 '영웅'을 내세워 체제 유지를 위한 효과적인 인민 동원수단으로 활용해 왔다. 김정은 체제는 2012년 집권 후부터 2021년 10월까지 550명의 '영웅'을 배출하고, 체제 유지의 지지기반을 확립하고자 애쓰고 있다. 한국전쟁 3년 동안 배출한 547명의 영웅, 김정일 시대 총 589명의 영웅을 배출한 것과 비교해도 김정은 시대는 많은 수의 영웅을 배출하고 있다. 김정은 체제는 이전 시대와 비교하여 '청년강국' 건설에 앞장선 '청년영웅'을 특별히 강조하고 있다. 김정은 체제 들어와 개정된 고등학교 교과서를 보면 '청년영웅'과 '청년과학자영웅'이라는 제목이 새롭게 등장했다. 물론 리수복 · 강호영 · 조순옥 등 전쟁영웅과 한현경 수령결사옹위 영웅도 모두 10~20대 청년영웅이다. 이처럼 북한은 학교에서 김정은 시대가 원하는 '청년영웅'을 교육하며, 청소년이 사회가 나가 '청년영웅'으로 자라길 독려하고 있다.

〈표 2〉 김정은 시대 『사회주의 도덕과 법』 교과서에 나오는 영웅

영웅	주제	학년
리수복, 조군실, 김책, 차광수	동지적 사랑과 혁명적 의리에 기초한 도덕	고급중학교 1
한현경	수령결사옹위의 모범	고급중학교 1
영웅산림감독원	사람은 정직하고 성실해야 한다	고급중학교 1
우주과학자영웅	원수들의 악랄한 책동	고급중학교 1
선군시대 여성영웅	공민은 국가의 보호를 받을 권리를 가진다	고급중학교 1
리수복, 강호영, 조순옥	조국은 우리의 운명	고급중학교 2
청년영웅	부강조국건설과 청춘	고급중학교 2
청년과학자영웅	과학으로 부강조국건설의 미래를 떠메고 나가야 한다	고급중학교 2

출처: 북한 교과서 『사회주의 도덕과 법』에 나온 영웅을 정리.[40]

김정은 체제는 먼저 사회주의 미풍을 실천하고 사회주의 문명국 건설에 앞장선 청년영웅을 내세워 청년세대의 사상문화적 이완에 대응하고 있다. 20살 처녀의 몸으로 7명의 고아를 키우고 있는 장정화에게 김정은 위원장은 직접 '처녀 어머니'로 호명하고, 청년의 모범으로 따라 배울 것을 촉구했다.[41] 북한은 총각의 몸으로 7명 고아의 아버지가 된 권순남을 '총각 아버지'라 부르며 미풍의 선구자로 소개하고 있다.[42] 장정화, 권순남의 모범이 북한 매체에 '청년강국'이나 '청년영웅'이 나올 때 빠지지 않고 등장하는 것을 보면 청년들

40) 『사회주의 도덕과 법(고급중학교 1)』(평양: 교육도서출판사, 2013); 『사회주의 도덕과 법(고급중학교 2)』(평양: 교육도서출판사, 2014).

41) 북한은 장정화의 모범을 따라 배우도록 하려고 '우리집 이야기'라는 영화를 제작하고 '처녀 어머니'라는 책을 출판했다.

42) 권순남은 신천군 복우고급중학교 청년동맹, 소년단책임지도원이다. 그는 '총각 아버지'로 소개되며 '김일성청년영예상'을 받았다. 정론 "사회주의애국청년의 기개를 남김없이 떨치라", 「로동신문」, 2021년 5월 9일.

의 집단주의 실천이 얼마나 중요한지 상기하게 한다. 이와 함께 북한은 영예군인과 결혼하여 가정을 꾸린 청년여성에게 '김일성청년영예상'이나 '김정일청년영예상'을 수여하고 있다.[43] 이들을 본받아 사회주의 미풍 실현에 앞장서라고 청년세대를 독려하고 있다. 이것은 흔들리는 집단주의 사회를 유지하기 위한 목적으로 볼 수 있다.

김정은 체제는 사회주의 문명국을 제시하고 체육강국 건설을 주창하며 체육인의 역할을 강조하고 있다. 북한은 체육이 국력을 과시하고 대외적 권위를 높이는 중요한 역할을 하며, '체육영웅'이 국제경기에서 세운 우수한 성적은 국가의 존엄과 영예를 떨친다고 주장한다.[44] 대표적 '체육영웅'은 2012년 제30차 올림픽에서 우수한 성적을 거둔 안금애, 림정심 선수이다.[45] 2013년 2월 제14차 아시아마라톤선수권대회에서 김금옥 선수도 금메달을 따는 쾌거를 이루고 영웅이 되었으며, 새 시대 체육인의 전형으로 내세워졌다.[46] 2013년 동아시아컵 여자축구경기대회에 참석한 북한 선수들이 우승하자, 김정은은 그들을 직접 만나 그들이 이룬 성적이 북한 주민을 추동하는 데 큰 호소력을 지닌다고 평가했다.[47] 2014년 제17차 아시아경기대회에서 북한 선수들은 우수한 성적을 이뤘으며, 여자축구에

43) 김진옥, 현수경 영예군인과 결혼, 김은혜 영예군인과 결혼, 유은심 영예군인과 결혼하고 김일성청년영예상 수상, 홍성애 영예군인과 결혼, 김수향과 곽은정 영예군인과 한가정을 이루었다고 보도하고 있다. 「로동신문」, 2019년 5월 10일.

44) "인민의 인사를 받으시라, 선군조선의 장한 체육인들이여", 「로동신문」, 2014년 10월 5일.

45) 『조선중앙년감 2013』(평양: 조선중앙통신사, 2013), p. 803.

46) 『조선중앙년감 2014』(평양: 조선중앙통신사, 2014), p. 739.

47) "인민의 인사를 받으시라, 선군조선의 장한 체육인들이여", 「로동신문」, 2014년 10월 5일.

서 금메달이라는 큰 성과를 올렸다. 여자축구의 연이은 우승 소식은 북한 사회를 격동과 환희로 들끓게 하였다고 한다. 체육영웅은 대부분 청년이다. 국제무대에서 우수한 성적으로 국위를 선양한 것은 대북제재로 국제사회에서 고립돼 있는 북한 사회에 자부심을 준 것으로 평가할 수 있다. 국제대회에서 우승한 체육영웅의 도전정신이 삶에 지친 주민들에게 용기를 준다는 것이다. 이런 체육영웅의 역할을 통해 북한 사회가 다시 도약하길, 경제도 국제사회에서 빛이 나기를 바라는 마음이 담겨있다고 볼 수 있다.

김정은 체제는 외부문화 유입으로 변화하고 있는 청년층의 문화적 이탈을 흡수하고, 청년세대를 선동하는 수단으로 활용하기 위해 모란봉악단 등 문화부문에도 변화를 시도하고 있다. 북한은 '청년강국'의 주인인 청년음악가들이 노래로 온 사회에 열정을 불러일으키고 있다고 강조한다.[48] 김정은 위원장이 직접 발기한 모란봉악단은 2012년 7월 새로 조직되었다. 모란봉악단은 전국 순회공연 및 대규모 건설장, 각종 축하연 등에서 활발하게 공연하고 있다. 이를 통해 강성국가 건설에 대한 주민들의 열정을 불러일으키고 있으며, 김정은 체제의 정책을 노래로 선전하고 있다. 이러한 음악공연단의 공로에 북한은 모란봉악단 창작실 작곡가 3명에게 영웅 칭호를 수여했다.[49] 노동신문은 연일 모란봉악단 성원들은 모두 영웅으로, 모

48) 리철민 · 원주철, 『젊음으로 비약하는 청년강국』, p. 139.

49) 이들은 '내 마음'이란 노래를 작곡했는데 '날 키워준 정든 어머니 조국 없인 삶도 없어라'라는 가사내용으로 북한주민에게 애국심을 고취시켰다. 북한당국은 이들이 창작한 노래가 김정은시대 정신을 담고 있어 인민을 사회주의 수호전과 강성국가건설로 고무추동하고 있다는 것이 영웅칭호를 수여한 이유라고 설명했다. 조선중앙통신사, 『조선중앙년감 2015』(평양: 조선중앙통신사, 2015), pp. 708~709.

든 부문에서 따라 배울 시대의 본보기라고 치켜세우고 있다.

다음으로 대북제재, 자연재해, 코로나19로 어려운 경제 문제를 극복하여 북한 주민들이 체감하는 경제성장을 이루기 위해 '청년영웅'을 앞세우고 있다. 김정은 시대 영웅 중의 영웅은 우주강국 건설에 이바지한 국방과학 부문의 영웅이다. 경제 · 핵 병진노선이라는 국가전략을 관철한 영웅이다. 김정은 체제에서 배출한 208명의 공화국영웅 중 201명이 핵 · 미사일 개발에 참여한 영웅이다. 첨단과학기술 개발에 참여한 과학자와 기술자 대부분은 20~30대 청년과학자다. 부강조국 건설과 인민생활 향상에 절실히 필요한 과학기술도 매우 중요하다. 김책공업종합대학 20~30대 청년과학자들이 개발한 첨단의료설비, 김일성종합대학 청년연구집단이 개발한 3차원 인체해부교육 지원프로그램, 청년 농업과학자들이 완성한 과수품종 원색도감 등이 대표적 청년과학자의 연구성과이다. 청년과학자는 '첨단돌파전'에서 돌파구를 열어가는 선구자인 것이다.[50] 이처럼 김정은 시대 청년과학자 영웅의 역할은 과학기술을 기반으로 경제를 성장시켜 인민생활을 윤택하게 하려는 북한당국의 목표를 반영한 것이다.

김정은 체제는 사회주의강국 건설의 맨 앞장에 '청년강국'의 주인공인 청년이, 부강번영할 북한을 이끌어나가는 '청년영웅'이 있다고 자랑한다. 나라를 부강하게 만들기 위한 청년들의 헌신으로 큰 건설물이 많이 세워졌다. 백두산영웅청년발전소가 대표적이며, 남흥청년화학연합기업소, 청춘거리, 청춘거리체육촌, 금진강흥봉청년발전소

50) 리철민 · 원주철, 『젊음으로 비약하는 청년강국』, pp. 111~113.

등이다. 청년들은 청년돌격대운동, 청년작업반운동, 청년분조운동을 비롯한 청년대중운동을 벌이면서, 탄광 · 광산 · 건설장 · 농촌에서 어려운 일을 맡아 하고 있다. 김정은 시대에는 청년돌격대의 활약이 다른 시대보다 크고, 돌격대 출신 '청년영웅'을 많이 배출했다.[51] 북한에는 항일영웅이나 전쟁영웅, 천리마 시대 영웅들의 이름을 붙인 청년돌격대가 대부분이며, 청년작업반이나 청년분조에도 선배 영웅의 이름을 내걸고 '청년영웅'이 될 것을 독려하고 있다.[52]

마지막으로 김정은에게 충성을 바친 '청년영웅'을 내세워 김정은 유일체제를 강화하고 있다. 김정은 시대에서 '수령결사옹위정신'을 발휘한 가장 대표적 '청년영웅'은 평양시 교통보안원 리경심 영웅이다. 그는 불의의 정황 속에서 김정은을 안전하게 지킨 공로로 영웅이 되었다.[53] 그가 최고지도자에게 바친 충성심의 모범을 모든 청년에게 따라 배울 것을 북한당국은 대대적으로 선전하고 있다.

지금까지 강조해 온 청년의 역할은 선봉대 역할이며, 대표적인 형태는 청년돌격대 활동이다. 김정은 체제는 '청년강국'을 내세우며 국가 중점사업에서 활약하는 주역으로서 '청년영웅'을 이상화했다.

---

51) 2012년 희천발전소 완공에 기여한 105명, 창전거리 건설에 공로를 세운 9명, 2013년 금수산태양궁전과 광장공원을 최고의 성지로 꾸리는 데 기여한 11명, 문수물놀이장을 기념비적 창조물로 훌륭히 세우는데 공헌한 3명, 2014년 송도원국제소년단야영소 개건공사에 참여한 3명, 고산과수농장 건설에서 위훈을 세운 안홍학 돌격대원, 김책공업종합대학 교육자 살림집, 연풍과학자 휴양소, 평양육아원, 애육원 건설에서 노력적 위훈을 세운 정경준, 김준섭, 리구범 돌격대원이 노력영웅 칭호를 받았다. 송현진, "북한의 영웅정치 연구", p. 238.

52) 영웅의 이름을 붙인 돌격대로는 김혁청년돌격대, 김진청년돌격대, 리수복청년돌격대, 길영조청년돌격대, 김유봉청년돌격대 등이 있다. 리철민 · 원주철, 『젊음으로 비약하는 청년강국』, 83~101.

53) "교통보안원에게 공화국영웅칭호를 수여하는 모임 신행", 「로동신문」, 2013년 5월 8일.

백두산영웅청년발전소 건설에 참여한 청년돌격대원이 그 본보기였다. 동시에 김정은 체제는 현대화, 과학기술화를 실천하는 '청년영웅상'을 새롭게 제시하고 있다. 새로운 '청년영웅'은 과학에 능통하고 기기를 잘 다루며 업무적 능력이 뛰어난 청년이다.[54] 새로운 청년영웅상을 제시한 것은 김정은 체제가 목표로 하는 과학기술을 기반으로 한 경제건설과 관련이 있다. 강성국가 건설이라는 이상을 실천할 주체로 청년들에게 과학화와 현대화를 앞장서 실천하는 '청년영웅'을 제시한 것이다.[55]

이처럼 김정은 체제 '청년영웅'의 역할은 '청년강국'을 등장시킨 배경과 연결하여 구분해 볼 수 있다. 청년세대의 사상문화적 이완을 극복하고 사회주의 미풍에 앞장선 청년영웅, 국위를 선양하고 인민들에게 희망을 안겨 줄 체육영웅, 경제난에 지친 인민에게 활기와 열정을 줄 음악영웅도 절실하다. 어려운 경제 문제를 극복하고 경제발전 5개년계획의 돌파구를 열어줄 청년돌격대 영웅, 청년과학자 영웅도 중요하다. 김정은 체제를 강화하기 위해 김정은을 결사옹위할 청년영웅도 필요하다. 김정은 체제는 청년세대를 결속해 경제성장을 이뤄 체제를 유지하기 위해 '청년영웅'에 의지해 위기 상황을 돌파하려고 애쓰고 있다.

54) 북한TV에 주인공을 나오는 청년들은 다양한 IT기기를 교육, 운동, 업무에 활용하여 이를 통해 자신의 능력을 상승시키는 인문들이다. 강민정, "김정은 시대 북한TV의 청년 형상화와 정치적 함의: 김정은 집권 이후 조선중앙TV 서사물을 중심으로", pp. 119~120.

55) 송현진, "북한의 영웅정치 연구", pp. 246~247.

5. 나오며

김정은 체제는 '청년강국'을 새로운 시대어로 선포하고 '백두산영웅청년정신'을 시대정신으로 제시하며 청년들에게 '청년영웅'이 되라고 독려하고 있다. 이것은 김정은 체제가 '청년영웅'을 앞세워 청년세대를 하나로 결속해 강성국가를 건설하기 위함이다. 물론 북한 역사에서 청년담론은 지속적으로 강조돼왔다. 김일성이 실현한 청년운동과 청년동맹, 김정일이 위기를 돌파하기 위해 제정한 청년절, 청년중시사상은 모두 청년동원을 목적으로 한다. 하지만 김정은 체제는 선대 청년정책의 계승을 넘어 보다 확대하여 전개하고 있다. 김정일 체제에서 제정한 '청년절'을 매년 성대히 개최하고 있으며, 제9차 청년동맹대회를 개최하며 23년 만에 '청년대회'를 부활시켰다. 2021년 4월에는 제8차 당대회 관철을 위해 제10차 청년동맹대회를 열고, '사회주의애국청년동맹'으로 명칭을 변경했다. 청년동맹대회 개최는 후계자 승계 및 체제위기극복 등 북한의 정치적 요구와 연결되어 왔다. 두 차례의 청년동맹대회 개최는 청년 지지세력 확보를 통한 경제적 어려움 극복, 나아가 김정은 체제 강화라는 의도가 담겨있다.

고난의 행군 시기에 태어났거나 유아기를 보냈던 김정은 시대 청년들은 양면적인 세대적 특성을 지닌다. 우선 국가의 은혜를 경험하지 못하고 자라나 국가에 도움을 기대할 것이 없다고 인정하고, 자기 스스로 어떤 일을 해서라도 살아남아야 한다는 의지를 지닌 세대이다.[56] 다른 한편으로는 국가의 부름에 가정, 건강 등을 이유로 석성하며 망설이는 장년층과 달리 청년층은 현실에 대한 걱정

없이 국가가 부여하는 임무를 실천하는 세대이기도 하다. 청년은 열정을 가지고 모든 것을 해낼 수 있는 세대이다. 김정은 체제가 '청년강국'을 선포하며 청년을 장악하려고 하는 것은 이 두 가지 특징을 모두 반영한 것일 수 있다. 국가의 은혜를 경험하지 못한 청년세대가 정권에 저항하지 못하게 하려고 청년을 '청년강국'의 주인공으로, 충성집단으로 만들어 나가고자 하는 것이다. 청년세대의 특성을 활용하여 청년에게 '청년강국'이라는 비전을 제시하고, 애국적 헌신을 다해 '청년영웅'이 되라고 독려하고 있는 것이다.

이처럼 김정은 체제 들어와 '청년강국'을 선포한 배경은 첫째, 청년문제의 심각성을 절감하고, 당 조직과 청년동맹이 책임지고 청년세대를 결속하기 위해서다. 둘째, '경제발전 5개년 전략'과 새로운 '5개년계획'을 청년들의 전투적 역할을 통해 달성하여 사회주의강국 건설의 강력한 추진력이 되길 원하고 있다. 셋째, 청년세대에게 '청년강국'이라는 비전을 제시하고 젊은 세대로의 세대교체를 통한 권력 엘리트를 재구성하고자 한다. 김정은 체제 '청년영웅'의 역할은 '청년강국'의 등장 목표와 맞닿아 있다. 사회주의 미풍에 앞장선 청년영웅, 국위를 선양하고 인민들에게 희망을 주는 체육영웅, 경제난에 지친 인민에게 활기를 줄 음악영웅이다. 경제발전 5개년 전략 및 새로운 5개년계획의 돌파구를 열어줄 청년돌격대 영웅, 청년과학자 영웅이며 김정은을 결사옹위할 청년영웅이다.

'청년강국'을 선포하고 청년들에게 '청년영웅'이 될 것을 독려하는

56) 김성경, "북한 청년의 세대적 마음과 문화적 실천: 북한 사이(in-between) 세대의 혼종적 정체성", pp. 13~14.

김정은 시대의 청년정책에 담긴 정치적, 경제적, 문화적 함의는 다음과 같다. 정치적으로는 변화에 민감한 청년을 지속적으로 당과 수령에 충성하도록 독려하기 위함이다. 충성심과 헌신성, 과학기술과 현대성으로 무장한 '청년영웅'을 통해 전체 청년에게 확산하고, 이전 시대처럼 '청년영웅'을 차세대 청년엘리트로 구성해 김정은과 함께 북한의 미래를 건설하기 위해서다. 경제적 함의는 경제적 어려움을 극복하고 세계 속에서 부강한 나라 '조선민주주의인민공화국'을 건설하기 위해 천리마 시대처럼 사회주의 사상으로 똘똘 뭉친 청년세대의 선봉적 역할이 절실한 것이다. 그래서 반사회주의 사상에 물든 청년세대를 다시 결속해 체제를 유지하기 위해 '청년영웅'에 의지해 이 위기 상황을 돌파하려고 애쓰고 있다. 문화적 함의는 경제난과 시장화로 해이해진 청년들의 사상문화적 문제를 '청년강국' 정책으로 극복하려는 것이다. 핵심청년은 독려하여 '청년영웅'으로 내세우고, 개인주의와 돈에 물든 청년은 재교육하여 사회주의 애국청년으로 재탄생시키는 것이다. 그래서 개인보다 국가를 위해 충성하고 헌신하는 강력한 청년집단을 구축해 김정은 체제가 바라는 '청년강국'으로 튼튼히 세우는 것이다.

그렇다면 집권 10년을 마무리하고 새로운 10년을 맞은 김정은 체제는 청년들의 패기로 부강한 나라를 만들 수 있을까? 김정은 시대 청년은 천리마 시대 청년이 될 수는 없다. 김정은 시대 청년이 과거 사회주의 시대의 세대로 회귀하거나 일방적으로 체제를 수호하는 집단으로 규율될 확률은 그리 높지 않다.[57] 과거의 방법으로 청년

57) 위의 논문, p. 32.

들을 동원해서는 청년이 주인공인 부강한 나라를 건설하기는 쉽지 않아 보인다. 청년이 주인공인 나라 '청년강국'이 되려면 청년세대가 공감하는 국가 비전을 제시해 청년들이 자발적으로 열정을 발휘할 수 있게 해야 한다. '청년강국'은 김정은 유일체제를 강화하기 위한 것이 아닌 청년 자신과 국가발전을 위한 것이 되어야 한다. 새로운 10년을 맞은 김정은 체제의 비전은 청년세대의 능력과 열정을 믿고 자발적 청년들이 창의성을 발휘할 때 가능해 보인다. 물론 비핵화와 대북제재라는 국제적 문제가 해결될 때 가능한 일이기도 하다.

참고문헌

1. 국문단행본

경남대 극동문제연구소 편. 『북한 청년들은 “새 세대”인가?』. 서울: 경남대 극동문제연구소, 2017.

박영자. 『김정은 시대 조선로동당의 조직과 기능: 정권 안정화 전략을 중심으로』. 서울: 통일연구원, 2017.

홍민 · 오경섭 · 김진하 · 홍제환 · 최지영 · 정은이 · 정은미. 『북한 조선노동당 제8차 대회 분석』. 서울: 통일연구원, 2021.

2. 국문논문

강민정. “김정은 시대 북한TV의 청년 형상화와 정치적 함의: 김정은 집권 이후 조선중앙TV 서사물을 중심으로”. 『대중서사연구』 제23권 1호(2017), pp. 77~102.

김성경. “북한 청년의 세대적 마음과 문화적 실천: 북한 사이(in-between) 세대의 혼종적 정체성”. 『통일연구』 제19권 1호(2015), pp. 5~33.

김종수. “북한 김정은 시대 청년동맹 연구”. 『통일정책연구』 제22권 2호(2013), pp. 51~78.

김종수. “북한 청년동맹 제9차 대회에 대한 연구”. 『북한학보』 42집 1호(2017), pp. 89~122.

김창희. “김정은시대의 청년동맹과 청년중시정치에 관한 연구”. 『한국동북아논총』 제23권 제3호(2018). pp. 181~199.
박영자. “김정은정권의 핵심 파워엘리트”. 『북한』 통권 550호(2017), pp. 36~44.
배영애. “김정은 체제의 ‘청년중시’ 정책에 관한 연구”. 『통일정책연구』 제27권 2호(2018), pp. 107~134.
송현진. “북한의 영웅정치 연구”. 이화여자대학교 북한학과 박사학위논문. 2019.
이상숙. “북한 8차 당대회 주요 내용 평가와 대외관계 전망. 『주요국제문제분석』. 2021-01(2021). pp. 1~23.
최은주. “조선노동당 8차 대회를 통해 본 북한의 전략”. 『정세와 정책』, 2021-2 (2021), pp. 1~5.
황규성. “북한청년의 사회적 공간과 주변대중화”. 『북한연구학회보』 제20권 제1호(2016). pp. 153~180.

3. 북한문헌

리철민 · 원주철. 『젊음으로 비약하는 청년강국』. 평양: 평양출판사, 2016.
방철진. “백두산영웅청년정신은 오늘의 시대정신”. 『정치법률연구』 2016년 제4호(2016), pp. 22~23.
손정철. “경애하는 최고령도자 김정은동지께서 밝히신 청년강국에 관한 사상의 본질과 그 독창성”. 『김형직사범대학학보(사회과학)』 2018년 제4호(2018), pp. 17~19.
오천일. “경애하는 김정은동지께서 청년강국의 존엄과 위용을 최상의 경지에 올려세우신 불멸의 업적”. 『김일성종합대학학보(철학, 경제학)』 2016년 제2호(2016), pp. 15~18.
「로동신문」 각 호.
『사회주의 도덕과 법』(고급중학교 1), 평양: 교육도서출판사, 2013.
『사회주의 도덕과 법』(고급중학교 2), 평양: 교육도서출판사, 2014.
『조선중앙년감 2013』, 평양: 조선중앙통신사, 2013.
『조선중앙년감 2014』, 평양: 조선중앙통신사, 2014.
『조선중앙년감 2015』, 평양: 조선중앙통신사, 2015.

4. 기타

"김정은, 북한 권력층 세대교체…9세 젊어졌다". 「북한 헤럴드」(온라인). 2021년 1월 13일. https://thenorthkoreaherald.tistory.com/60.

"조용원 '노력영웅' 칭호 받았다: "김여정 조직부 장악에 공로". 「Daily NK」(온라인). 2020년 12월 16일. https://www.dailynk.com/.

"조용한 4 · 27 3주년: 北, '청년세대' 사상 단속". 『KBS 남북의 창』(온라인). 2021년 5월 1일. https://news.kbs.co.kr/news/view.do?ncd=5175835.

제3장
대남정책 변화와 남북정상회담

윤 은 주

1. 들어가며

김정은 위원장이 공식 집권한 후 10년이 지났다. 2011년 12월 30일 최고사령관에 임명된 김정은 위원장은 2012년 4월 4차 당대표자회에서 제1비서와 중앙군사위원장, 정치국 상무위원에 추대됐다. 그동안 북한의 대남정책에는 어떤 변화가 있었는가? 전통적으로 혁명론과 통일전선론은 대남정책의 근간이었다. 또한 국제관계와 남북 관계도 대남정책에 직간접적으로 영향을 미쳐왔다. 선대 수령들의 시대를 계승하는 한편 변화를 수용해야 하는 김정은 정권의 대남정책 목표와 방향은 어떻게 달라졌는가? 이 글에서 다루고자 하는 주제이다.

김정은 시대 두 차례 열린 남북정상회담[1]과 김정일 시대의 두 차례의 정상회담은 모두 북한 핵 문제로 인한 국제사회 긴장이 고조된 상황에서 개최됐다. 김일성 주석 사망으로 무산된 정상회담 역시 1차 북핵 위기 국면에서 거론됐었다. 한국 전쟁 이후 본격화된 냉전 시대에 남북 관계는 적대적 대결의 연속이었다. 그러나 탈냉전 시대를 맞으면서 1991년 남북은 유엔에 가입하고 남북기본합의서를 채택했다. 우리는 적성국이었던 소련과 1990년에 국교를 수립했고, 중국과는 1992년에 수교했다. 안타깝게도 북·미 수교와 북·일 수교가 무산되면서 한반도에서 냉전을 상징하는 분계선은 그대로 남게 됐다. 이후 1993년부터 북한의 핵 문제가 국제사회의 이슈로 떠올랐다. 현재까지도 남북 관계는 북한의 핵 이슈로부터 자유롭지 못한 채 맞물려 있다.

북한에서는 2016년 5월 36년 만에 제7차 당 대회가 열렸다. 사회주의 국가에서 당 대회는 당의 사업과 강령, 노선과 정책, 전략전술, 인선 등이 결정되는 중요 행사이다. 1980년 제6차 당 대회 개최 이후 오랜 시간, 북한에서는 당 대회 없는 통치가 지속됐다. 고난의 행군기를 지나면서 김정일 위원장이 구사한 선군정치의 영향도 컸다. 김정은 시대로 들어와 당을 중심으로 하는 당국가 체제 복구를 추진했다. 5년 후인 2021년 1월 제8차 당 대회가 개최되었는데, 당 규약 내용이 6월에서야 알려지면서 혁명론이 변경되었다는 국내 언론 보도가 있었다. '전국적 범위에서 민족해방 민주주의 혁명 과업

1) 2018년 5월 26일 판문점에서 남북 정상 회동이 있었다. 이 또한 정상회담이지만 성격 면에서 다른 정상회담과 차이가 있다고 보고 본 고에서는 4월과 9월의 정상회담만을 다룬다.

수행'이라는 당의 목적이 '사회의 자주적이며 민주적인 발전 실현'으로 대체되었다는 것이다. 이를 두고 남조선혁명론이 철회되었는지를 놓고 의견이 분분했다. 해석에 따라서 대남정책의 근본적 변화로 볼 수 있는 근거가 되기 때문이다.

북한의 혁명론과 통일전선술 분석은 대남정책에 영향을 미치는 내부 요인에 관한 분석이다. '혁명과 건설'은 북한이 추구하는 자신들의 국가 비전이다. 노동자와 농민, 지식인들이 주도하는 '북조선혁명'을 완성한 후 '남조선혁명'을 통해 통일을 이루고 '국제혁명'을 추구한다는 3대 혁명 목표는 1960년대에 표방됐다. 그러나 현재로서는 대외 혁명보다 선대에 이룩한 사상과 정치의 혁명 성과를 유지·보전하는 일이 시급해졌다. 국가 위기를 맞아 북한은 주체사상과 선군정치를 내세우며 체제 보위에 집중했고, 북한 혁명을 이어가기 위한 제3의 '고난의 행군'을 아직도 지속하고 있다.

북한의 통일전선론은 혁명 수행 과정에서 발생하는 역학관계에 따른 연합 전술이다. 즉, 계급적인 이해가 달라도 공통의 목표를 위해서는 잠정적으로 연대할 수 있다는 것이다. 대남정책에 있어서는 남한 정권의 성격에 따라서 하층 통일전선술을 펼치거나 상층 통일전선술을 펼쳤다. 반공을 국시로 내세우며 적대적 대북정책을 펴는 정권에 대해서는 민간을 상대로 하는 하층 통일전선술을 구사했다. 반면 대북 포용정책을 표방하는 정부와는 상층 통일전선술을 시도했다. 노태우 정부 당시의 고위급회담과 공동합의문을 채택한 네 차례의 정상회담은 대표적인 상층 통일전선 사례이다.

이 글에서는 북한의 대남정책이 역사적으로 어떻게 변화했는지 살펴보고 정책 변화를 가져오게 한 요인 분석을 시도한다. 정상회담은 국가 간 관계에 있어서 최고 지도자들의 회담이다.[2] 남북 관계 형성에 있어서 중요한 계기가 되는 남북정상회담을 중심으로 북한의 대남정책에 영향을 미치는 내외 요인들을 분석하고, 이들의 상호작용에 관해서도 알아보고자 한다.

2. 북한의 대남 정책 결정 요인

1) 내부 요인

(1) 혁명론

혁명의 사전적 정의는 '정치, 경제, 문화, 사상의 모든 분야에서 일체 낡은 것을 없애버리고 새것을 창조하는 근본적인 변혁'이다. 마르크스-레닌주의 역사관에 따르면, 봉건 질서를 개혁한 부르주와 혁명에 이어, 자본주의 착취 구조를 타파하고 노동 계급을 중심으로 한 사회주의적 생산 관계를 세우는 혁명을 참된 민주주의 혁명이라고 본다. 노동 계급의 독재는 자본가와 자본의 이해를 위해 복무하는 폭력적 국가기구에 맞서는 정당한 통치방식이라는 논리이다.

북한의 최초 당규약에는 이 같은 마르크스-레닌주의가 지도이

2) 1991년 채택한 남북기본합의서 전문에 따르면 남북 관계는 국가 간 관계가 아닌 특수 관계로 규정되지만 네 차례 걸쳐 진행된 정상회담으로 남북이 사실상의 국가 관계임이 확인되고 있다. 앞으로 법과 제도상의 정리가 필요하다.

념이었다. 소련 군정의 비호 아래 설립된 북한 정부는 1960년대 소련과 중국의 분쟁과 맞물린 정파 투쟁 국면을 지나면서 자주노선을 택하게 됐다.[3)]

이후 정립된 주체사상은 사회주의 이념에 수령론을 추가하여 재정립한 통치이념이다.[4)] 사상과 정치, 군사와 경제면에서 강성대국을 실현하겠다는 비전은 적어도 북한 지역에서 혁명의 완성을 뜻한다. 정권 창립 당시와 현재 북한이 당면한 시대적 상황은 총체적으로 달라져 있다. 정세 변화에 따른 혁명의 단계적 과업 역시 변화가 불가피한데, 정권의 정당성을 뒷받침해 온 혁명론을 보편적 가치로 내세운 까닭에 통치 담론 수정은 탄력적이지 못하다. 1990년대 국제 체제 전변기(轉變期)에 북한은 주체의 혁명관과 더불어 선군정치를 내세워 체제를 수호하는 방향을 선택했다. '우리식 사회주의'를 표방했는데 이는 주체사상을 근간으로 한 수령제 사회주의를 이념과 제도 면에서 더욱 강력하게 추진하는 것이었다.

혁명론은 북한의 체제 정당성을 뒷받침할 뿐만 아니라 대남정책에 있어서도 고려되는 주요 요소이다. 민족의 분단을 극복하고 한반도 전역에서 혁명을 완성함이 북한 정권의 목표로 제시되었기 때문이다. 혁명론은 통일론과 긴밀하게 맞물릴 수밖에 없는 논리 구조를 갖추고 있다. 남한에서 혁명을 수행하기 위한 전위조직을 만들고 노동자와 농민 중심의 민주 정권을 수립한 후 연공 합작을 통

3) 서대숙, 『현대 북한의 지도자』(서울: 을유문화사, 2000), pp. 93~122.

4) 정영철은 북한이 1967년을 기점으로 다른 사회주의 국가와 다른 북한만의 독특한 정치, 사회체제를 구축했다고 보고 이를 '수령제 사회주의'라고 했다. 정영철, 『김정일 리더십 연구』(서울: 선인, 2005), p. 106.

해 민족통일을 달성하겠다는 북한식 통일구상이 '남조선혁명론'이었다. 이를 가로막고 있는 가장 큰 장애물이 미국의 존재라고 규정했던 북한은 1992년 1월 미국과의 국교 수립을 타진하기 전까지 미군 철수를 지속해서 주장했다.

(2) 통일전선론

통일전선론의 사전적 정의는 "로동계급의 당의 령도 밑에 일정한 혁명단계에서 해당한 혁명의 승리에 리해관계를 같이 하는 열 정당, 사회단체 및 개별적 인사들이 공동의 원쑤를 반대하기 위하여 무은 정치적 련합을 말한다.[5)]" 노동계급의 계급독재 성취가 민주주의 최고 발현이라 보고, 혁명 정세를 분석하여 해당 시기에 맞추어 공통의 투쟁 대상을 상대하기 위해 정당과 사회단체는 물론 학생, 지식인 등과 연대하는 전술을 말한다. 노동계급은 혁명을 이끄는 핵심이기 때문에 "로동계급의 영도밑에 로농동맹을 튼튼히 하고 혁명에 리해관계를 가지는 모든 계급과 계층들을 통일전선에 묶어세워야만 반혁명세력을 고립시키고 혁명의 주력군을 끊임없이 확대강화할 수 있으며 혁명의 주력군을 보조할 수 있는 힘있는 보조력량을 만들 수[6)]" 있다는 것이다.

통일전선 실현에 있어서 중요한 것은 하층 통일전선을 기본으로 하면서 상층 통일전선을 이루는 것인데 여기에서는 반드시 단

5) 조선민주주의 인민공화국 사회과학원, 『정치용어사전』(평양: 사회과학출판사, 1970), p. 615.

6) 위의 책, p. 615.

결과 투쟁 원칙을 따라야 한다고 주장한다. 또한 '낮은 형태의 공동투쟁'을 점차 '높은 형태의 공동투쟁'으로, '부분적인 연합을 전면적인 연합'으로 발전시켜야 한다고 주장한다.[7] 노동계급의 혁명역량이 무르익지 못한 상황에서 공동의 투쟁목표를 내세워서 연대 투쟁을 이끈 이후, 전면적으로 노동계급의 이해를 위해 투쟁한다는 단계론이라고 할 수 있다. 북한의 통일전선술은 국제정세에 따라 공세적이거나 방어적으로 나타난다. 또한 남한의 정세나 대북정책에 따라서 상·하층 통일전선술이 달리 추진된다. 북한의 대남정책 변화를 파악하고 그에 상응하는 정책을 수립하기 위해서는 혁명과 통일론, 그리고 통일전선술의 시대적 변천 과정을 이해해야 한다.

2) 외부 요인

(1) 국제관계

소련의 군정은 북한 체제 성립과 정권 창출 과정에서 큰 영향을 미쳤다. 이념과 정치, 경제, 군사 면에서 소련의 지원은 북한 정권이 이북 지역 소비에트화에 성공하고 사회주의 국가를 건설할 수 있었던 배경이었다. 한국 전쟁도 소련과 중국의 지원은 필수적이었는데 중국이 참전하면서 내세운 명분이 '항미원조'였던 바, 사회주의권과 자유주의권의 진영 대결은 북한의 대남정책 수립에 큰 영향

---

7) 『김일성저작선집 4』(평양: 조선로동당출판사, 1968), p. 395.

을 주었다. 그런가 하면 1970년대 초 미국과 중국의 화해 분위기(데탕트)가 형성되자 이 또한 영향을 미쳤다. 남북 대화가 시작된 것이다. 남북을 오가며 적십자 회담과 고위급회담이 진행됐다.

1980년대 후반부터 시작된 소련과 동구 사회주의 국가들의 체제 전환 국면은 북한 체제를 위협하는 가장 큰 변수였다. 체제 안보가 시급한 상황에서 단일국호 유엔가입이나 미군 철수, 통일방안 등 주요 대남정책 과제에 있어서도 변화를 보였다. 이후 북·미 관계는 북한의 대남정책 수립에 가장 큰 요소가 되고 있다. 남한이 소련과 중국 등 사회주의 국가들과 수교하는 불리한 상황이 되자 북한은 이전까지의 주장을 바꿔 주한 미군 철수를 전제로 하지 않는 평화협정 체결과 북·미 수교를 요청했다. 미국의 거부로 성사되지 못했는데 이후 북한의 핵 문제가 불거졌고 북·미 협상이 진행되는 과정은 계속해서 대남정책에 영향을 미치고 있다.

(2) 남북 관계

남북 관계가 본격적인 대화와 협상 국면에 이른 계기는 1989년부터 추진된 남북고위급회담이다. 예비회담을 포함 근 3년여에 걸쳐 진행됐던 고위급회담 결과물이 1991년 12월 채택된 남북기본합의서이다.[8] 화해와 불가침, 교류협력을 골자로 하는 남북기본합의서는 이후 대북포용정책의 기반이 되었다. 노태우 정부로부터 시작된 포용정책은 김대중 정부와 노무현 정부, 그리고 문재인 정부로 이어

[8] 임동원, "남북 고위급회담과 북한의 협상전략", 『북한의 협상전략과 남북한 관계』 (서울: 경남대학교 극동문제연구소, 1997)

지면서 정상회담을 성사시켰다.

북한의 핵 문제와 관련해서 대북정책이 엇갈리자 대북포용정책은 연속성을 잃어버렸다. 김영삼 대통령은 "핵 가진 자와 악수할 수 없다"며 제1차 북핵 위기 국면에서 강경 대응으로 돌아섰다. 이명박 정부나 박근혜 정부도 북한의 핵 문제를 국제사회에서 해결해야 할 이슈로 인식하지 못하고 대북정책을 통해 통제할 수 있다고 봤다. 대북 강경책은 남북 대화를 중단시켰고, 북한은 핵과 미사일 실험을 연속한 후 2017년 11월 핵 무력 완성을 선언했다.

포용정책을 펼쳤던 노무현 정부 시절 1차 핵실험이 이루어졌고 문재인 정부 들어 6차 핵실험이 강행됐다. 북한의 핵 문제는 대북정책 여부와 관계없이 자신들의 계획표를 따라 진행됐음을 알 수 있다. 핵실험 이후 협상 국면에서 남북 대화는 북·미 협상을 진척시키는 계기가 됐다. 2007년 남북정상회담에서는 미국의 양해 아래 정전협정을 평화협정으로 전환하는 문제를 타진하기도 했던 것이다. 2018년 김정은 위원장의 적극적인 대남정책 역시 북·미 협상을 고려한 조치였다.

3. 김정일 시대 대남 정책 전개

1) 개관

1994년 7월 김일성 사망과 연이어 발생한 자연재해로 북한은 탈냉전 후유증을 심하게 앓았다. 김정일 시대는 '제2의 고난의 행군'을 겪으며 체제 수호에 모든 국력을 쏟아부어야 하는 상황이었다. 주체사상과 유일지도 체계를 토대로 하는 수령과 당, 인민의 유기적 결합체로서의 북한은 어느 때보다 강력한 집단주의를 내세웠다. 군을 우선시한 선군정치와 선군사상은 이를 위한 전략적 선택이었다. 대남정책에 있어서 남조선혁명론에 따른 공격적인 정책은 불가능했고, 내부를 단속하고 외부로부터의 탈냉전 물결을 차단하는 데에 급급했다. 도미노식 체제전환 사태 속에서 사회주의권 국가들의 일당 독재 체제가 무너졌는데 이는 북한 정권이 피포위 의식(Siege Mentality)에 사로잡히게 된 배경이기도 했다.

김정일 시대 남북정상회담은 김대중 대통령이 취임 초부터 북한에 대한 흡수통일 배제와 포용정책을 표방했기에 가능했다. 김대중 정부의 대북정책을 이어받은 노무현 대통령도 정상회담을 성사시켰다. 비록 대북송금 문제가 사회적으로 이슈화하면서 책임자 처벌 등의 어려움이 있었지만, 노무현 정부의 대북정책은 금강산 관광과 개성공단과 같은 경제개발 사업으로 확대 발전했다. 남북 관계에 있어서 경협이 심화 발전되는 반면, 북한의 핵 문제는 북 · 미 간의 분쟁 속에서 악화했다. 클린턴 정부가 '북 · 미코뮤니케'를 체결하는 데까지 나아갔지만, 부시 대통령 집권 이후 2001년 '9 · 11 사태'가 벌어지자 북한을 이라크, 이란과 함께 악의 축(Axis of Devil)으로 규정했기 때문이다. 클린턴 정부가 추진하던 비핵화 프로세스에는 제동이 걸렸고 북한은 핵과 미사일 실험을 강행했다. 남북정상회담은 북한의 핵 문제 해결을 위한 미국과 국제사회 관여 속에서 이루어졌다.

2) 2000년 정상회담

(1) 배경

1994년 10월 체결된 제네바 핵 합의 이후 1995년 3월 한반도에너지개발기구(Korean peninsula Energy Development Organization: KEDO) 설립에 관한 협정이 체결됐고, 1996년 4월 북한은 5MWe 폐연료봉 봉인작업을 시작했다. 우리 정부가 경수로 건설 총비용(46억 달러)의 70%를 부담하고 일본이 10억 달러를 부담하는 조건으로 1997년 8월 신포－금호지구에서 경수로 부지 개발 공사가 시작됐다.[9] 북한의 경수로 건설 현장에는 한국전력 인력과 수행 인원이 파견됐다. 그러나 공사 시작 1년여 후인 1998년 8월 뉴욕타임즈에 핵 개발 의혹 기사가 보도되면서 파행을 겪었다.[10] 북한은 같은 달 장거리 미사일 발사 실험을 강행했다. 이듬해 6월 미 국무부가 의혹이 제기된 현장을 조사했는데 핵시설과 무관함이 확인됐다.

1998년 2월 집권한 김대중 대통령은 적극적인 대북정책을 제시하고 관계 개선에 나섰지만, 경계심이 높아진 북한은 초창기 강한 거부감을 표출했다. 햇볕정책이 "반민족적이고 침략적인 것이 본질"이라며 "내부를 와해해 보려는 악랄성과 교활성을 겸비"한 정책이라고 비난했던 것이다.[11] 김대중 정부의 대북정책은 연평해전과 잠수

9) 북한정보포털 https://nkinfo.unikorea.go.kr/nkp/term/viewKnwldgDicary.do?pageIndex=1&dicaryId=7, 검색일 2021.10.27.

10) 1998년 1월 미국방정보국(DIA)이 탈북민 증언을 토대로 의회에서 브리핑을 했고 뉴욕타임즈가 보도했다.

11) 「로동신문」, 1998년 5월 23일.

정 침투 등 군사적 마찰이 있었지만 일관되게 유지됐다. 2000년 3월 베를린 연설에서 흡수통일 의사가 없음을 분명히 밝히기도 했다. 이후 4월 8일 정상회담을 위한 고위급 협상이 추진됐고, 6월 평양에서 최초로 남북정상회담이 개최됐다. 1991년 채택된 남북기본합의서 전문에서 남과 북은 '나라와 나라 사이의 관계가' 아니라고 규정했지만, 유엔 동시 가입 후 정상회담이 성사되면서 남북은 사실상 국가 간 관계로 접어들었다.

6 · 15남북공동선언

1. 남과 북은 나라의 통일문제를 그 주인인 우리 민족끼리 서로 힘을 합쳐 자주적으로 해결해 나가기로 하였다.
2. 남과 북은 나라의 통일을 위한 남측의 연합제안과 북측의 낮은 단계의 연방제안이 서로 공통성이 있다고 인정하고, 앞으로 이 방향에서 통일을 지향시켜 나가기로 하였다.
3. 남과 북은 올해 8 · 15에 즈음하여 흩어진 가족, 친척 방문단을 교환하며 비전향 장기수 문제를 해결하는 등 인도적 문제를 조속히 풀어 나가기로 하였다.
4. 남과 북은 경제 협력을 통하여 민족 경제를 균형적으로 발전시키고 사회 · 문화 · 체육 · 보건 · 환경 등 제반 분야의 협력과 교류를 활성화하여 서로의 신뢰를 다져 나가기로 하였다.
5. 남과 북은 이상과 같은 합의 사항을 조속히 실천에 옮기기 위하여 빠른 시일 안에 당국 사이의 대화를 개최하기로 하였다. 김대중 대통령은 김정일 국방위원장이 서울을 방문하도록 정중히 초청하였으며 김정일 국방위원장은 앞으로 적절한 시기에 서울을 방문하기로 하였다.

(2) 분석

① 혁명론과 통일전선술

국내외 정세 변화의 위기 속에서 북한 정권은 개혁과 개방이 아닌 자신들의 체제를 강화하기 위해 단결하는 쪽으로 방향을 잡았다. 1994년 발표한 "사회주의는 과학이다"에 따르면 북한은 사회주의 국가의 붕괴 원인을 철학과 사상에 있어서 과학적 기반을 갖지 못한 데에서 찾았다. 주체사상에 입각한 철학적 세계관과 혁명관, 인생관 등을 이론적으로 체계화시킨 이론이야말로 '참다운 과학'이라며 인민들에게 철저한 사상적 내면화를 강조했다.[12] 김일성 사후 1998년 국방위원장과 당 총비서로 추대된 김정일은 강성대국론을 기치로 김일성 유훈을 받들면서 후계자로서의 위상을 정립해갔다.

주체사상이 김일성 시대를 관통하는 사상이라면 김정일 시대는 선군사상이 지도이념이었다. 선군정치는 혁명의 전취물을 보호하고 계승하여 발전시켜야 한다는 체제 보위 전략이었다. 국가 위기 시 비상책으로 시작된 선군정치는 이후 이론적으로 체계화되면서 선군사상으로 자리 잡았다. 김정일은 "선군정치는 나의 기본정치방식이며 우리 혁명을 승리에로 이끌어 나가기 위한 만능의 보검"이라고 강조했다. 이 시기 북한이 당면한 혁명 과제는 '혁명의 수뇌부'를 보위하는 것으로, 지속된 경제난 속에서 내부 시스템을 재정비해야 하는 상황이었다.

12) 정영철, "이데올로기의 변화: 순수이데올로기와 실천이데올로기", 『김정은 시대 북한의 변화』(서울: 선인, 2019).

한편, 1998년 1월 1일 발표된 노동신문 공동사설은 “북과 남의 사상과 제도를 초월하여 공존, 공영, 공리를 도모하고 전 민족의 단결된 힘으로 조국 통일 위업을 성취하려는 우리의 원칙적 입장에는 추호도 변함이 없다”고 하여 1980년 고려민주연방공화국창립방안의 연북화해정책을 확인했다. 1998년 2월에는 ‘정당 · 단체 연합회의’를 제안하고 4월 18일 ‘온 민족이 대단결하여 조국의 자주적 평화통일을 이룩하자’는 서한에서 민족대단결 5대 원칙을 제시했다. 또한, 안기부 해체, 국가보안법 철폐, 콘크리트 장벽 해체, 외국과의 군사훈련 중지, 남북 창구 단일화 폐지 등을 주장했다. 서한에서는 “남조선의 집권 상층이나 여당, 야당 인사들, 대자본가, 군 장성들”과도 “민족 대단결의 기치 밑에 단합할 것”을 강조했다. 이는 체제 안보를 최우선시하는 가운데 통일전선의 상하층 확대를 꾀하는 모습이었다.

1999년 2월에도 ‘정부 · 정당 · 단체 연합회의’를 제안하면서 외세와의 공조파기, 국보법 철폐, 한총련 등 민간 통일운동 보장을 주장하여 전형적인 하층통일전선술을 구사했다. 그렇지만 미국이 1999년 핵 문제 처리와 관련 ‘페리 프로세스’ 방안을 제시하고, 2000년 3월 김대중 대통령이 베를린 선언을 통해 흡수통일 의사가 없음을 천명하는 등 체제 안보에 우호적인 분위기가 조성되는 가운데 남북 정상회담이 성사됐다. 1991년 남북고위급회담 이후 보다 적극적인 상층통일전선술이 등장한 것이다. 정상회담 이후 장관급 회담 8회, 국방장관 회담 1회, 남북경제협력추진위원회 3회, 적십자 회담 4회, 이산가족 상봉 4회 등 고위급 정치회담과 경제회담, 그리고 인도적 교류가 이어졌다.

② 국제관계와 남북 관계

핵 문제 해결에 있어서 미국이 직접 협상국이라면 남한은 미국, 북한과 대화하며 양측을 협상 테이블로 안내하는 페이스 메이커(pace maker) 역할을 했다. 1991년 유엔 동시 가입과 남북기본합의서 채택으로 남북 관계는 새로운 단계로 진입했지만 교차승인이 불발된 이후 북한은 핵과 체제 안보를 교환하려는 '안보 대 안보' 전략을 세우고 미국을 직접 상대하고자 했다. 그러나 1994년 제네바 핵합의가 이루어진 이후에도 미국의 단순한 의혹 제기가 걸림돌로 작용하는 현실 속에 남한 정부의 역할이 불가피했다.

1999년 10월 발표된 '페리 프로세스'는 북한의 핵 문제 해결을 위한 단계적 해법이었다. 1단계에서 북한이 미사일 발사를 중지하고 미국은 대북경제제재를 해제하는 조치를 취하며, 2단계에서는 북한이 핵과 미사일 개발을 중단하고, 3단계에 북 · 미 수교와 북 · 일 수교를 추진하여 한반도 평화체제를 구축한다는 구상이었다. 윌리엄 페리 대북조정관은 은퇴 후 자신의 포괄적 대북정책인 페리 프로세스는 사실상 임동원 프로세스라고 밝혀 우리 정부의 역할이 중요했음을 알렸다.[13]

2000년 6월 남북정상회담 이후 10월 12일에는 북한의 조명록 국방위원회 제1부위원장이 워싱턴을 방문하여 올브라이트 국무장관과 회담하고 클린턴 대통령과 면담했다. 북 · 미 관계 개선과 정전협정의 평화협정 전환문제, 남북정상회담 지원 등을 논의하고 북 · 미공동코뮤니케를 채택했다. 10월 23일에는 올브라이트 국무장관이

13) 임동원, 『피스메이커』(서울: 중앙북스, 2008), pp. 407~441.

평양에서 김정일 위원장과 회담했다. 북·미 간 국교 수립까지 클린턴 대통령과 김정일 위원장의 회담만을 남겨 둔 상황이었다.

그러나 2000년 미국 대선에서 민주당 고어 후보가 공화당 부시 후보에게 패하면서 북·미 수교는 무산됐다. 2001년 집권 후 부시 대통령은 클린턴 정부와 정반대의 대외정책을 펼쳤는데 미국 국내 정치 변수가 북·미 관계에 결정적 영향을 미친 사례이다. 부시 정부의 대북 적대시 정책은 클린턴 정부가 이룩한 북·미코뮤니케를 무효화했다. 2005년 6자회담에서 채택된 9·19합의 역시 무산되자 북한은 2006년 제1차 핵실험을 강행했다.

한편, 북한의 핵 문제가 국제사회 이슈로 떠오른 가운데 성사된 최초의 남북정상회담에서는 통일문제에 있어서 자주적인 해결과 통일방안의 접점이 모색됐다. 6·15 2항에서 남북연합제와 낮은단계연방제가 서로 공통성이 있다고 보았는데 외교권과 군 통수권을 독자적으로 유지하고, 체제와 정부도 독립적이기 때문이다. 통일형태에 있어서는 1민족 2국가, 2체제 2정부인가 1민족 1국가, 2체제 2정부인가를 놓고 논의할 수 있는 여지가 생겼다.

이는 북한이 주장해 오던 'One Korea' 전략과 차이가 있다. 현실적으로는 유엔가입 이후 사실상의 'Two Korea'로 활약하고 있었지만, 북한의 프로파간다(propaganda) 상 뿌리 깊은 민족국가 통일론은 변경이 쉽지 않았다. 2000년 정상회담 합의를 통해 논의의 단계를 끌어 올렸다고 할 수 있다. 1990년대 초반부터 제시된 '느슨한 연방제' 혹은 '낮은 단계 연방제'는 연방제의 점진적 추진 전략이라고 할 수 있다. 그러나 체제와 정부를 통합하지 않는다면 연방제보다는 연합제에 더 가깝다.

(3) 특징

전쟁으로 민족상잔의 아픔을 겪고 적대적 대결 속에 상호 체제를 부인해 왔던 남과 북이 최초의 정상회담에서 통일 원칙을 새롭게 확인하고 통일방안을 논의했다. 이는 1991년 체결된 남북기본합의서가 바탕이 되었기 때문에 가능한 일이었다. 두 정상은 통일의 자주 원칙을 분명히 하고, 서로의 통일방안에서 공통점을 바탕으로 논의를 발전시켜 가기로 합의했다. 전쟁을 불렀던 '남조선 혁명론'과 '북진통일론'이 공식 폐기되고 연방제와 연합제로 변화한 통일방안에 있어서 공통점을 확인했다는 의의가 있다.

국제적 혁명역량이 몰락하고 북한 혁명역량의 존폐 갈림길에서 남한은 대미 대결에 있어서 우군이자 경제 지원을 끌어내야 하는 대상이었다.[14] 북·미 협상 과정에서 미국의 대북정책을 실질적으로 지원하고 고위급회담이 추진될 수 있었던 배경에는 남한 정부의 역할이 컸다. 경제협력에 있어서도 정부차원의 대북지원과 민간 기업의 투자가 본격화하고 인도적 지원도 활발하게 전개됐다. 대화와 협상 국면에서 연평해전 같은 군사충돌도 발생했지만 일관된 대북정책으로 남북 관계는 발전을 지속했다.

정상회담 이전까지 북한은 미군 철수를 전제로 민족공조를 내세우며 하층 통일전선술을 추구했다면, '우리민족끼리' 통일을 이룩하자는 새로운 담론을 표방했다.[15] 계급적 연대가 아닌 민족적 연대

---

14) 김근식, "김정은 시대 북한의 대외전략 변화와 대남 정책: 선택적 병행 전략을 중심으로", 『한국과 국제정치』 제29권 제1호 통권 80호(2013).

를 주장하는 것으로 자본가와 정부를 아우르는 광범위한 통일전선 술을 펴는 것이다. 미국의 대북 적대시 정책이 이어지는 가운데 대안적인 전술이 필요했던 것이다. 통일전선은 전통적으로 혁명 전략을 위한 전술로 추진됐지만, 정세가 전변된 상황에서 체제 안보를 위한 방어적 전술로 변화했음을 알 수 있다.

3) 2007년 정상회담

(1) 배경

제1차 남북정상회담이 개최된 이후 남북 관계는 학술, 문화, 예술, 스포츠, 종교 등 다양한 분야에서 교류협력이 이루어졌고 이산가족 상봉과 금강산 관광 등 기능주의에 입각한 정책이 실행됐다. 2000년 8월 현대아산이 북한 당국과 '공업지구 개발에 관한 합의서'를 체결한 후 2002년 11월 북한은 개성공업지구법을 제정했다. 2003년 집권한 노무현 대통령은 이전 정부의 대북정책을 승계했고 2003년 6월 1단계 개발에 들어가 2004년 12월 개성공단에서 첫 제품을 생산했다. 북한의 군사 전략지였던 개성에서 남북 합작 공단이 들어서면서 남북 관계에서는 사실상의 종전상황이 펼쳐졌다. 시범단지 15개, 1단계 24개 공장에서 제품 생산을 위한 물자의 반출입이 일상화됐고 경영 인력은 상주하거나 출퇴근을 하며 개성을 오갔다.

반면 2001년 집권한 부시 대통령은 'ABC(Anything But Clinton) 정

15) 전미영, "북한 김정일정권의 대남 · 통일정책 변화: 『로동신문』 분석을 중심으로", 『통일정책연구』 15권 1호(2006), p. 19.

책'이라고 불린 대외정책을 펼쳤다. 9월 11일 뉴욕의 무역센터가 테러로 붕괴하자 미국은 북한을 이라크, 이란과 함께 '악의 축'으로 취급했고 클린턴 정부의 페리 프로세스는 중단됐다. 2002년 부시 대통령의 연두교서에서 대량 살상 무기 보유국, 이른바 악의 축으로 규정된 이란, 이라크, 북한에 대한 군사 작전이 표방됐다. 10월에는 북한 핵시설 사찰이 이루어졌는데, 우라늄 농축 프로그램을 놓고 벌인 제임스 켈리 동아시아-태평양 차관보와 강석주 제1부상의 설전으로 핵 개발 의혹을 키웠다. 제2차 북핵 위기가 시작된 것이다.

다른 한편, 중국에 거류 중인 탈북민 송환과 북한의 정치범 수용소 문제로 2003년부터 유엔 인권위원회에서 북한인권결의안이 채택됐다. 미국도 2004년 북한인권법을 통과시켜 북한 정권을 압박하는 상황이었다. 그러면서 2005년 9월에는 2차 북핵위기 타개를 위한 6자회담이 진행됐고 9·19합의를 도출했다. 미 국무부가 국제회의체를 통해 합의를 했지만, 바로 다음 날 재무부는 방코델타아시아은행(BDA)의 대북 송금을 금지하는 조치를 취했다.[16] 북한은 '합의서 잉크가 마르기도 전에' 협상을 흔들었다며 반발했고 2006년 10월 제1차 핵실험을 강행했다. 2007년 10월 남북정상회담이 진행될 당시 상황이다.

10·4남북정상선언

1. 남과 북은 6·15 공동선언을 고수하고 적극 구현해 나간다.
   - 통일문제 자주적 해결, 6·15 기념 방안

16) 정세현, 『정세현의 통일토크』(서울: 서해문집, 2013), pp. 184~188.

2. 남과 북은 사상과 제도의 차이를 초월하여 남북 관계를 상호존중과 신뢰 관계로 확고히 전환시켜 나가기로 하였다.
   - 내부 문제 간섭 않으며 남북 관계 발전 위한 법률적 제도적 장치 정비, 남북 의회 등 각 분야 대화와 접촉 적극 추진
3. 남과 북은 군사적 적대관계를 종식시키고 한반도에서 긴장완화와 평화를 보장하기 위해 긴밀히 협력하기로 하였다.
   - 적대시 않고 군사적 긴장 완화, 한반도에서 어떤 전쟁을 반대하며 불가침 의무 준수, 공동어로 수역을 평화수역으로, 군사적 보장 조치 위해 국방부 장관, 인민무력부 부장간 회담 개최
4. 남과 북은 현 정전체제를 종식시키고 항구적인 평화체제를 구축해 나가야 한다는데 인식을 같이하고 직접 관련된 3자 또는 4자 정상들이 한반도지역에서 만나 종전을 선언하는 문제를 추진하기 위해 협력해 나가기로 하였다.

   남과 북은 한반도 핵문제 해결을 위해 6자회담 · 9 · 19 공동성명과 2 · 13 합의가 순조롭게 이행되도록 공동으로 노력하기로 하였다.
5. 남과 북은 민족경제의 균형적 발전과 공동의 번영을 위해 경제협력사업을 공리공영과 유무상통의 원칙에서 적극 활성화하고 지속적으로 확대 발전시켜 나가기로 하였다.
   - 해주지역과 주변해역 포괄 서해평화협력특별지대 설치, 개성공업지구 2단계 개발 착수, 통행 · 통신 · 통관 문제 제도적 보장조치, 개성–신의주 철도와 개성–평양 고속도로 개보수, 안변과 남포 조선협력단지 건설, 남북경제협력추진위원회를 부총리급 남북경제협력공동위원회로 격상
6. 남과 북은 민족의 유구한 역사와 우수한 문화를 빛내기 위해 역사, 언어, 교육, 과학기술, 문화 예술, 체육 등 사회문화 분야의 교류와 협력을 발전시켜 나가기로 하였다.
7. 남과 북은 인도주의 협력사업을 적극 추진해 나가기로 하였다.
8. 남과 북은 국제무대에서 민족의 이익과 해외 동포들의 권리와 이익을 위한 협력을 강화해 나가기로 하였다

(2) 분석

① 혁명론과 통일전선론

정상회담 전후 북한 혁명론은 남조선혁명이 아닌 북한혁명과 체제 수호에 초점이 맞춰져 있었다. 통일전선론 역시 남조선혁명을 수행하기보다 체제 보위를 위한 민족공조론이었다.

2002년 7월 1일 경제관리개선 조치를 천명한 북한은 10월 경제관료 장성택과 박남기 등을 8박 9일 일정으로 내려보내 본격적으로 남북 경협을 준비했다. ‘우리민족끼리’ 명분으로 추진된 남북경협은 남조선혁명의 완수를 통해 조선혁명의 전국적 승리를 주장하던 북한의 대남정책을 근본적으로 변화시켰다. ‘선혁명, 후통일’ 논리를 바탕으로 남조선에서 혁명을 추동했던 명분과 능력이 사라진 것이다. 오히려 통일논의에 있어서 “상대방의 사상과 제도를 부인하면 대결밖에 초래할 것이 없으며 북남관계의 발전을 기대할 수 없다”[17]는 주장을 계속하면서 남한 체제로의 흡수통일을 경계했다.

2003년 1월 공동사설에서는 ‘핏줄도 하나, 언어도 하나’인 남과 북의 민족성이 강조됐고 조국평화통일위원회(조평통) 명의로 발표된 성명에서는 ‘선 민족 공조, 후 통일론’이 등장했다. 2004년 1월 공동사설에서도 ‘우리 민족 제일주의 기치 밑에 민족 공조로 자주통일의 활로를 열어나가자’는 구호가 제시됐다. 체제나 이념의 통일이 아닌

---

17) 호영실, "북남관계의 실속있는 발전은 통일운동의 절박한 요구", 「로동신문」, 2005년 10월 21일.

'민족의 통일'을 내세우며 '우리민족제일주의'가 강조된 것이다. 미국과의 갈등이 커질수록 남한 정부의 조력이 필요했고 경제를 위한 활로를 남북경협에서 찾는 가운데 나온 것이다. 그러면서도 '제도통일'은 경계해야 하는 이중적 상황이었다.

이전 시기 민족공조론이 하층 통일전선술에 기반했다면 정상회담 이후 '우리민족끼리' 혹은 '우리민족제일주의'를 바탕으로 수립된 대남정책은 광범위한 상하층 통일전선을 구사하는 가운데 전개됐다. 미국의 적대시 정책에 맞서기 위한 남북공조론이었다. 혁명론 역시 '남조선 혁명론'이나 '국제혁명론'의 의미 보다 북한의 체제수호를 위한 수세적 논리가 강했다. 통일전선 면에서 북한은 정상회담을 통해 남북 관계를 축으로 세워 북·미 대화에 있어서 레버리지 효과를 추구했다. 특히 경제적으로는 남북경협 제도화를 위한 발판을 마련하고자 정부는 물론 기업들과도 공조체계를 만들어갔다.

② 국제관계와 남북 관계

북한의 핵 개발로 촉발된 국제사회의 대북제재 국면에서 이를 해소하기 위한 합의와 파기가 반복되자 한반도 평화정세는 어두워졌다. 특히 북·미 협상 과정에서 미국의 대북정책이 정권교체와 함께 달라지면서 남북 관계의 역할이 중요해졌다. 2001년 부시 정부가 집권하면서 미국의 대북정책이 뒤바뀌자 제2차 북핵 위기 국면이 초래됐다. 이에 2004년 중국이 중심이 되는 6자회담이 구성됐고 2005년 9월 19일 합의가 이루어졌다. 북한이 핵 개발을 동결하는 대신 국제사회가 에너지를 지원하고 체제 유지를 보장한다는 내용이었다. 1994년 제네바 합의와 유사했는데 협상 체결 다음 날인 20일 미국 재무부가 마카오에 있는 BDA의 대북송금을 금지하면서 합의는 수포로 돌아갔다.

북한은 2006년 10월 1차 핵실험을 강행했다. 1994년 제네바 핵 합의와 2005년 9·19 합의가 무위로 끝난 후의 일이다. 이에 2007년 2월 13일 6자회담이 열렸고 '9·19 합의'를 실행하겠다고 밝혔다. 부시 대통령은 9월 ASEAN Regional Forum(ARF)에서 이루어진 한미정상회담에서 10월 남북정상회담을 앞둔 노무현 대통령에게 북핵 문제 해법과 더불어 한반도 평화협정 관련 3자 또는 4자 회담을 타진하도록 제안했다. 10·4 남북공동선언 4항에 정전체제를 평화체제로 전환하기 위해 '3자 또는 4자' 회담으로 종전을 선언한다는 내용이 포함된 배경이다. 북한의 핵 문제가 다시금 이슈화된 국제관계 속에서 2차 남북정상회담이 열리게 됐다.

1차 정상회담 이후 남북경제협력이 본격화되면서 금강산 관광과 개성공단사업이 본격화됐다. 6·15남북공동성명의 합의를 계승한 노무현 정부의 대북정책으로 정부차원의 경협은 물론 이산가족 상봉과 민간단체들의 대북지원 등 인도적 협력도 활성화됐다. 그렇지만, 남북 관계는 다시금 국제정세에 영향을 받게 됐다. 북한은 2006년 10월 1차 핵실험을 강행했고 이는 남한의 국내 여론을 악화시켰다. 김대중 정부와 노무현 정부의 대북포용 정책은 "퍼주었더니, 핵으로 돌아왔다"는 야권의 주장에 빛을 잃었고 정권 말기에 체결된 10·4 남북공동선언은 실행력을 담보하기 어려웠다.

다른 한편, 민간차원에서 식량난과 경제난에 따른 인도적 지원

NGO들이 출현하면서 모니터링을 위한 방북이 증가했다. 동시에 중국에서 불법 월경자로 쫓기는 탈북민들이 제3국을 통해 국내로 들어오는 사례가 많아졌다. 이들 중에는 중국에서 검거되어 북송된 후 다시 탈북한 이들도 있었다. 재중탈북자와 북송탈북자에 관한 인권 문제가 국내와 국제사회 속에서 본격적으로 제기되기도 했다. 2003년 유엔 인권위원회에서 북한인권결의안이 채택됐고 미국도 자체적으로 북한인권법을 제정했다. 북한의 핵 문제와 더불어 인권 문제는 남북 관계나 국제사회 속에서 부정적인 이미지를 강화시켰다.

(3) 특징

2007년 2차 정상회담은 6 · 15남북공동성명에 이은 실행계획에 관한 합의였다. 2항과 3항은 사상과 제도의 차이를 넘어서서 신뢰관계를 구축한다는 대전제 하에 군사적 적대관계를 끝내자는 합의로 남북 간 종전을 실현하자는 것이다. 또한, 경제 협력을 확대 발전시키는 조치와 더불어 사회문화 제반 영역에서의 교류와 협력을 확산하고 인도적 협력을 증진한다는 구상이었다. 남북 관계 발전에 있어서 확고한 방향을 제시했다고 할 수 있다. 체제 안전과 경제 발전을 남북 관계에 기대고자 하는 북한의 상하층 통일전선이 최대한 구축될 수 있는 합의였다.

1차 핵실험이 이루어지고 난 후 강경 일변도의 대북정책에서 한발 물러선 부시 대통령은 한미 정상회담에서 정전협정을 평화협정으로 전환하기 위해 3자 또는 4자 정상들이 한반도에 모여 종전선언을 타진하도록 제안했다. 또한 남북이 6자회담 합의였던 9 · 19공동성명과

2 · 13합의를 준행하도록 노력한다고 함으로써 남북정상회담이 북한의 핵 문제 해결에 견인차 역할을 하게 됐다. 10 · 4 합의가 실행된다면 남북이 북 · 미 관계를 확실하게 담보할 수 있을 터였다.

금강산 관광과 개성공단 등으로 신뢰가 쌓인 남북 관계는 국제사회 속에서 북한을 견인하게 하는 지렛대가 됐다. 미국이 위임하다시피 했던 종전선언을 위한 3자 또는 4자 간 정상회담 추진도 합의됐다. 한반도 문제의 해결에 있어서 남과 북의 주체성이 확인됐을 뿐만 아니라, 우리 정부가 그 촉진자 역할을 하는 구도가 형성된 것이다. 북한을 견인할 힘이 클수록 국제사회 속에서 남한 정부의 위상이 커질 수 있음이 확인됐다.

4. 김정은 시대 대남 정책 전개

1) 2018년 4월 정상회담

(1) 배경

2007년 제2차 남북정상회담이 성사됐지만 이명박 정부는 북한을 견인할 수 있는 정책을 펼치지 못했다. 후보 시절 내세웠던 '비핵개방3000' 공약은 북한의 반발을 샀는데 '안보 대 경제' 교환을 전제로 수립된 대북정책은 북한을 견인하지 못했다. 2008년 8월 금강산 관광객 피살 사건 발생으로 남북 관계가 고비를 맞으면서 개성공단을 비롯한 경협은 심화 발전의 기회를 놓쳤다. 북한의 핵 문제를 바라보는 시각도 군사적 적대관계에 머물렀기 때문에 10 · 4선언 4항이 내포한 국제사회 속에서의 남북 관계 위상을 제대로 펼치지 못했다. 북한에 대한 포용정책이 아닌 '핵 포기 정책'으로 일관했던 이명박 정부의 대북정책은 남북 관계 경색을 초래했다.

2008년 김정일 위원장의 급작스러운 발병으로 후계 체제를 서둘러 준비하던 북한은 2009년 5월 2차 핵 실험을 강행했다. 더구나 2010년 천안함과 연평도 사태로 군사충돌까지 빚어지자 남북 관계는 급속히 냉각됐다. 오바마 대통령은 취임 초 대북정책이 구축되기 이전에 강행된 북한의 2차 핵실험에 '전략적 인내' 정책으로 대응했다. 김정은 집권 이후 북한은 2012년 개정 헌법에 핵보유국임을 명시했다. 2013년 2월 12일 3차 핵실험 직후 3월에는 경제－핵 병진 전략을 발표한 후 경제 개혁 조치를 단행하면서 핵과 미사일 개발에도 박차를 가했다.

2013년 2월 25일 출범한 박근혜 정부는 대북정책을 제대로 펼칠 겨를 없이 세 차례의 핵실험 국면을 맞았는데 북한이 2016년 1월 제4차 핵실험을 강행하자 2월 개성공단 폐쇄로 대응했다. 국제사회의 대북제재가 강화됐지만 북한은 9월에도 5차 핵실험을 이어갔다. 2017년 1월 트럼프 대통령이 취임하고 5월 문재인 대통령 집권한 후 9월에 북한은 한차례 더 핵실험을 추진했다. 11월 29일에는 장거리 미사일 화성-15형 실험이 성공하면서 핵 무력 완성을 선언했다. 김정은 위원장은 2018년 신년사를 통해 평창동계올림픽 참가 의사를 피력했고, 남북 관계와 북 · 미 관계는 급물살을 타듯 개진됐다.

김정은 위원장은 집권 초 선대로부터 제시됐던 강성대국의 비전을 경제－핵 병진 노선을 통해 실현하고자 했다. '강성대국'이 아닌

'강성국가'로 목표를 현실화하면서 내부적으로 경제발전을 꾀하고 외부적으로는 체제 안보를 주장하며 핵 개발 전략을 펼친 것이다. 한편, 전략적 인내 정책을 고수하던 오바마 대통령은 2013년 집권 2기를 맞아 아시아 재균형전략(Re-balancing to Asia)을 천명하고 중국을 견제하는 큰 틀에서 한반도 정책을 구사했다. 북한은 2000년대 정상회담 때와 같이 문재인 정부와의 대화를 기반으로 북·미 대화를 추구했다. 2018년 평창동계올림픽을 계기로 남북 대화가 복원되면서 남북정상회담이 4월 판문점에서 전격적으로 이루어졌다. 2007년 정상회담 이후 11년 만에 속개된 남북정상회담 역시 북한의 핵 문제가 북·미 사이의 핵심 관심사가 된 상황에서 이루어졌다.

4월 판문점 선언

1. 남북 관계의 전면적 획기적 개선과 발전
   - 남북공동연락사무소를 개성 지역에 설치, 이산가족 친척 상봉, 동해선 및 경의선 철도와 도로 연결
2. 한반도에서 첨예한 군사적 긴장상태 완화하고 전쟁 위험을 실질적으로 해소
   - 상대방에 대한 일체의 적대행위를 전면 중지, 군사분계선 일대에서 확성기 방송과 전단지 살포를 비롯한 적대행위 중지, 국방부장관회담을 비롯한 군사 당국자회담과 장성급 군사회담 개최
3. 한반도의 항구적이며 공고한 평화체제 구축, 정전상태를 종식시키고 확고한 평화체제 수립
   - 남북 불가침 합의 재확인, 단계적 군축 실현, 정전협정 체결 65년 되는 올해에 종전을 선언, 완전한 비핵화를 통해 핵 없는 한반도 실현, 문재인 대통령 평양 방문

(2) 분석

① 혁명론과 통일전선술

김정은 위원장 집권 이후 북한의 혁명론은 초창기 내세웠던 북조선, 남조선, 국제 3차원의 혁명 중 북한 자체의 혁명을 보수하고 발전시키는 맥락에서 이해될 수 있다. 1990년대 국제혁명 역량의 해체기 북한이 주체사상을 내세운 '우리식사회주의'와 '선군정치'로 정권 유지의 정당성을 확보했다면, 김정은 시대에는 '인민대중제일주의'를 내세우며 체제 안전과 발전을 꾀하고 있다. 정상회담을 추진하는 상층통일전선술은 남조선혁명을 위한 것이라기보다, 북·미 관계 정상화를 위한 레버리지 효과를 추구하는 차원에서 전개됐다.

2011년 김정일 위원장 사후 김정은 위원장은 2012년 4월 15일 김일성 수령 탄생 100주년 기념 열병식에서 "우리 인민이 다시는 허리띠를 조이지 않게 하자는 것이 당의 확고한 결심"이라며 인민을 위한 정치를 약속했다. 군대를 앞장세운 김정일 시대의 선군정치로부터 인민 중심의 사회주의 구현을 비전으로 내세운 것이다. 4월 6일 발표된 담화에서 인민들의 먹는 문제 해결을 선결과제로 설정하는가 하면 6월 28일 '우리식의 새로운 경제관리 체계를 확립할 데 대하여'를 발표하면서 경제 개혁 방안을 제시했다.[18] 2013년 신

18) 주요 내용은 첫째, 농업 부문의 분조 단위를 축소하여 가족경영에 버금가는 분조관리체계를 수립하고, 농업생산물에 대한 국가 대 생산자 분배 비율 7:3제로 하는 유인책을 도입한 것이다. 둘째, 공업부문에서는 공장, 기업소 대상으로 생산비를 국가가 투자 방식으로 선지급하고 판매수익을 분배하도록 하는 조치도 취해졌다. 이에 따라 독립채산체 직장이 출현하기도 했는데, 공장-기업소 노동자들에 대한 배급제는

년사에서는 〈모든 것을 인민을 위하여, 모든 것을 인민대중에게 의거하여!〉 구호를 통해 북한식 혁명의 기치를 재확인했고 인민대중제일주의는 우리식 사회주의로서 헌법에 이미 구현되었다고 설명했다.

한편, 2013년 4월 노동당 중앙위원회 제6기 23차 전원회의에서는 '경제건설과 핵 무력 건설 병진노선의 위대한 승리를 선포함에 대하여'가 발표됐다. 핵 무력 개발에 관한 강한 의지가 담겨있었는데, 이후 남북 관계와 북·미 관계가 단절된 상황에서 북한은 핵과 미사일 개발에 박차를 가했다. 김정은 시대 진입 초기 천명한 경제–핵 병진노선은 조선민주주의인민공화국을 사회주의강성국가로 재건하고자 하는 북한 내부의 혁명 전략이라 할 수 있다. 인민 생활 향상을 위해 경제 개혁을 추진하고 핵과 미사일 개발을 통해 외부로부터의 체제 안보를 보장받겠다는 이중전술이다.

또한, 상하층 통일전선이 무력화된 상황에서 2014년 1월 16일 국방위원회 명의의 중대 제안이 발표됐다. 남북 관계 개선과 군사적 적대행위 전면중지, 핵전쟁 방지를 위한 상호 조치 등의 내용을 담고 있었다. 7월 7일 발표한 공화국성명에서는 북한의 핵이 "통일의 장애도, 북남관계 개선의 걸림돌도 아니며 공화국의 핵 무력은 외세의 침략 야망을 억제하고 자주통일과 민족만대의 평화와 안전, 번영을 위한 확고한 담보"라고 주장하며 연북화해정책을 표방했다. 특히 "북과 남은 련방련합제방식의 통일방안을 구체화하고 실현하

사실상 생활비(임금)로 전환됐다. 김정은 시대의 경제 개혁은 '사회주의강성국가건설'을 목표로 한 결정적 전환 혹은 근본적인 전환이라며 강조했다. 이는 북한의 사체 혁명 역량을 새롭게 정비해야 하는 현실적 요청에 따른 것이다.

기 위해 노력함으로써 공존, 공영, 공리를 적극 도모해나가야 한다"고 하여 6 · 15 2항에서 언급된 '낮은단계 연방제' 보다 좀 더 직접적인 표현으로 '련방련합제'를 언급했다. 이후 10월 인천에서 열린 아시안게임 폐막식에 김양건을 비롯한 황병서와 최룡해 등 최고위급 인사들이 전격 파견됐지만 박근혜 정부와의 상층통일전선은 복원되지 못했다.

2016년 5월에는 36년 만에 제7차 당 대회가 개최되고 당규약이 개정되었다. 그러나 이념에 있어서 이전과 같이 선군정치를 표방했고 노동당의 당면 목적도 "공화국 북반부에서 사회주의 강성국가를 건설하며 전국적 범위에서 민족해방민주주의혁명의 과업을 수행하는데 있으며 최종목적은 온 사회를 김일성-김정일주의화하여 인민대중의 자주성을 완전히 실현하는 데 있다"라고 했다. '민족해방민주주의혁명'은 김일성 시대 이래 계속된 대남 인식을 바탕으로 한다. 남한은 미 제국주의의 식민지이고 정부는 그에 기댄 반민주적 파쇼정권이기 때문에 해방시켜야 한다는 주장이다. 제7차 당대회까지 당 규약상 대남 인식에는 변화가 보이지 않았다.

2018년 4월 남북정상회담을 앞둔 시점에서 북한은 조선로동당 중앙위원회 제7기 3차 전원회의를 열고 결정서 "경제건설과 핵무력건설 병진로선의 위대한 승리를 선포함에 대하여"를 채택했다. 핵무기의 병기화가 실현됐다며 더는 핵실험과 대륙간탄도미사일 시험 발사를 하지 않고 풍계리 핵실험장도 폐기한다고 밝혔다. 병진노선이 위대한 승리를 가져왔기 때문에 이후로는 "핵 무력을 강화발전시켜 나라의 방위력을 철벽으로 다지면서 경제건설에 더 큰 힘을 넣어 우리 인민들이 사회주의 부귀영화를 마음껏 누리는 강성국가를 건설"하기 위해 '사회주의 경제건설 총력집중로선'으로 전환한다는 전략을 표방한 것이다.

체제 안보를 위한 핵 무력이 완성되었다면 다음 단계로는 인민생활 향상을 위한 경제발전 전략이 뒤따라야 한다. 그러나 인민들이 사회주의 부귀영화를 누릴 수 있게 하기 위해서는 미국과의 핵협상이 필수적이다. 오랜 시간 남북 관계가 경색되어 있었지만, 김정은 위원장이 2018년 신년사에서 평창 동계올림픽 참여 의사를 밝히자 대북 포용정책을 표방하고 있었던 문재인 대통령은 적극적으로 호응했다. 핵 협상을 위해서 남북 관계를 먼저 복원하고 북·미 관계를 새롭게 하고자 하는 상층통일전선술이 추진됐다.

② 국제관계와 남북 관계

김정일 위원장으로부터 김정은 위원장으로 권력이 이양되는 시기였던 2009년 4월, 북한은 9·19 합의가 파기된 것으로 간주한다며 6자회담 폐기와 불참을 선언했다. 당시 북한은 핵 포기는 절대 불가하다며 새로 추출하는 플루토늄 전량을 무기화한다고 공언했다. 우라늄 농축작업도 개시한다고 밝혔는데, 미국의 봉쇄정책은 전쟁 행위로 간주하겠다는 등 강경한 태도를 보였다. 결국 2009년 5월에 2차 핵실험을 강행했다. 실험 이후 8월에는 입장을 바꾸어 '조선반도 비핵화는 김일성의 유훈'이라며 협상 가능성을 시사하기도 했다. 세계의 비핵화가 조선반도 비핵화의 전제라는 주장과 함께 6자회담 참가 조건으로 '선 평화협정 후 비핵화'를 내세웠다. 그러나 '선 비핵화 후 평화협정' 입장인 미국과는 정반대의 주장이었다.

2010년 천안함과 연평도 사태로 남북 관계가 더욱 냉각된 상황에서 오바마 정부는 북한에 대한 전략적 인내 정책을 표명했다. 5월 26일 방한한 힐러리 클린턴 국무부 장관이 이명박 대통령을 만난 자리에서 언급했는데, 적극적 관여 정책을 실행했던 1990년대 클린턴 정부와 대조적인 정책이었다. 북한은 2011년 11월 오바마 대통령과 2012년 2월 2 · 29 합의[19]를 성사시켰지만, 4월 13일 '은하3호' 장거리 로켓을 발사하고 군사적 목적이 아닌 인공위성 실험이라고 주장했다. 이에 미국은 식량지원 중단을 선언했고 유엔 안전보장이사회도 비난 성명을 발표했다. 북한은 7월 20일 외무성 성명을 통해 핵 문제를 전면적으로 재검토한다는 입장을 밝히고, 24일에는 국방위 성명을 통해 "평화와 안정을 위한 대화와 협상은 있지만 비핵화를 위한 대화는 없다"고 주장했다.

이후 북 · 미 대화가 단절된 상황에서 북한은 다종화된 핵 개발을 추진했고 남북 간 대화가 멈춘 상태에서 집권한 박근혜 정부는 출범 전부터 3차 핵실험 국면을 맞았다. 당시 중국은 미국과 핵 비확산 정책에 같은 입장을 가지고 대북제재에 동참했지만, 사드 배치 문제를 놓고 미국과의 갈등이 표면화됐다. 주변국의 어정쩡한 대응 속에서 북한은 대남 군사적 긴장을 고조시키며 장거리 미사일은 물론 핵실험을 연속으로 강행했다. 박근혜 정부 출범 전후 2016년 1월과 9월 두 차례 추가 핵실험을 했던 북한은 미국과 남한을 상대로 협상을 시도했지만, 우리 정부나 오바마 정부 역시 핵

19) 북한이 우라늄농축프로그램을 중단하고 핵과 미사일 실험을 유예하며, 국제원자력기구 사찰 수용 등 비핵화 사전조치를 취하고 미국은 북한에 24만 톤의 식량 지원을 한다는 내용의 합의이다.

문제 해결에 소극적이었다. 유엔에서는 대북제재 결의안 2270을 채택하고 미국은 독자적으로 대북제재를 위한 법안 HR757을 통과시켰다.

2017년 1월 트럼프 정부가 출범했다. 남한에서는 박근혜 대통령 탄핵 후 치러진 5월 대선에서 문재인 대통령이 당선되고 새 정부가 출범했다. 김정은 위원장은 2017년 9월 6차 핵실험을 강행하면서 핵과 미사일 카드를 쥐고 남북 관계와 북·미 관계에 있어서 협상의 주도권을 잡고자 했다. 6차에 걸친 핵실험과 미국 본토를 타격할 수 있는 장거리 미사일 개발 이후 다시금 남북 관계를 복원하고 북·미 대화에 나서고자 하는 북한의 대외전략이 추진됐다. 북·미 간 팽팽한 신경전이 오가는 가운데 10월에 실시된 한미합동군사훈련에서 F-35B, F-22에서부터 B-1B, B-52 등 전략자산이 투입되고 핵추진 항공모함 로널드 레이건, 시어도어 루스벨트, 니미츠 함이 한반도에 전개되는 등 군사 위협이 고조되는 가운데 11월 29일 북한은 핵 무력 완성을 선언했다.

북한의 핵과 미사일 개발로 위기가 팽배했던 2017년 한반도 상황은 북한은 물론 중국에도 군사적 압박으로 작용했다. 중국이 우려하는 사드(THAAD)체제도 한반도 전략자산 전개와 함께 작동됐기 때문이다. 한편 2018년 2월 예정된 평창 동계올림픽과 3월 패럴림픽으로 한미합동군사훈련이 연기되었는데, 올림픽 개막식과 폐막식에 남·북·미 고위급 인사들이 참여하는 등 대화 분위기가 마련됐다. 올림픽이 끝나고 문재인 정부는 3월 북한과 미국에 특사를 파견하면서 남북정상회담을 준비했다. 2018년 4월 27일 판문점 정상회담 역시 북한의 핵 문제가 국제사회 중요 이슈로 부각된 가운데 이루어졌다. 남북 관계를 앞세워 북·미 협상을 추진하는 대남정책이 다시 등장했다.

③ 특징

'인민을 위한 정치'는 김정은 위원장이 집권하면서 가장 먼저 내세운 정치적 소신이다. 2013년의 '경제-핵 병진로선'에 이어 2017년 핵무력 완성 선언, 이후 2018년 발표된 '경제건설 총력집중로선'은 정세에 변화에 따라 설정된 전술이었다. 어느 국가에서나 정부의 일차적 책무는 안보와 경제 정책이다. 김정은 위원장의 정치적 관심사는 인민민주주의 혁명을 이룩하고 지켜낸 선대의 유업을 계승·발전시키는 데 있었고 '핵에 의한 안보'를 철저하게 관철하고자 했다. 2018년 4월 정상회담이 성사되기 이전 김정은 위원장은 당 중심의 사회주의국가의 본 모습을 회복하기 위한 내부 혁명에 집중했다.

판문점에서 열린 3차 남북정상회담은 김정은 위원장 집권 이후 전개된 제3차 북핵 위기 국면에서 이루어졌다. 이전의 두 차례 남북정상회담 당시와 매우 닮은꼴이라고 할 수 있다. 문재인 정부는 남북정상회담 발표 때부터 한미공조를 우선시했는데, 북한의 핵 문제 해결을 위한 북·미 협상을 염두에 두었기 때문이다. 판문점 정상회담을 통해 남북은 관계의 전면적이고 획기적인 개선과 발전, 전쟁 위험의 실질적 해소, 그리고 종전선언과 평화협정 체결을 위한 남·북·미 3자 또는 남·북·미·중 4자 회담 개최를 추진하기로 했다. 남북 관계를 통한 북·미 관계 견인이라는 북한의 대외정책공식이 다시 한번 확인됐다.

2) 2018년 9월 정상회담

(1) 배경

2018년 4월 판문점에서 11년 만의 정상회담이 성사됐지만, 핵과 미사일 실험으로 인한 대북 제재국면이 엄혹해 정상회담 이후에도 남북 관계는 이전으로 돌아가기 어려웠다. 고위급회담과 분과별 회담이 이어졌지만 2008년 8월 멈춘 금강산 관광이나 2016년 2월 폐쇄된 개성공단 재가동은 당장 이루어지지 않았다. 민간단체의 인도적 협력도 재개하기 어려웠다. 3차 정상회담이 2017년 북·미 간 벌어진 팽팽한 군사적 긴장 국면 이후 평창 동계올림픽을 계기로 성사됐다면, 9월 정상회담은 6월 12일 최초의 북·미정상회담에 이어 북한이 미국과 핵 협상을 추진하는 가운데 이루어졌다.

6·12 정상회담에서 북·미는 새로운 관계 수립과 한반도에 항구적이고 공고한 평화체제 구축을 위해 노력한다고 약속했다. 정상회담에서 첫 번째로 명문화한 '새로운 관계 수립'은 북한으로서는 오랜 숙원이 아닐 수 없었다. 미국이 1989년 소련과 탈냉전 선언을 할 당시 간과했던 한반도 냉전 해체를 30년 넘어서 시도하는 의미였기 때문이다. 북한으로서는 1992년 무산되고 2000년 미완으로 남았던 북·미 수교를 향한 순항이 예측되는 상황이었다. 6·12 정상회담에서는 4월에 있었던 남북의 판문점선언을 북·미 사이에서 재확인하고 북한은 한반도의 완전한 비핵화를 위해 노력할 것을 약속했다.

북·미정상회담 전인 5월 미국인 억류자 3명이 송환되고, 풍계리 핵실험장이 폐쇄됐다. 회담 이후 7월에는 동창리 장거리 미사일 발사장 해체가 시작됐다. 미군 유해 55구가 송환됐고 대규모 한미연합군사훈련도 유예하는 등 핵 문제 해결 분위기가 무르익었다. 하지만 폼페이오 국무장관이 방북해서 협상하는 과정에서 북한은 '강도 같은 요구'를 한다고 반발, 김정은과의 면담이 무산됐다. 북한이 선행적으로 취한 조치에 대해 미국이 적절히 대응하지 않았다는 반응이었다. 8월 9일자 노동신문 사설에서는 "종전선언발표가 정전협정을 평화협정으로 바꾸어 조선반도에서 항구적인 평화를 실현할 수 있는 전제"가 된다며"종전선언발표로 조미 사이의 신뢰 조성을 실현하고 평화협정 체결에로 넘어가는 것은 자연스러운 일"이라고 주장했다. 비핵화와 안전 보장의 선후 관계를 놓고 여전히 팽팽히 맞서는 상황이었음을 알 수 있다.

또한 남북정상회담을 앞두고 특사단이 파견된 가운데 나온 노동신문 9월 6일 자 사설에서도 북한은 싱가포르 합의 이행이 교착상태에 있다며 미국의 일방적인 비핵화 주장에 불만을 표했다. "제재압박은 대화와 량립될 수 없다. 대화는 신뢰를 전제로 하여 진행되어야 성과를 거둘 수 있다. 압박은 상대방에 대한 경계심만 높여줄 뿐 대화에 백해무익하다. 오랜 세월 지구상에서 가장 적대적으로 대치해 온 조미 두 나라의 경우에는 더욱 그렇다"며 신뢰 회복을 위한 미국의 상응 조치를 요구했다. 핵 문제 해결에 있어서 남북 관계가 북·미 관계를 견인해야 함이 재차 확인되는 가운데 9월 18일부터 20일까지 4차 남북정상회담이 이루어졌다.

9월 평양공동선언

1. 비무장지대 등 대치지역 군사적 적대관계 종식 위한 전쟁위험 제거
   - 군사분야 이행합의서 채택
2. 남북 교류 협력 증대, 민족경제 균형적 발전
   - 동서해선 철도 및 도로, 개성공단과 금강산관광 우선 정상화, 산림분야 협력, 의료 분야 협력
3. 이산가족 문제 근본적 해결 위한 인도 협력
   - 금강산 지역의 이산가족 상설면회소 개소, 이산가족 상봉과 영상편지 교환
4. 민족의 기개를 과시하기 위한 다양한 분야 협력과 교류
   - 문화 예술 분야, 2032년 하계올림픽 남북 공동개최 협력, 3 · 1운동 100주년 공동 기념
5. 한반도를 핵무기와 핵위협 없는 평화의 터전으로 만들기 위한 실질적인 진전
   - 동창리 엔진시험장과 미사일 발사대 폐기, 미국이 6 · 12 북 · 미공동성명에 따라 상응조치 취하면 영변 핵시설의 영구적 폐기 등 추가 조치
6. 김정은 국무위원장의 서울 방문

(2) 분석

① 혁명론과 통일전선술

남과 북은 9 · 19평양공동선언과 군사부속합의서를 발표하면서 남북 간에는 사실상의 종전상황을 만들고자 했다. 정상회담은 최고의 상층 통일전선이다. 4 · 27판문점 회담이 판문점 지역에서 진행된 단 하루의 정상회담이었다면 9 · 19정상회담은 평양에서 2박 3일에 걸쳐 진행됐다. 이전 김정일 시대의 두 차례 정상회담과 비교할

때 5 · 1경기장에서의 문재인 대통령 연설이나 백두산 천지 등정 등의 이벤트 면에서 새로웠다. 4 · 27정상회담 이후 합의 이행을 위한 고위급회담과 분과회담이 이어졌다. 장성급 군사회담을 비롯해서 체육회담과 철도–도로협력 분과회담, 산림협력 분과회담, 보건의료 분과회담, 적십자 회담 등이 추진됐다. 판문점과 평양에서 체결된 합의 이행을 위한 실무회담이 이어지면서 상층 통일전선은 분과별로 확산됐다.

더불어 하층 통일전선 복구도 시도됐다. 8월에는 국제유소년축구대회 참가를 위한 방북과 노동자 축구대표단의 방남이 이루어졌고, 제21차 이산가족 상봉 행사도 진행됐다. 11월 금강산에서는 남북민화협 상봉행사, 금강산 관광 20주년 기념행사가 진행됐다. 12월에는 독일에서 열린 세계남자핸드볼 선수권대회 참가를 위해 남자핸드볼 단일팀도 구성됐다. 2018년 인도저 지원은 정부차원에서 12억원, 민간차원에서 65억원 총 77억원 상당의 무상 지원이 이루어졌다. 대북지원과 모니터링을 위한 방북이 일부 이루어지면서 중단되었던 남북 교류 물꼬가 트이는 듯했다. 그러나 2019년 2차 북 · 미정상회담을 앞둔 가운데 민간차원에서 추진하는 교류사업은, 정부 차원의 교류가 우선시되는 상황에서 활성화되지 못했다.

② 국제관계와 남북 관계

국제관계

2017년 북한은 6차 핵실험을 마친 가운데 미국 본토 타격이 가능한 화성-15형 미사일 발사 실험에 성공했다. 2018년 남북 대화와 북 · 미 대화가 진행되는 국면에서 북한의 핵과 미사일 개발은 멈춰 섰다. 그러나 2019년 2월 하노이에서 열렸던 제2차 북 · 미정상회담에서 미국과 북한은 타협에 실패했다. 트럼프 대통령은 회담 직후 기자회견에서 북한이 완전한 제재 해제를 원했고, 영변 핵시설 해체에 동의했지만, 미국이 더 많은 것을 원했기 때문에 타협할 수 없었다고 밝혔다. 이에 대해 리용호 외무상은 3월 1일 기자회견을 열어 전면해제가 아닌 일부 해제로(11건 중 5건) 민수 경제와 인민 생활에 지장을 주는 항목들만 먼저 해제할 것을 주장했다고 해명했다.

3월 15일 최선희 외무 부상도 회담 당시 트럼프 대통령은 합의문에 조건부 제재 완화를 반영한 '스냅 백(snap back)' 조항을 넣으면 합의가 가능할 수 있다는 입장이었다고 주장했다. 그러면서 "미국의 강도적 입장은 사태를 위험하게 만들 것이며, 이번과 같은 협상은 할 계획이" 없다고 아쉬움을 토로했다. 이런 가운데 미국 재무부는 3월 21일에도 '대북제재 회피' 관련 중국 해운사 2곳을 제재했다. 이후 6월 26일 외무성 대변인 담화에서는 "조미 수뇌분들이 새로운 관계수립을 위해 애쓴다고 해도 대조선 적대감이 골수에 찬 정책작성자들이 미국정치를 좌지우지하는 한 조미관계 개선도, 조선반도 비핵화"는 어렵고 제재 해제 따위에 연연하지 않는다고 했다. 6월 30일 판문점에서 남 · 북 · 미 정상 회동이 추진됐지만, 아무런 성과를 보이지 못했던 맥락을 알 수 있다.

2월 하노이 노딜(no deal) 정상회담 이후 북한은 단거리 미사일을 12차례 발사했다. 한미합동군사훈련도 재개됐는데 북한은 6 · 12 합의 위반이라며 반발했다. 우여곡절 끝에 10월 스톡홀름에서 북·미 실무협상이 속개됐지만 입장 차이는 여전했다. 최선희 제1부상은 협상 시한을 연말로 못박았고, 김영철을 비롯해서 김명길, 김계관, 리태성, 박정천, 리수용 등 고위급 인사들의 담화가 쏟아졌다. 내용에 있어서 한결같이 대북 적대시 정책 철회가 대화 조건이며, 제재 완화가 자신들의 관심사가 아님을 주장했다. 중국과 러시아는 유엔에서 북한이 합의를 이행함에 따라 제재 조치를 조정하고, 실행 가능한 비핵화 과정을 촉진하는 내용의 결의안을 검토했다. 그렇지만 중국과 미국의 패권 경쟁이 본격화하고 러시아는 미국으로부터 제재를 받고 있어서 상황을 변화시키기에는 한계가 있었다.

남북 관계

9월 평양에서의 남북정상회담에서는 판문점선언 이행을 위한 군사합의서가 함께 채택됨으로써 남북 사이에서 군사적 충돌을 방지할 수 있는 조치가 취해졌다. 상호 적대행위의 전면 중지, JSA 비무장화 조치, DMZ 내 상호 GP 철수, 남북 공동 유해발굴 지역 지뢰제거 및 도로개설, 한강하구 남북공동수로조사, 화살머리고지 남북공동유해발굴, JSA 비무장화 등이 실행됐다. 이외에도 민족경제 발전과 이산가족 문제, 다방면에 걸친 교류협력, 비핵화 선행 조치로서 동창리 엔진시험장과 미사일 발사대 폐기, 조건부 영변 핵시설 폐기 등을 합의했다.

판문점선언에 따라 개성에 설치된 남북공동연락사무소에서는 각 분야의 분과 회의가 이어졌다. 남·북·유엔사 3자 협의체가 구성되어 JSA 비무장화 이행을 위한 논의도 이루어졌다. 이와 함께 비핵화, 대북제재, 남북협력 논의를 담당할 한미 워킹그룹도 구성됐다. 워킹그룹에는 우리 측 한반도평화교섭본부장과 미국 측 대북정책 특별대표가 참여했다. 남북 군사합의 실행 과정에서 미국과의 원활한 소통구조를 갖추려는 조치였지만, 남북 합의에 대한 미국의 관여 여지를 키웠다는 비판이 컸다. 2019년 하노이 노딜 이후 북·미 간 협상이 꼬이는 상황에서 9·19평양합의도 함께 멈춰 섰다. 남북 합의 이행을 통한 북·미 관계 정상화 시도는 한계에 봉착했다.

(3) 특징

9월 평양정상회담은 상층 통일전선을 확실하게 복원하는 계기가 됐다. 정상회담을 앞둔 9월 4일 개소한 남북공동연락사무소에서 철도, 도로, 산림, 체육, 보건 등 다양한 분과회담이 개최됐다. 또한 군사분야 이행합의서에 따라 진행된 조치들은 전쟁 위험을 물리적으로 해소하는 최초의 시도였다. 북한의 전통적인 혁명론이 북한 내부의 혁명역량을 지키기 위해 강조되는 상황에서 통일전선술 역시 북한 체제를 보존하기 위한 방편으로 구사됐다. '남조선혁명'이나 '통일전선술'은 오래된 정치 수사였지만 내외의 정세상 현실성이 희박해졌다.

남북 관계를 통한 북·미 관계 형성을 추구해 온 북한의 대남정책은 평양정상회담 전후에도 이어졌다. 최초의 북·미정상회담이 성공적으로 개최된 후 열린 정상회담에서 남북은 한반도 분단구조 개혁의 최대 과제라고 할 수 있는 군사 문제 해결에 첫발을 디뎠다.

DMZ에서 유해발굴을 위한 지뢰 제거에 나섰던 국군과 인민군은 작업 현장에서 만나 악수를 나누었다. 55구의 유해가 미국으로 송환됐다. 그러나 이 같은 남북의 공조가 북·미 관계를 정상화하고 핵협상을 성공시키는 데 충분한 지렛대가 되지는 못했다.

5. 나오며

북한의 대남정책은 혁명론과 통일전선술의 연장선상에서 결정된다. 초창기 남조선혁명론과 민주기지론은 북한에서 성공한 인민민주의혁명을 전국적 범위에서 수행한다는 전략이었다. 1960년대 제시된 3대 혁명은 북한에서 성공한 혁명을 '남조선혁명'과 '국제혁명'으로 확산시킨다는 목표가 분명했다. 그러나 국내외 정세 변화 속에서 북한의 혁명론은 수세적으로 바뀌었다. 특히 탈냉전기 국제혁명 정세가 퇴락하는 가운데 체제 안보가 시급한 상황에서는 대외 혁명에 힘쓸 겨를이 없었고 국내 혁명역량 유지가 시급한 과제였다.

1990년대 이후 통일전선술 역시 체제 유지를 위한 차원에서 추진됐다. 하층 통일전선을 구축하여 남조선혁명을 지원하고, 한반도 전역에서 인민민주주의 혁명을 완성한다는 본래 목표는 현실적으로 불가능해졌기 때문이다. 경제 협력과 핵 문제 해결을 위한 협상에서 대남정책은 수세적으로 펼쳐졌다. 포용정책을 표방하는 남한 정부와는 적극적으로 상층 통일전선을 형성했다. 김정일 시대와 김정은 시대에 성사된 남북정상회담은 북한의 상층 통일전선술이 성공한 대표적 사례라고 할 수 있다.

남북정상회담은 탈냉전시대로 접어든지 10년이 지난 후에 성사됐다. 1990년대 초반 1차 북핵위기 국면에서 북·미 협상이 이루어져 1994년 제네바 핵 합의가 이루어졌지만 합의를 이행하는 과정에서 난관에 봉착했다. 포용정책을 표방한 김대중 정부는 적극적으로 개입했고 미국의 북핵 문제 해법인 페리 프로세스가 마련됐다. 그러나 2001년 부시 정부가 들어서면서 2차 북핵 위기가 발생했다. 북한에 대한 적대시 정책은 핵 개발을 막지 못했다. 1차 핵실험 이후 2007년 노무현 대통령과 남북정상회담을 통해 '3자 혹은 4자 평화협정'을 추진하기로 했지만, 남한과 미국의 정권이 교체되는 과정에서 정책이 어긋나고 말았다.

2017년 11월 핵 무력 완성을 선언한 김정은 위원장은 핵이 체제수호의 '보검'이라며 방어적 용도임을 주장했다. 김정은 시대의 대남정책은 '핵을 통한 안보'의 대외전략을 추구하는 가운데 이루어졌다. 두 차례의 남북정상회담으로 남북 관계를 축으로 북·미 관계를 견인하는 협상 구조의 기능을 다시 확인했지만 동시에 명백한 한계를 보여주었다. 북한의 대남정책이 북·미 협상을 추구하는 가운데 펼쳐졌지만, 휴전 상태의 남북 관계는 한미동맹을 넘어서지 못하는 현실을 확인했다. 북한은 코로나19 팬데믹으로 인해 2020년 초부터 국경을 봉쇄하며 보건 안보에 힘쓰고 있다. 포용정책을 표방해 왔던 문재인 정부의 대북정책은 한계에 부딪혔다.

북한과 두 차례 정상회담을 했던 트럼프 대통령은 실권했고 민주당의 바이든 정부는 북한과의 협상에 소극적이다. 문재인 정부도 임기를 얼마 남기지 않고 있다. 협상에 임했던 당사자가 바뀌는 상황은 정책의 연속성을 담보하기 어렵게 한다. 북한의 대남정책 기조가 '대화 기피'로 유지된다고 할 때 '북한의 완전한 비핵화와 핵 없는 한반도' 전망은 더욱 멀어져 갈 것이다. 남한 정부는 지속적인 대북 포용정책을 펼치는 한편, 북·미 협상에 관여하는 정책으로 북한의 대남정책 변화를 선도해야 한다. 3차 북핵위기 국면을 극복하기 위한 페이스 메이커 역할이 절실하기 때문이다.

참고문헌

1. 국문단행본

경남대학교 북한대학원 엮음. 『남북한 관계론』, 서울: 한울 아카데미, 2005.

서대숙. 『현대 북한의 지도자』, 서울: 을유문화사, 2000.

임동원. "남북 고위급회담과 북한의 협상전략". 『북한의 협상전략과 남북한 관계』, 서울: 경남대학교 극동문제연구소, 1997.

_____. 『피스메이커』, 서울: 중앙북스, 2008.

정세현. 『정세현의 통일토크』, 서울: 서해문집, 2013.

정영철. 『김정일 리더십 연구』, 서울: 선인, 2005.

_____. "이데올로기의 변화: 순수이데올로기와 실천이데올로기". 『김정은 시대 북한의 변화』, 서울: 선인, 2019.

2. 국문논문

김근식. "김정은 시대 북한의 대외전략 변화와 대남 정책: 선택적 병행 전략을 중심으로". 『한국과 국제정치』 제29권 제1호 통권 80호(2013).

전미영. "북한 김정일정권의 대남·통일정책 변화: 『로동신문』 분석을 중심으로". 『통일정책연구』 15권 1호(2006).

3. 북한문헌

조선민주주의 인민공화국 사회과학원. 『정치용어사전』, 평양: 사회과학출판사, 1970.

『김일성저작선집 4』, 평양: 조선로동당출판사, 1968.

호영길. "북남관계의 실속있는 발전은 통일운동의 절박한 요구". 「로동신문」. 2005년 10월 21일.

「로동신문」 각 호.

4. 기타

통일부 남북관계 주요 일지 참조. https://unikorea.go.kr/books/monthly/report/

제4장
대일 전략, 북·일 관계의 진전과 퇴보

'스톡홀름 합의'를 중심으로

조 윤 영

1. 들어가며

탈냉전 이후 동북아 역학 구조 속에서 북 · 일 관계가 북 · 미 관계보다 선행되기 쉽지 않다는 것은 그동안의 과정을 통해 확인할 수 있다. 특히 북한 핵 문제가 부각되는 속에서는 더욱 그러한 경향을 보여 왔는데, 김정은 정권에서는 그 한계와 제약이 더욱 선명하게 드러났다고 볼 수 있다.

2014년 5월 29일 북 · 일 양국은 스웨덴 스톡홀름에서 북한은 일본인 납치 문제를 재조사하고, 일본은 독자 대북제재를 완화한다는 내용에 전격 합의했다. 이른바 '스톡홀름 합의'이다. 당시 북한은 2011년 12월에 사망한 김정일에 이어 3대 세습한 김정은 정권이 들어서 있었으며, 일본에서는 아베 신조(安倍晋三) 자민당 총재가 민주당에 정권을 내준 지 3년 4개월 만인 2012년 12월에 정권을 탈환한 상황이었다.

특히 김정은 정권은 2013년 2월 12일 제3차 핵실험을 감행하는 등 과감한 도발 행보로 한국, 미국과의 관계가 악화해 있었다. 제2차 핵실험 때만 해도 대북제재에 미온적인 태도를 보여 왔던 중국마저도 대북제재 결의안에 참여하면서 북·중 관계도 경색됐다. 따라서 '스톡홀름 합의'는 이러한 엄중한 국제사회 분위기에서 이뤄진 북·일 양국의 '전격적인' 행보였다고 볼 수 있다.

당시 북한과 일본의 이 같은 전격적인 합의에는 각자의 계산이 작용했을 것이다. 북한은 '스톡홀름 합의'를 계기로 일본 독자 대북제재 완화를 이끌어 내 북핵 문제로 인한 위기의 돌파구를 마련하려 했을 것이며, 일본은 숙원과제인 일본인 납치 문제 해결과 함께 북·일 관계 개선을 통한 대북 외교력 강화도 기대했을 것이다.

하지만 결과적으로 '스톡홀름 합의'는 실패로 끝났다. 게다가 북·일 양국은 '스톡홀름 합의' 이후 관계가 더욱 틀어지면서 2018년 평창 동계올림픽을 계기로 이어진 북·미, 남북의 관계 개선 분위기에서 일본은 소외되는 결과로까지 이어졌다.

특히 북한은 '스톡홀름 합의'를 통해, 일본인 납치 문제에 대한 일본의 집착과 더불어 일본이 미국의 의사나 이익에 반하여 독자적으로 자국과의 관계 개선에 나서기는 쉽지 않다는 것을 보다 분명하게 인식하게 되었다. 이는 이후 김정은 정권이 대일 외교에 소극적인 태도를 보이게 된 원인으로도 작용한 것으로 보인다. 즉 '스톡홀름 합의'는 북·일 양국이 각자 관계 개선을 통해 얻고자 했던 목적의 간극이 크다는 것만 확인한 계기가 되어버린 것이다. 북·일 관계의 진전으로 보였던 '스톡홀름 합의'가 오히려 양국 관계의 한계와 제약이 더욱 표면화되는 결과만 낳았다고 볼 수 있다.

김정은 정권 수립 이후 10여 년 동안 북·일 양국 간에는 '스톡홀름 합의' 이외에는 의미 있는 관계 진전이 이루어지지 않았을 뿐만 아니라 눈에 띄는 시도마저도 없었다. 이 사실은 지금의 북·일 관계, 나아가 전망마저 어둡게 보지 않을 수 없게 한다고 할 수 있다.

북한 핵 문제라는 거대 이슈가 북한을 얽매고 있는 상황에서 한국과 미국, 일본 어느 나라도 북한과의 관계 개선을 적극적으로 추진하기 어려운 것은 엄연한 현실이다. 게다가 북한 핵 문제보다 낮은 단계의 문제들마저 꽉 막혀버린 지금의 상황을 이해하기 위해서는 북한과 관련해 다각적인 관점과 분석이 필요할 것이다.

탈냉전 이후 북·일 관계를 움직이는 두 축은 일본인 납치 문제와 수교 문제라고 볼 수 있다. 북한과 일본이 각자 이 문제에 대해 어떤 전략을 세우는지에 따라 양국 관계의 진전과 퇴보가 이루어졌다. 본고에서는 이 같은 문제 인식을 바탕으로 '스톡홀름 합의'를 중심으로 김정은 시대의 북·일 관계의 진전과 퇴보 과정을 살펴보고자 한다. 이에 앞서 북·일 관계의 양축인 일본인 납치 문제와 수교 문제가 부각되고 진통하는 과정을 살펴보기 위해 김일성·김정일 시대의 북·일 관계에 대해 언급하려고 한다.

2. 북·일 관계의 양축, 일본인 납치 문제와 수교 문제

북·일 관계가 북·미 관계보다 앞서가는 듯한 양상을 보인 적이

두 번 있었다고 할 수 있다. 한번은 1990년 9월 가네마루 신(金丸信) 전 자민당 부총재의 방북을 계기로 양국 국교 정상화 회담을 개시했을 때이며, 또 다른 경우는 2002년과 2004년 고이즈미 준이치로(小泉純一郎) 당시 일본 총리의 평양 방문이다.

두 사건에는 공통점들이 내포돼 있다. 우선 시기적으로 북한의 핵 문제로 미국의 대북 강경책이 고조되던 때였다. 북한의 핵 개발이 포착되기 시작한 것은 1980년대지만 미국의 본격적인 관심사로 시야에 들어온 것은 1989년 1월 조지 H.W 부시 행정부가 출범하면서부터였다. 북한은 핵확산금지조약(NPT) 가입 이후 18개월 이내 국제원자력기구(IAEA)와 안전조치협정 체결을 완료해야 하지만, 1987년 6월 시한이 지나도 협정에 서명하지 않으면서 핵 개발 의혹이 제기됐다. 하지만 이때만 해도 미국 CIA는 북한의 핵 개발 목표가 에너지 생산능력 증대를 통한 경제개발에 있다고 판단하면서 핵무기 개발 잠재력에 대한 우려를 표명하는 수준이었다.[1)]

미국은 1989년 1월부터 북한을 A급 감시지역으로 설정하고 군사정찰위성의 정찰 활동을 강화했는데, 특히 영변 핵시설은 미국 정찰위성의 집중 관찰 대상이었다. 미국은 프랑스의 상업용 정찰위성 스폿(SPOT)이 촬영한 영변 핵시설 사진을 일본 도카이(東海)대학 정보기술센터가 판독하게 했으며, 도카이대학은 1990년 2월 7일 북한이 건조 중인 원자력발전소, 핵연료 재처리 시설, 방공포 등 군사시설이 찍혀 있는 사진을 공개했다.[2)] 미국 정부는 이때부터 한국,

1) 서훈, 『북한의 선군외교』(서울: 명인문화사, 2008), p. 132.

2) 이춘근, "북한 핵 개발의 역사", 「주간조선」(온라인), 2247호(2013년 3월 11일), http://weekly.chosun.com/client/news/viw.asp?nNewsNumb=002247100008.

일본은 물론 중국과 소련 등에도 북한의 핵무기 개발 계획에 대한 정보 등을 제공, 협조를 요청하면서 국제사회에서 공론화시켰다.

이후 갈등이 증폭됐던 북·미 양국은 1994년 6월 지미 카터 전 미국 대통령의 방북을 계기로 북한의 핵시설 동결과 이에 따른 경수로 및 중유 제공 등의 보상을 내용으로 한 '제네바 합의'를 도출했다. 하지만 북한은 이 합의를 제대로 이행하지 않았고, 미국은 2001년 9·11테러를 계기로 반테러 전쟁을 전개하면서 2002년 1월 이라크, 이란과 함께 북한을 악의 축으로 지목해, 북한과의 갈등이 다시 고조돼 있었다.

북·일 수교 협상과 고이즈미 방북은 또 성사과정에서 일본이 미국과 사전 협의를 제대로 하지 않았고 북·일 간 비밀 접촉을 통해 전격적으로 이뤄졌다는 공통점을 가졌다. 그리고 두 경우 모두 북한의 관심사인 양국 간 국교 정상화 문제에 일본이 호응했다는 것인데, 여기에는 당시 일본의 정치적 결단이 크게 작용했다. 하지만 모두 결과적으로 실패로 끝났다. 북한에 의한 일본인 납치 문제가 발목을 잡은 데다가 북한 핵 문제 해결 없이는 국교 정상화가 어렵다는 미국의 입장을 일본이 끝내 외면할 수 없었기 때문이다.

이후 북·일 간 대화에는 국교 정상화 문제가 빠진 채 핵과 납북 일본인 문제만 다루어졌다. 2014년 제2차 아베 정권 때 북·일 간 '스톡홀름 합의'가 있었지만 여기서도 수교 문제는 깊이 있게 다루어지지 않았다. 북한의 핵심 관심 사항인 수교 문제가 빠지면서 양국 관계도 시들해질 수밖에 없었다. 일본의 최대 관심사인 일본인 납치 문제와 북한의 최대 관심사인 수교 문제, 여기에다 북·일 관계를 지켜보는 미국의 입장, 이 세 가지는 북·일 관계를 움직이는 중심축이라고 할 수 있다.

시야를 조금 더 앞으로 당겨보면 일본은 1988년 한국의 7·7선언(북한과의 관계 개선과 북방정책 천명)에 대해 환영 성명을 내면서 북·일 관계 개선 의지도 함께 밝혔다. 이 같은 일본의 대북 관계 개선 의지는 1988년 9월 13일 대한항공기 폭파사건(1987년 11월)에 따른 대북제재 조치 해제, 1989년 1월 북한 정치인의 방일 허가 등으로 구체화됐다.[3]

다케시타 노보루(竹下登) 총리는 1989년 3월 30일 일본 국회 중의원 예산위원회에서 북한과의 불행했던 과거에 대한 깊은 반성과 유감의 뜻을 표명하면서 대북 관계 개선에 나설 것이라고 천명했다. 북한과의 과거사 문제 청산이 북·일 관계 개선의 시작이라는 인식을 드러낸 것이다. 이때 다케시타 총리는 북한을 '조선민주주의인민공화국'이라는 정식 국호로 사용했다.[4] 시기적으로는 다나베 마코토(田邊誠) 사회당 국회대책위원장의 방북 하루 전이었는데, 다나베 위원장은 북한을 방문하고 싶다는 내용의 가네마루 부총재의 친서를 갖고 있었다. 북한과의 관계 개선을 위해 집권 자민당이 야당인 사회당에 가교역할 협력도 요청한 것이다. 이 같은 태도에서 냉전 체제 해체 이후 북한과의 관계 개선을 통해 동북아에서 적극적인 역할을 모색해 나가려는 일본의 의지를 읽을 수 있다. 즉 일본에게 북한과의 관계 정상화는 전후(戰後) 처리를 매듭짓고 정상국가로 나아가는 의미가 있는 것이었다.

3) 신정화, 『일본의 대북정책 1945~1992』(서울: 오름, 2003), p. 204.

4) 和田春樹·高崎宗司, 『検証 日朝関係60年史』(東京: 明石書店, 2005), p. 195.

1987년 7·7선언에 따른 일본 정부의 성명 때만 해도 소극적이었던 북한도 1990년대에 들어서면서 일본의 손짓에 호응하고 나섰다. 북한도 냉전 체제 해체로 인한 국제적 고립과 경제난을 타개하기 위한 돌파구가 필요해졌기 때문이다. 북·일 간 여러 차례의 물밑 접촉 끝에 1990년 9월 24일 가네마루 부총재와 다나베 위원장을 단장으로 한 일본 대표단이 평양을 방문했다. 이어 일본 자민당과 사회당, 북한 노동당의 3당 공동선언이 발표됐고, 북·일 국교 정상화 회담에 착수하기로 합의했다. 자민당과 일본 정부는 이에 앞서 북·일 국교 정상화를 염두에 둔 준비에 들어갔다. 1990년 10월 1일 일본 마이니치신문은 나카야마 다로(中山太郞) 외무상이 5월에 이미 "한국 정부와 가졌던 국교 정상화 교섭자료를 준비해 일·조(북·일) 문제에 대비하라[5]"는 지시를 내렸다고 보도하기도 했다.

미국은 북·일 국교 정상화는 남북 대화의 진전과 북한의 핵사찰 문제와 연결되어 진행되어야 한다는 입장이었다. 마이클 아마코스트 주일 미국대사는 1990년 10월 9일 가네마루 부총재와의 회담에서 북한의 핵 사찰 수용을 국교 정상화의 전제조건으로 삼을 것을 강력히 요구하기도 했다.[6]

이 같은 미국의 압력 속에서 세 번의 예비회담을 거쳐 1991년 1월 30일부터 이틀간 북·일 국교 정상화를 위한 제1차 본회담이 평양에서 개최됐다. 본 회담 의제를 두고 북한과 일본이 첨예하게 대립한 것은 국교 정상화에 따른 경제 지원 문제와 북한의 IAEA 핵사찰

5) 「每日新聞」, 1990年 10月 1日.

6) 「朝日新聞」, 1990年 10月 10日.

수용 문제였다.[7]

도쿄에서 열린 제2차 본회담에서도 팽팽한 의견대립을 한 뒤 북한은 1991년 5월 20일~22일 베이징에서 열린 제3차 본회담에서 일단 국교 정상화를 한 뒤 경제 문제 등은 순차적으로 해결하자고 제안했다. 하지만 일본은 북한의 제안을 거절하면서 핵 사찰, 남북한 유엔 동시 가입, 남북한 총리회담의 조기 개최 등을 전제조건으로 제시했다. 북한에 대한 태도가 더욱 강경해진 것이다.

여기에는 미국의 영향이 작용한 것으로 보인다. 북·일 간 제2차 본회담 직후인 1991년 3월 21일 미국을 방문한 나카야마 외무상은 핵 사찰을 북·일 국교 정상화 회담의 조건으로 삼을 것을 거듭 요구한 제임스 베이커 미 국무장관에게 "일본은 북한과의 국교 정상화 회담에서 북한 측의 IAEA 핵사찰 수락 문제를 분명하게 처리할 것"[8]이라고 답했다.

게다가 일본은 '이은혜 문제 조사'를 북한에 요구했다. '이은혜 문제'는 1987년 11월 대한항공 858편 폭파사건의 범인으로 체포된 김현희가 자신의 일본어 교육 담당이 '납북 일본인 이은혜'라고 진술하면서 불거졌다. 북한에 의한 일본인 납치 문제가 본격 등장하는 순간이었다.

이후 북·일 수교 회담은 8차까지 이어졌지만, 결과적으로 실패했다. 당시 베이커 국무장관은 "일본 미야자와 정권 등장 이후 일본의 (북한 핵 문제에 대한) 태도가 우리의 견해에 근접해 오고 있다.

7) 신정화, 『일본의 대북정책 1945~1992』, p. 236.
8) 「每日新聞」, 1991年 3月 22日.

일본의 (대북) 조건은 핵 문제에 따라 현저하게 강경해지고 있다. 일본의 일부 관료는 이런 방침을 약화하려 하겠지만, 우리는 일본 정부의 방침을 반드시 유지해야 한다"는 생각[9]이었는데 결과는 그대로 된 것이었다. 미국이 북·일 간 최초의 국교 정상화 회담에 임하는 일본에 어느 정도 작용했는지 짐작이 가는 대목이다.

3. 다시 찾아온 수교 기회도 미국의 벽에 부닥쳐

2002년 9월 17일 평양에서 제1차 북·일 정상회담이 전격 개최됐다. 다나카 히토시(田中均) 일본 외무성 아시아대양주국장과 북한 측 파트너 '미스터 X'가 2001년 가을부터 20여 차례 접촉한 결과였다.[10] 고이즈미 총리는 공식 발표 불과 3일 전인 2002년 8월 27일 미·일 안보 전략회의 참석차 일본에 온 리처드 아미티지 미 국무부 부장관과 하워드 베이커 주일 미국 대사를 접견하는 자리에서 평양 방문을 통보했다.

당시 미국은 2002년 1월 북한을 이라크, 이란과 함께 악의 축으로 지목하면서, 북한과의 갈등은 최고조에 달해 있었다. 게다가 일본이 사전 협의도 없었던 데다 공식 발표 직전에야 통보했음에도 불구하고 미국은 북·일 정상회담에 반대하지는 않았다. 그만큼 미·

---

9) 1991년 11월 8일 베이커 미 국무장관이 딕 체니 국방장관에게 보낸 비밀전문. 船橋洋一, 『ザ・ペニンシュラ・クエスチョン―: 朝鮮半島第二次核危機』(東京: 朝日新聞社, 2006), p. 124.

10) 和田春樹, 『北朝鮮現代史』(東京: 岩波書店, 2012), p. 208.

일관계가 굳건했기 때문일 것이다.

2001년 4월 26일 출범한 고이즈미 내각은 무엇보다 미국과의 관계강화에 힘썼다. 조지 W. 부시 대통령과의 개인적인 친분 쌓기에 힘을 기울이면서, 9·11 테러 이후 반테러 전쟁을 벌이는 미국을 돕고자 일본 국내의 반대를 무릅쓰고 2001년 10월 '테러대책특별조치법'을 제정했다. 11월에는 자위대 함선을 인도양에 파견하여 미 함대와 다국적군에 대한 후방 지원을 했다.[11] 북·일 정상회담에서도 북핵 문제를 의제에 포함했다.

북한도 대외전략의 차원에서 북·일 정상회담은 활용도가 높은 외교적 카드였다. 북한은 1990년대 '고난의 행군' 이후 침체 되어 있는 북한 경제를 살리기 위해 2002년 '7·1 경제관리개선조치'를 시행했다. 2002년 9월에는 신의주 특별행정구를 지정해 대외개방에 대한 의지도 보였다. 이 같은 개혁·개방 정책을 통한 체제생존을 도모하기 위해서는 무엇보다 외부 자원 유입이 필요했다. 일본과의 국교 정상화는 대일 청구권 자금 유입은 물론 국제사회로부터 정상국가로 인식되는 기회로 작용되어 서방 국가들의 자금 지원도 가능하게 할 수 있을 것이다.[12] 그리고 북한은 일본과의 관계 개선을 통해 북핵 문제로 갈등을 빚고 있는 미국 대북 강경정책의 견제 및 완화도 꾀할 수 있다.

일본은 북·일 정상회담으로 1998년 대포동 1호 미사일 시험 발

---

11) 신정화, "동아시아 환경과 북일관계", 이기태 편, 『한반도 평화번영과 북일관계 연구』(서울: 통일연구원, 2020), p. 49.

12) 임재형, "북일관계", 세종연구소 북한연구센터 편, 『북한의 대외관계』(서울: 한울아카데미, 2007), p. 193.

사 이후 고조된 북한발 안보 불안의 해소가 가능할 것으로 기대했을 것이다. 그리고 무엇보다 일본 국민의 최대 관심사인 일본인 납치 문제가 해결되고 이에 따른 북·일 관계 개선으로 북·미 관계에도 영향력을 발휘할 수 있다면, 일본의 외교적 입지확대도 가능하다. 이 같은 성과들은 당시 경제 침체로 인한 지지율 하락으로 고심이 많던 고이즈미 정권에게도 반전의 기회가 될 것이라는 기대도 작용했을 것이다.

2002년 9월 17일에 열린 제1차 북·일 정상회담에서 합의된 '평양선언'은 북·일 관계가 새로운 단계로 진입하는 계기가 되었다. 특히 김정일 국방위원장은 일본인 납치는 1980년대까지 일부 망동주의자가 벌인 일이라고 시인, 직접 사과하고 재발 방지까지 약속했다. 김 위원장이 직접 나서면서 북·일 양국이 국교 정상화를 위한 본격적인 회담을 할 수 있는 환경도 갖출 수 있게 되었다. 김 위원장의 납치 시인은 그만큼 일본의 경제 지원이 절박한 당시 북한의 현실을 반영하는 것이기도 했다.

그러나 고이즈미 총리는 평양을 방문하기 전에 이미 미국 부시 대통령으로부터 강한 압박을 받고 있었다. 고이즈미 방북 며칠 전인 9월 12일 뉴욕에서 열린 미·일 정상회담에서 부시 대통령은 북한이 핵 개발과 미사일 능력 증강을 하고 있다면서 "김정일은 세상에서 가장 나쁜 사람 중 한 명이라고 생각한다"고 말했다. 그러면서도 방북은 전면적으로 환영한다고 했다. 그리고 이어진 미·일 외무장관 회담에서 미국은 북한 핵 문제와 관련해 새로운 정보가 있다면서 북한의 우라늄 농축 계획에 대해서 말했다.[13] 미국은 일본의 대북 관계 개선을 정면에서 막지는 않지만 사실상 수교에는 찬성하지 않는다는 것을 강하게 시사한 것이다.

예정대로 고이즈미 총리의 방북은 실현됐고 '평양선언'까지 나왔지만 이후 북·일 간 수교 협상은 예상대로 납치 문제가 발목을 잡았다. 북·일 정상회담에서 북한은 일본 정부가 확인을 요구했던 납치 피해자 13명 중 5명만 생존해 있다고 주장했고, 이에 대해 일본 내에서는 비판 여론이 거세게 일어났다. 정상회담 이후 북한이 생존자 5명의 일시적 고향 방문을 허용해 방일이 실현되었지만, 일본의 대북 여론은 계속 악화했고 일본 정부는 결국 10월 24일 이들을 북한에 돌려보내지 않기로 했다.[14]

2002년 10월 29~30일 말레이시아 쿠알라룸푸르에서 열린 북·일 양국 간 국교 정상화 회담에서 일본은 납치 생존자 가족들의 영주귀국, 사망자 8명에 대한 재조사를 요구했다. 이와 함께 북한 핵 개발의 즉각 중지와 핵사찰 전면 수용도 촉구했다.[15] 앞서 10월 3일 미국은 제임스 켈리 미 국무부 동아태 차관보의 방북 후 북한의 고농축 우라늄 프로그램이 추진되고 있다고 발표하면서, 북한의 고농축 우라늄 핵 프로그램의 폐기가 이루어져야 북·미 간 관계 개선을 위한 대화 재개가 가능하다는 입장을 밝혔다.[16] 일본으로서는 미국의 입장을 고려하지 않을 수 없었던 것이다.

이에 대해 북한은 "일본이 핵문제, 랍치문제와 같은 것들을 가지고 계속 못되게 놀며 부당한 주장을 나대고 있는 것은 조일관계개

13) 船橋洋一,『ザ・ペニンシュラ・クエスチョン―: 朝鮮半島第二次核危機』, pp. 126~127.

14) 임재형, "북일관계", p. 193.

15) 배정호, "과거 북일대화 사례연구", 이기태 편,『한반도 평화번영과 북일관계 연구』(서울: 통일연구원, 2020), p. 94.

16) 이수혁,『전환적 사건』(서울: 중앙북스, 2008), p. 61.

선과 호상신뢰보장에 아무런 도움도 줄 수 없다"며 "그것은 조일관계개선에 역작용만 줄뿐[17]"이라면서 핵 문제는 미국과 대화할 내용이며, 일본과는 과거 보상 문제가 핵심의제라고 맞섰다. 결국 북·일 관계는 다시 악화되고 말았고, 북한 핵 문제와 함께 납치 문제로 일본은 또 한번 북한과의 관계 개선 기회를 살리지 못했다.

2002년 10월 켈리 차관보의 방북 이후 밝혀진 북한의 비밀 우라늄 농축 프로그램으로 북핵 위기는 한층 고조됐다. 이런 가운데 부시 대통령과 고이즈미 총리는 2003년 5월 미국 텍사스주 크로포드에서 열린 정상회담을 통해 북한 핵 문제에 대응해 대북 강경조치를 취하기로 합의했다. 고이즈미 총리는 미·일 동맹의 강화 차원에서 대북 압박정책으로 선회하게 되었고, 이와 함께 납치 일본인 문제는 다시 북·일 간 첨예한 현안이 되었다.

일본 정부는 2003년 8월 27~29일 베이징에서 열린 북핵 해결을 위한 제1차 6자회담에서 대표연설을 통해 북·일 국교 정상화 이전에 북한 핵·미사일 문제와 일본인 납치 문제를 포괄적으로 해결해야 한다고 강하게 주장했다. 납치 문제 해결을 북한에 강하게 압박한 것이다. 이어 일본 정부는 9월 20일 가와구치 요리코(川口順子) 외무상의 유엔총회 연설을 통해 처음으로 유엔 무대에서도 일본인 납치 문제를 거론했다. 가와구치 외무상은 납치 문제는 '평양선언'에 기초해 핵·미사일 문제와 함께 포괄적으로 해결할 방침이라고 밝혔다.[18] 이후 북한 핵·미사일 문제와 납치 문제의 포괄적인 해결

17) "분별없이 날뛰지 말아야 한다", 「노동신문」, 2003년 4월 12일.
18) 배정호, "과거 북일대화 사례연구", p. 95.

은 일본 대북정책의 핵심이 되었다.

고이즈미 총리는 2004년 4월 중의원, 7월 참의원 선거 승리를 위해 일본인 납치 문제 해결이 시급했다. 마침 미국은 2004년 11월 대통령 선거 등으로 북한 문제에 깊게 간여할 여유가 없었다. 2004년 4월 야마자키 다쿠(山崎拓) 전 자민당 부총재는 중국 다롄(大連)에서 정태화 북·일 국교 정상화 교섭담당 대사, 송일호 외무성 부국장 등 북한 측과 극비 접촉을 했다. 야마자키 부총재는 북한에 "고이즈미 집권 중에 (북·일) 국교 정상화를 하자"면서 "시간은 2006년 9월까지 2년 반밖에 남지 않았다"고도 했다.[19] 이 같은 물밑 접촉과 함께 일본이 북한 용천역 열차 폭파 사고와 관련해 10만 달러 상당의 의료품을 지원하면서 북·일 간 대화 분위기가 조성됐고, 5월에는 중국 베이징에서 양국 정부 간 회담이 개최됐다.

이어 5월 22일 고이즈미 총리의 제2차 방북이 성사되었다. 이후 3차례에 걸쳐 납치 문제 실무자 회의가 개최되었지만, 결국 북·일 양국 간 입장 차이를 좁히지 못하고 합의는 결렬되었다. 게다가 2004년 11월 요코다 메구미(横田めぐみ)의 가짜 유골 사건이 발생하면서 일본 국민의 대북 감정은 더욱 악화했고 사태는 되돌리기 어렵게 되었다. 납치됐던 메구미의 유골이라고 북한이 보낸 뼈가 DNA 검사 결과 동물 뼈로 드러난 것이다. 결국 고이즈미 내각은 제2차 북·일 정상회담에서 약속한 25만 톤의 식량 지원 가운데 아직 실행되지 않은 12만 5천 톤에 대해 동결하기로 했다. 아베 신조(安倍晋三) 당시 자민당 간사장 대리는 "더 이상 북한과 교섭한다는 것

19) 「毎日新聞」, 2004年 5月 20日.

은 의미가 없다"면서 북한과의 대화 중단을 주장했고, 제1야당인 민주당조차도 일본 정부에 대북 경제제재를 발동할 것을 요구했다. 고이즈미 총리의 2차 방북 이후 북·일 양국 관계는 납치 문제로 오히려 더욱 심각한 국면을 맞이한 것이다.

2006년 9월 26일 고이즈미 내각이 물러나고 제1차 아베 내각이 들어섰다. 아베 총리는 납치 문제에 대한 강경한 주장으로 정치적 스타로 떠오른 인물이다. 아베 총리가 등장한 직후인 10월 9일 북한이 제1차 핵실험을 실시하자 일본은 바로 독자적인 대북제재를 감행했다. 북한 선박의 전면 입항 금지, 북한산 물품 수입 전면 중단, 북한 국적자의 입국 불허 등이었다. 이 제재는 2001년 7월 5일 북한의 미사일 발사 당일 취했던 화물여객선 만경봉 92호의 입항 금지와 9월의 대북 금융제재 이후 세 번째로 강력한 내용이었다. 북·일 관계는 두 번 정상회담을 한 것도 무색할 만큼 냉각기에 들어갔다.

4. 김정은 정권이 만든 '스톡홀름 합의'도 무위

2011년 12월 김정일 사망 이후 권력을 물려받은 김정은은 2012년 3월 개정헌법 전문에 핵보유국을 명기했다. 이어 2013년 2월 12일에는 제3차 핵실험을 단행했는데, 1·2차 핵실험 때의 플루토늄이 아닌 고농축 우라늄을 사용했다. 북한은 제3차 핵실험 이후 "전략로켓트 및 핵무기 보유국으로서 이 세상 그 누구도 감히 건드릴 수 없는 강국의 위용을 떨쳤다"[20]면서 미국을 비롯한 국제사회를 향해 핵보유국임을 주장하고 나섰다. 이는 당시 북한이 한국, 미국, 일본은 물론 중국의 강력한 압박에도 제3차 핵실험을 강행해 미국으로부터 핵보유국 인정을 받아 미국과 대등한 위치에서 협상하겠다는 의지로 볼 수 있다.

실제로 북·미 간 대립은 최고조로 달했다. 북한은 미국과의 직접 협상을 요구했지만, 미국 버락 오바마 행정부는 응하지 않았다. 유엔도 대북제재를 강화했다. 유엔 안전보장이사회(안보리)는 2013년 3월 7일 더욱 강력하고 폭넓은 내용의 대북제재 결의안 2094호를 채택했는데, 일본은 물론 중국도 동참했다. 이처럼 북한의 도발 행위는 북·미 관계는 물론 남북 관계 그리고 북·중 관계까지도 경색시켰으며, 이로 인한 북한의 외교적 고립과 경제적 고충은 더욱 심화됐다.

한편 김정은은 2012년 4월 11일 개최된 조선노동당 제4차 대표자회에서 사회주의 강성국가 건설을 당면 목표로 제시했다. 이를 위한 전략으로 경제·핵 병진 노선을 채택했다. 핵무기 완성과 함께 경제발전도 이루겠다는 것이었다. 이를 위해서는, 1990년대 '고난의 행군' 이후 침체에서 벗어나지 못하고 있는 북한 경제를 일으켜 세우기 위한 외자 유치와 경제 개혁이 절실했다. 김정은은 2012년 1월 "비판만으로 경제 관리 방법을 현실 발전의 요구에 맞게 개선할 수 없다"면서 "민생문제 해결을 위해서 중국, 러시아, 일본의 운영 방식을 활용하라"라고 말하기도 했다. 이후 북한은 2012년 '6·28 경제개선조치'나 2013년 경제특구 확대조치 등과 같은 부분적인 경제 개혁 정책들을 발표했지만, 실질적인 경제성장에는 크게 도움이 되지 않

20) 「노동신문」, 2013년 2월 25일.

은 것 같다.[21] 따라서 경제 문제는 김정은 정권에게 계속 해결해야 하는 과제였다.

이런 김정은에게 2012년 12월 26일 제2차 아베 정권의 출범은 좋은 기회로 보였을 것이다. 아베 총리는 내각 발족 이틀 뒤인 28일 일본인 납치 피해자 가족들과 만나서 "내가 다시 총리가 될 수 있었던 것은 납치 문제를 해결하고 싶다는 사명감에 따른 것"이라면서 납치 문제에 대한 해결 의지를 천명했다.

김정은으로서는, 일본인 납치와 직접 연관되어 있는 아버지 김정일이 사망한 만큼 자신은 이 문제에 수월하게 접근할 수 있다고 생각했을 것이다. 여기에다 북한의 핵실험에 따른 미국과 유엔의 대북 압박이 조여 오는 상황에서 북한은 돌파구를 뚫어야 할 상황이었고 때마침 납치 문제 해결을 갈망하는 일본으로 시선이 쏠리지 않을 수 없었다. 따라서 북한의 관심사인 국교 정상화 문제를 다루는 본격적인 수교 협상이 아닌데도 북·일 관계 개선에 나선 것이다. 북한은 그동안 국교 정상화를 위한 북·일 양국 정부 간 협상의 실패 경험을 통해 미국과의 핵 문제가 해결되지 않는 한 일본이 북한과의 관계 정상화가 쉽지 않다는 것은 판단했을 것으로 보인

21) 북한이 2016년 제7차 조선노동당대회에서 발표한 '국가경제발전전략(2016~2020년)'만 살펴보아도, 북한의 경제 상황이 김정은 정권 수립 직후 내놓은 경제정책들로 해결될 수준이 아니라는 것을 확인할 수 있다. '국가경제발전전략'에 따르면 북한의 사회 총생산액은 1990년대 '고난의 행군' 기간 이후인 2002~2014년 동안 연평균 105.7% 성장했지만, 북한 정권 수립 이후 최고생산년도인 1980년도에 비하면 여전히 낮은 수준이다. 그리고 경제부문별 총생산액은 2014년 이전 가장 높았던 1980년에는 공업과 농업의 비중이 69.7%, 17.7%로 공업이 압도적으로 높았지만, 2014년에는 34%, 31.3%로 공업의 비중이 현저히 낮아졌다. 이는 '고난의 행군' 이후 전력과 원유 부족 등으로 공장들이 제대로 가동되지 못하게 된 현실이 그대로 반영된 것으로 보인다. 조윤영, "북한 경제의 실패를 고백하는 '5개년 발전전략'과 그 속의 농업 실상", 『NH북한농업리뷰』, 2호(2021년), 농협경제연구소, pp. 68~71.

다.[22] 따라서 '스톡홀름 합의'는 이미 한계가 예견된 상태에서 성사된 것으로, 이는 당시 김정은 정권의 절박한 상황을 미루어 짐작할 수 있는 장면이기도 하다.

아베 총리의 측근인 이지마 이사오(飯島勲) 내각 관방참여가 2013년 5월 14일부터 17일까지 북한을 전격 방문해 김영일 조선노동당 국제비서와 김영남 최고인민회의 상임위원장과 회담을 했다. 미국은 일본이 사전조율 없이 이지마 내각참여를 방북시킨 데 언짢은 기색을 드러내기도 했다. 당시 아시아를 순방 중이던 글린 데이비스 미 국무부 대북정책 특별대표는 2013년 5월 18일 일본을 떠나면서 "북한의 의도는 북핵 문제 해결을 위한 6자회담 참가국을 분열시키는 것"이라고 말했다.[23] 하지만 미국은 더 이상 노골적으로 불만을 드러내지는 않았다.

이지마-김영남 회담에서는 일본인 납치 문제, 북·일 수교 협상 회담 재개, 식민지배에 대한 배상 등 북·일 양국 현안에 대한 논의가 이루어졌는데, 특히 북한은 조총련 도쿄본부 매각 문제를 회담 안건으로 제시했다. 북한은 이전부터 조총련계 신용조합이 파산하면서 경매에 넘어간 조총련 도쿄본부 매각 문제 해결 없이는 "일본과의 대화는 없다"는 태도를 견지해 왔다. 따라서 북한이 '스톡홀름 합의'를 한 목적 중 하나가 도쿄본부 매각 문제 해결 등 조총련 부활을 위한 것이라는 해석도 있다. 북한이 협상에서 인적왕래 규제 조치 해제를 강력히 요구한 것도 조총련 재건과 관련되어 있다는

22) 신정화, "동아시아 환경과 북일관계", p. 64.

23) 「読売新聞」, 2013年 5月 19日.

것이다.[24] 하지만 조총련 도쿄본부 문제가 결과적으로 스톡홀름 합의문에서 빠졌다는 점에서 이 같은 해석은 무리가 있는 것으로 보인다.

외무성에서 발표한 '스톡홀름 합의' 전문을 살펴보면 조총련 도쿄본부 매각 문제와 관련해서는 합의문에 앞서 "북한으로부터 재차 조선총련(조총련)본부 부동산의 경매 문제에 대한 강한 우려 표명이 있었으며, 일본은 현재 재판소에 따라 진행되고 있는 (경매) 절차에 대해 설명했다[25]"고 되어 있다. 즉 북한이 조총련 문제와 관련해 시정 요구를 했지만, 일본은 자국의 입장만 설명하고 요구를 수용하지 않았다는 것이다.

물론 조총련 도쿄본부 매각 문제는 북·일 양국이 스톡홀름 최종 합의 문안을 조율하기 직전까지도 줄다리기의 대상이었다. 북한은 이 문제를 이지마 방북 이후 일본과의 3차례 공식 협상과 중국, 몽골 등지에서 행한 수차례 비공식 협상에서 계속 해결을 요구하고 나섰다. 북측 협상대표였던 송일호 북·일 국교 정상화 교섭담당 대사는 합의문을 내기 직전까지도 "총련본부 문제는 인민 전체가 관심을 갖고 있는 사안으로 반드시 해결되어야 한다"면서 일본을 압박했다.[26] 하지만 결과적으로 조총련 본부 매각 문제는 최종합의문에서 빠졌다. 이는 북한이 일본과의 협상력을 높이기 위해 조총련 문제를 제시한 것이지, 북·일 간 중요 현안으로 인식한 것은 아

24) 배정호, "과거 북일대화 사례연구", p. 107.

25) "日朝政府間協議(2014年5月29日)", 「外務省」, https://www.mofa.go.jp/mofaj/a_o/na/kp/page4_000494.html〉(검색일: 2021년 10월 18일).

26) "'조총련 본부' 를 둘러싼 日·北의 수상한 거래 의혹", 「월간조선」(온라인), 2014년 7월호, http://monthly.chosun.com/client/news/viw.asp?nNewsNumb=201407100028〉.

니라는 것을 보여주는 근거라고 할 수 있다. 따라서 북한이 주장한 인적왕래 규제조치 해제 역시 일본 내 조총련 활동의 역량 강화보다는 북한의 제1 해외거점인 조총련의 자유로운 활동 보장을 통한 북한 지원 강화가 더 큰 목적이었다고도 볼 수 있을 것이다.

이지마-김영남 회담 이후 일본과 북한 간 외무성 실무자 수준의 비공식 협의가 중국 셴양·베이징, 몽골 울란바토르 등에서 전개되었다. 2014년 3월 30일에는 메구미의 부모와 북한에 있는 메구미의 딸 김은경이 울란바토르에서 상봉하는 이벤트도 성사되었다. 같은 날 베이징에서는 북·일 양국의 과장급 협의가 공식 개최되었고, 일본 측의 납치 문제 재조사 제기에 대해서도 북한은 긍정적으로 반응했다. 북한은 그동안 납치 문제는 '이미 해결되었다'는 입장을 견지해 왔는데, 이러한 태도에 변화가 감지된 것이다.

2014년 5월 26~28일, 스웨덴 스톡홀름에서 일본의 이하라 준이치(伊原純一) 아시아대양주 국장과 북한 송일호 북·일 국교 정상화 교섭담당 대사의 공식 협상이 이뤄졌고 합의도 발표되었다. 핵심내용은 북한이 북한 내 모든 일본인에 대한 재조사를 약속하고 이에 따라 일본은 대북제재를 일부 해제한다는 것이었다.[27] '스톡홀름 합의'의 내용을 정리하면 아래와 같다.

〈'스톡홀름 합의'의 주요 내용〉

△ 일본이 취해야 할 내용

-「북·일 평양선언」에 따라 불행한 과거를 청산하고 현안 문제를

27) 배정호, "과거 북일대화 사례연구", pp. 108~110.

해결하며, 국교 정상화를 실현할 의사를 재차 표명해 북·일 간의 신뢰 조성 및 관계 개선을 지향할 것.

- 북한이 '특별조사위원회'를 설치하고 조사를 개시하는 시점에 인적왕래 규제조치, 송금보고 및 휴대수출신청금액과 관련된 특별 규제조치, 인도주의 목적의 북한 국적 선박의 일본입항금지조치를 해제할 것.
- 북한 내 일본인 유골 및 묘지, 성묘방문과 관련해 북한 측과 계속 협의해 필요한 조치를 취할 것.
- 재일한국인의 지위 문제를 「북·일 평양선언」에 따라 성실히 협의해 나갈 것.
- 북한에 대한 인도적 지원을 검토할 것.

△ 북한이 취해야 할 내용

- 1945년 전후 북한 내에서 사망한 일본인의 유골 및 묘지, 잔류 일본인, 일본인 배우자, 납치 피해자 및 행불자를 포함한 모든 일본인에 대한 조사를 포괄적이고 전면적으로 실시할 것.
- 조사는 모든 범위에 대해 동시·병행적으로 진행하며, 구체적인 조사를 위해 모든 기관을 조사할 수 있는 권한을 부여받은 '특별조사위원회'를 설치할 것.
- 일본인 유골 및 묘지, 잔류 일본인 및 일본인 배우자를 비롯 일본인과 관련된 조사 및 확인 상황을 수시로 일본 측에 통보할 것.
- 납치 문제에 대해서는 납치 피해자 및 행불자에 대한 조사 상황을 수시로 일본 측에 통보하며 조사 과정에서 일본인 생존자가 발견된 경우 이들을 귀국시키는 방향으로 조치를 취할 것.
- 조사의 진전 상황 등을 확인할 수 있도록 일본 측 관계자의 북한 체류, 관계자와의 면담, 관계 장소의 방문 등을 허용하며 관련 자료들도 일본 측과 공유할 것.

이 합의에 따라 북한은 7월 4일 납치 문제 특별조사위원회를 발족하고, 위원장에 서대하(국방위원회 안전담당 참사 겸 국가안전보위부 부부장), 부위원장에 김영철(국가안전보위부 참사)을 임명했다. 특별조사위원회에는 납치 피해자, 행방불명자, 일본인 유골 문제, 잔류 일본인, 일본인 배우자 등의 문제를 조사하는 4개 분과가 설치되었다. 이에 일본은 인도적 목적에 한정하여 북한 선박의 일본 입항을 허용하는 등 독자 대북제재 중 일부를 해제했다.[28)]

하지만 1년 뒤인 2015년 4월 북한은 일본인 납치 문제에 대한 재조사 결과를 발표하고 일본 측에 전달하려고 했지만, 일본은 수령을 거부했다. 북한의 조사 결과가 기존의 내용과 다르지 않을 것이라고 판단한 것이다. 일본은 북한이 재조사에 응했을 때 사망했다고 한 8명 중 일부는 생존해 있으며 송환시켜줄 것이라고 기대했던 것으로 보인다.[29)] 이전과 다르지 않은 조사 결과는 일본 국민들을 더욱 분노케 할 것이 뻔했기 때문에 북한의 재조사 보고서를 아예 수령하지 않는 방법을 택한 것이다.

앞서 간단히 설명했지만 북 · 일 간 '스톡홀름 합의'는 일본의 납치 문제 재조사 요구, 북한의 대북제재 해지라는 양국의 당면 현안에만 초점이 맞춰지면서 처음부터 한계를 내포하고 있었다. 즉 북한의 대일 접근은 체제 위기, 특히 외교적 고립과 경제적 위기를 극복하기 위한 전술의 일환으로 이루어졌던 반면, 일본의 대북 접근은 대외적으로는 외교적 영향력을 확대하고 대내적으로는 납치 문제 이슈화로 지지 세력을 결집해 내각에 대한 지지율을 끌어올리려는 요인이 강하게 작용하고 있었다.[30)] 또한 일본은 탈냉전 이후 미

28) 이기완, "김정은 정권의 대일 접근과 북일관계", 『국제정치연구』 제19집 2호(2016), p. 183.

29) 일본 정부 관계자와의 인터뷰(실시: 2021년 6월 1일).

국의 대북정책에 보조를 맞춰야 하는 한계도 있었다. 이처럼 '스톡홀름 합의'는 탈냉전 이후 북·일 관계의 한계와 제약을 그대로 노출시킨 사건이라고 볼 수 있다.

이후 아베 정권은 북한 핵 문제에 더욱 강경한 태도를 취했다. 2015년 3월 일본 정부는 4월 13일로 기한이 만료되는 기존의 독자 대북제재 조치를 2년 더 연장하기로 결정했다. 아베 총리는 2016년 1월 북한의 제4차 핵실험 직후 "일본의 안전에 직접적이고 중대한 위협이며, 북동아시아 및 국제사회의 평화와 안전을 현저하게 해치는 문제로 용인할 수 없다"며 목소리를 높였다.

일본은 2016년 9월 북한의 제5차 핵실험 이후부터는 북한의 핵·미사일은 평시에서 유사시에 이르기까지 일본의 안전보장에 있어서 현재적이며 잠재적인 위협이라고 강조했다. 2017년 미국 도널드 트럼프 정권이 들어서자 아베 내각은 미 행정부의 대북 강경정책을 지지 촉구하며, CVID(완전하고 검증 가능하며 불가역적인 비핵화)가 이뤄질 때까지 북한에 대한 강력한 제재와 압박을 계속해야 한다고 주장했다. 일본의 이런 태도는 아베 정권에 이은 스가 요시히데(菅義偉) 내각에도 그대로 이어졌으며, 작년 4월 조 바이든 미 대통령과 스가 총리 간의 미·일 정상회담에서도 확인됐다. 그리고 이는 지난해 10월 초에 탄생한 기시다 후미오(岸田文雄)정권에도 변함없을 것으로 보인다.

30) 이기완, "김정은 정권의 대일 접근과 북일관계", p. 179.

5. 북·일 관계 평가와 전망

일본은 탈냉전 이후 두 차례 북한과 일본인 납치 문제와 함께 북한과의 수교까지도 염두에 둔 협상을 진행했다. 북한의 핵심 관심사항까지 포함시킨 것이다. 하지만 이후 일본의 대북 협상 안건 속에는 수교 부문이 빠졌다. 이는 북한으로 하여금 일본이 진정한 대북 관계 개선의 의지가 있는지를 의심할 수밖에 없게 만들었다. 이후 '스톡홀름 합의'도 있었지만, 합의에 따른 북 · 일 간 관계 개선 분위기가 1년밖에 지속되지 않았던 것도 근본적으로는 수교 문제가 빠졌기 때문이라고 할 수 있다.

북 · 일 관계가 장기간 빙하기를 맞고 있는 것도 근본적으로는 현재의 상황이 양국 간 수교 문제까지 거론할 분위기가 되지 않는다는 사실 때문이라고 보아야 한다. 북 · 일 관계가 수교 문제까지 거론할 분위기가 되지 않는 데는 북핵 문제가 해결되지 않아 북 · 미 관계가 선행되지 않았다는 점이 주요 원인으로 작용했다.

일본은 탈냉전 이후 북한 핵 문제와 관련해서는 미국의 정책에 철저하게 보조를 맞춰왔다. 미국에 앞서 북한과의 관계 개선을 시도한 적은 있지만 결국 일본은 어떤 국가보다도 북핵 문제의 CVID를 강조해 왔으며, 북핵 문제의 진전 없이는 북 · 일 수교도 어렵다는 입장을 보여왔다. 이는 김정은 정권에서도 달라지지 않았다.

이와 함께 일본의 북한에 대한 최우선 과제가 여전히 납치 문제 해결이라는 사실도 양국 관계의 개선 여지를 좁히고 있다. 북한으로서는 납치 사실을 인정하고 생존자를 일본으로 돌려보낸 만큼 이 문제는 해결됐다는 입장이다. 그러나 일본 여론이 이 문제에 대해서는 워낙 강경한 만큼 일본 정부로서도 물러설 여지가 별로 없는 것으로 보인다.

일본의 납치 문제에 대한 지나친 집착이 북한과의 폭넓고 깊은 협상에 걸림돌이 된다는 지적도 없지 않다. 이 문제에 지나치게 집착하는 것이 결과적으로 납치 문제 자체의 해결에도 도움이 되지 않는 측면이 있다는 것도 부인하기 어렵다. 가령, 일본이 북한의 다른 인권 문제 등에도 관심의 폭을 넓힌다든지 북한 핵 문제 해결에도 좀 더 적극적인 역할을 하게 된다면 일본의 대북 영향력이 좀 더 깊고 넓어지지 않겠느냐는 지적이다. 납치 문제를 제외하고는 미국의 세계전략의 하위 파트너로서 대북정책을 추종만 해서는 일본의 입지는 좁아질 수밖에 없고, 그렇게 절실한 납치 문제의 해결도 요원해질 가능성이 많은 것이다.

두 차례의 북·미 정상회담이 이루어지는 상황에서도 북·일 간에는 의미 있는 접촉마저 이뤄지지 않아 '재팬 패싱'이라는 말마저 나오게 된 것도 일본이 그동안의 대북 협상에서 납치 문제 등 제한된 이슈에만 너무 집착해 온 탓이 큰 것으로 보인다. 이는 북·일 간 '스톡홀름 합의'에서 더욱 표면화되었다고도 볼 수 있다.

하지만 그렇다고 향후 북·일 관계 전망마저 부정적으로만 볼 필요는 없을 것이다. 일본인 납치 문제는 이제 북·일 양측 모두 피로감을 느끼는 단계라 어떤 형태로든 타협점을 찾을 가능성이 없지 않다. 양국 수교 문제는 결국 북핵 문제의 해결 추이와 연동될 수밖에 없을 것으로 전망되며, 북·미 간에 협상이 어느 정도의 단계에 진입하게 되는 시점에 다시 거론될 가능성이 있다고 보아야 할 것이다. 지난 경우에서 보듯이 미국은 일본이 북한과 관계 개선을 시도하는 것 자체를 저지하지는 않을 것이다. 다만 북·일 관계 개선의 수위를 핵 문제와 연계시킬 것이고, 미국이 북한에 핵 폐기에 따른 당근책을 제공할 필요가 있을 때는 북·일 수교를 카드로 활용할 가능성도 있는 것이다.

일본은 전후 70년이 지난 상황에서 이제 정상국가로의 회귀를 원하는 목소리가 갈수록 커지고 있다. 그러기 위해서는 전후 처리의 마지막 과제라고 할 수 있는 북한과의 국교 정상화를 이루어야 할 때라는 판단에도 무게가 실릴 것이다.

국제사회의 대북제재와 코로나19 사태 등으로 심각한 경제위기를 맞고 있는 것으로 보이는 김정은 정권으로서도 일본과의 관계 개선을 통한 경제 지원의 필요성을 절감하고 있을 개연성이 높다. 이러한 여러 요인들이 복합적으로 작용하게 된다면 북·일 관계는 북·미 관계보다 앞서 정상화의 길로 들어설 가능성을 배제할 수 없을 것이다.

국제관계가 대부분 그렇지만 북·일 관계의 진전 양상도 양국의 입장과 전략만으로 전개되지는 않을 것이다. 가장 영향력이 큰 외부요인은 물론 북·미 관계가 되겠지만, 남북 관계와 한·일 관계, 미·중 관계 등 여러 변수가 북·일 관계에 적지 않은 영향을 끼칠 잠재력은 언제나 내재해 있다고 보아야 할 것이다.

특히 한국 정부가 북한과 일본의 관계에 적극 관여하거나 중재할 수 있는 입지를 확보한다면 적잖은 에너지를 발휘할 수도 있다. 그런 점에서 문재인 정부가 정권 수립 이후 과거사 문제 등을 놓고 일본과 대립하고 있는 것은 북·일 관계 개선 측면에서는 도움이 되지 않는다고 볼 수 있다. 한국 정부로서는 일본에 대북관계 진전에 나서 달라고 부탁할 환경이 조성되지 않았기 때문이다. 만약 한·일 관계가 우호적이고 긴밀했다면, 북·미 관계의 여파를 조금은 덜 받는 한국과 북한 그리고 일본 간의 독자적인 공간이 조금이라고 확보되지 않았을까 하는 아쉬움이 있다.

그런 만큼 한국의 다음 새 정부가 일본에 대해 어떤 자세를 취하고, 일본의 기시다 내각이 여기에 어떻게 호응해 오는지에 따라 북·일 관계에서도 작은 숨통이나마 열릴 가능성을 점쳐 볼 수 있다고 하겠다.

참고문헌

1. 국문단행본

김형기. 『남북관계 지식사전』, 서울: 통일교육원, 2015.

신정화. 『일본의 대북정책 1945~1992』, 서울: 오름, 2003.

서 훈. 『북한의 선군외교』, 서울: 명인문화사, 2008.

이기태 · 배정호 · 신정화. 『한반도 평화번영과 북일관계 연구』, 서울: 통일연구원, 2020.

이수혁. 『전환적 사건』, 서울: 중앙북스, 2008.

임재형. "북일관계". 세종연구소 북한연구센터 편. 『북한의 대외관계』, 서울: 한울아카데미, 2007.

Don Oberdorfer 저, 이종길 역. 『두 개의 한국』, 서울: 길산, 2002.

정종욱. 『정종욱 외교비록』, 서울: 기파랑, 2019.

2. 국문논문

이기완. "김정은 정권의 대일 접근과 북일관계". 『국제정치연구』 제19집 2호 (2016).

3. 일본문헌

船橋洋一. 『ザ・ペニンシュラ・クエスチョン―: 朝鮮半島第二次核危機』, 東京: 朝日新聞社, 2006.

和田春樹·高崎宗司.『検証 日朝関係60年史』, 東京: 明石書店, 2005.
和田春樹.『北朝鮮現代史』, 東京: 岩波書店, 2012.

제2부

경제사회 전략

제5장
교육 전략*

북한의 계층구조에 따른 교육격차 요인과 실태

조 현 정

여러 사회계급과 교육제도 간의 관계에서 나타나는 변화는 학교의 폭증과 그와 연관된 교육제도 자체의 모든 변화, 그리고(적어도 일부분은) 학력자격과 직업 간의 관계 변화에 따른 사회구조의 변화와 마찬가지로 학력자격을 획득하기 위한 경쟁이 강화된 결과이다. 그리고 의문의 여지없이 경제자본이 가장 풍부한 지배계급 분파들과 중간계급 분파들이 자신들의 사회적 재생산을 확보하기 위해 교육제도의 이용을 크게 강화해야만 했던 사실이 경쟁을 강화하는 데 크게 기여했다.[1)]

---

* 이 글은 2021년 이화여대 북한연구회 정기학술회의 발표자료를 수정·보완하였습니다.

1) Pierre Bourdieu, 『La Distinction crtitque sociale du jugement』(Paris: Les Éditions de Minuit, 1979). 최종철 옮김, 『구별짓기: 문화와 취향의 사회학 上』(서울: 새물결 출판사, 2006), p. 246.

1. 들어가며

프랑스 사회학자 피에르 부르디외(Pierre Bourdieu, 1930~2002)는 사회적 이동성 수단의 하나로 교육에 초점을 두었다. 그에 따르면, 사회적 이동성에 필요한 수단인 다양한 형태의 자본(경제, 사회, 문화)은 교육체계[2]를 통해 계급을 구별하고, 계층별 사회적 재생산을 위한 부정적 메커니즘으로 작동한다. 이처럼 일반적으로 사회이동의 효과적인 수단이라고 생각했던 교육이 계층의 고착화와 양극화의 핵심 요인으로 여겨진다는 사실을 주지해야 할 필요가 있다. 계층에 따른 교육의 빈부격차가 사회 양극화 문제를 야기하고 있기 때문이다.[3]

이는 북한의 교육격차 현상에 대한 논의를 가능하게 한다. 김정은 정권이 내세웠던 교육 전략은 국가적인 교육재정 부족과 계층 분화에 따른 빈부격차로 인해 사회주의 교육의 근본 가치를 실현하는 데 한계를 지니고 있다. 무료의무교육에 따른 평등 교육을 지향했던 북한은 1990년대 이후 극심한 경제난을 겪으며 교육의 불균등 발전으로 인한 불평등 문제와 맞닥뜨리게 되었다. 그동안 사회주의

[2] 교육체계 안에서 획득할 수 있는 학력자본의 양은 같아도 사회적으로 이익을 가져다줄 수 있는 문화자본으로서는 크기를 달리할 수 있는데, 그 이유는 교육체계가 학위의 발행을 독점함으로써 상속자본의 학력자본으로의 전환을 장악하고 있음에도 불구하고 문화자본의 생산을 독점할 수 없기 때문이다(Pierre Bourdieu, 위의 책, p. 159). 부르디외의 문화자본에 대한 다양한 논의에서 '학력자본'과 '사회자본'을 본 연구에 참고하였다.

[3] 계층 간의 교육격차는 국가를 초월한다고 볼 수 있다. 김경근(2005)의 한국 사회 교육격차 연구는 북한 사회의 교육격차 문제를 논의하는 데 중요한 시사점을 주고 있다. 김경근, "한국사회 교육격차의 실태 및 결정요인", 『교육사회학연구』 제15권 3호 (2005), p. 2.

체제의 근간을 이어왔던 교육체계는 경제난 이후 학교 기자재 파괴, 수업 파행, 교권 하락 등 심각한 문제를 드러냈다. 이에 북한은 2000년 이후 교육의 정상화를 위해 '교육에서의 실리주의'라는 교육 전략을 채택하였다. 이는 과학기술교육을 강화하고, 인재를 육성하기 위해 중등 · 고등교육에서 수재양성에 중심을 둔 교육의 질 향상과 경쟁력 강화에 초점을 둔 것이다. 그러나 경제난 이전 시기 국가에서 제공했던 교육 비용이 학부모들에게 전가되면서 공교육은 무상교육의 효과를 유명무실하게 만들었다. 어느 정도 경제력을 갖춘 학부모들은 공교육 제도를 이용하는 동시에 사교육을 활용하는 현상이 나타났다. 이는 시장경제를 통해 자본을 축적한 주민들의 욕망[4]이 자녀교육에 집중되었기 때문이다.[5] 북한 내부의 사회변동은 시장화 확대, 계층 분화, 능력 위주 교육정책 등 다양한 현상의 변화를 가져왔다. 이러한 사회변동은 불평등으로 이어지고 교육격차가 심화되는 양상으로 나타났다.[6]

사회변동으로 인해 야기된 현상은 사회계층을 통해 그 사회의 변화된 모습을 구체적으로 보여주고 현 상황을 이해하는 데 중요한 단서를 제공한다. 사회계층은 사회가 불평등한 구조로 이루어져 있거나 이를 분석할 때 그 개념이 사용되고 있다. 특히 자본주의 사회

4) 욕망은 사물이 우리에게 얼마나 필요한가에 의해서 결정되는 것이 아니라 그것이 우리에게 무엇을 상징하는가와 연관된다. …욕망은 우리가 살아온 가정, 문화환경, 가족사, 경험 등과 직결된다. 최영주, 『세계의 교양을 읽는다』(서울: ㈜휴머니스트 출판그룹, 2009), p. 18.

5) 조정아, "교육에서의 실리주의와 교육의 불균등발전: 2000년대 북한 교육의 변화", 『교육사회학연구』 제17권 1호(2007), p. 110.

6) 조정아, "북한의 교육일상 연구: 접근방법과 과제", 『현대북한연구』 제11권 3호(2008), p. 229.

에서 계층 개념은 생산수단의 소유 여부와 사회적 지위에 따른 다양한 요소(재산, 소득, 직업, 학력, 생활양식 등)를 바탕으로 개인들의 행위, 태도를 설명한다.[7)]

그러나 북한은 그동안 자본주의 사회의 계층 개념으로 설명하기 어려운 사회구조를 유지해 왔다. 북한은 사회주의를 고수하는 과정에서 평등한 사회를 강조했지만 실제로는 사회정치적 신분 계층(핵심군중, 기본군중, 복잡군중)을 구분하고 체제유지에 활용하였다. 1995년 이후에는 경제난을 겪으며 개인의 자본 축적에 따른 경제적 격차로 인해 상층, 중간층, 서민층이라는 새로운 계층 구조가 형성되었다.[8)] 하지만 정치적 신분 계층으로 유지되는 북한 사회에서 아무리 경제적으로 상층이 되었다고 해도 사회정치적 신분 계층의 이동은 쉽지 않을 것이다.

그럼에도 경제적 상황에 따른 새로운 사회계층의 변화는 북한 사람들의 근본 가치와 질서가 달라지고 있음을 보여준다.[9)] 시장제도의 도입으로 발생된 효과는 '돈'이 사회주의 이념을 대체하면서 공적 영역의 가치관과 배치되는 개인의 사적 욕망을 불러일으킨 것이다.[10)] 이것은 북한 사회 내에서 지역 간 소득격차로 이어지고 주민들의 생활수준과 교육수준에 그대로 영향을 미치고 있다.

---

7) 김경래, "통일 이후 독일의 사회계층 변동: 동독의 사회계층 변화를 중심으로", 통일부, 『사회계층 변동 분야 관련 정책문서』(서울: 통일부, 2018), p. 24.

8) 한영진, "북한의 사회 계층과 의식 변화: 식량난 이후 두드러진 북한의 핵심계층 변화", 『北韓』, 425호(2007), p. 93.

9) 김병로, "북한의 시장화와 계층구조의 변화", 『현대북한연구』 제16권 1호(2013), p. 207.

10) 최완규 · 노귀남, "북한주민의 사적 욕망", 『현대북한연구』 제11권 2호(2008), p. 99.

사회 내부의 혼란 속에서 2012년에 정권을 잡은 김정은은 사회주의 정통성을 확보하고 국가 권력을 강화하기 위해 교육 전략을 우선적으로 내세웠다. 김정은 체제의 교육 전략은 교육과정 및 환경 개선, 도·농 간 교육격차 해결, 기술교육 강화, 교육체계 정비 등을 세부 목표로 초·중등교육의 질을 개선하여 '인재강국', '전민과학기술인재화'를 실현하는 것이다.[11] 김정은은 '나라와 민족의 강성부흥을 이룩하자면 인재농사를 잘해야'[12] 한다고 하면서, 집권 초기부터 김일성·김정일 시대에 강조해 왔던 '학습제일주의', '실력제일주의'를 전면에 내세우고 학제개편 법령과 함께 교육개혁을 시도하였다.[13] 11년제의무교육을 12년제로 개편하고, 소학교 과정을 4년제에서 1년을 더 늘리고, 고등중학교 6년제를 초급중학교 3년, 고급중학교 3년으로 분리하였다. 학교 교육에서 지식경제시대의 요구와 세계적 수준을 반영하여 교육의 내용과 형식, 교육조건과 환경을 높은 수준으로 끌어올리고자 꾀한 것이다.[14] 특히 교육조건과 환경을 개선해야 교육의 질을 높여 많은 인재를 키워낼 수 있다는 것이다.

그러나 2014년에 열린 '제13차 전국교육일군대회'에서는 '시대와 혁명의 절박한 요구에 맞게 교육사업에서 근본적인 개선이 없으며,

---

11) 김지수, "제7차 로동당 대회를 통해 본 북한 김정은 정권의 교육정책", 『통일교육연구』 제14권 2호(2017), pp. 16~18.

12) "지역의 교육발전을 위해 어디에 힘을 넣어야 하는가", 「로동신문」, 2021년 7월 9일.

13) 조현정, "북한 중등교사들의 교직경험에 대한 질적 연구"(이화여자대학교 교육학과 박사학위논문, 2020), p. 5.

14) "조선민주주의인민공화국 최고인민회 법령. 전반적12년제의무교육을 실시함에 대하여", 「교육신문」, 2012년 10월 4일.

교육사업에 필요한 물질, 기술적 조건들이 제대로 갖추어지지 못한 것'에 대한 문제가 지적되었다.[15] 2017년에 열린 '12년제의무교육을 실시함에 대한 법령 집행총화'에서도 교육조건과 환경의 결함들이 여전히 나타나고, 근본적인 변화가 없음을 확인할 수 있다.[16] 북한이 2021년 7월에 공개한 자발적 국가 검토(Voluntary National Review) 역시 "교육내용과 방법의 혁신이 저조하고, 교육학적 요구에 맞게 교육환경을 개선하기보다는 형식에 치우치는 경향이 있으며, 중등교육의 농촌과 도시 지역 간의 격차 등과 같은 문제가 있다."고 현 실태를 드러냈다.[17]

김정은 정권은 교육개혁의 필요성과 전략을 구현하려는 노력을 들이고 있지만, 실제로는 교육재정에 대한 국가의 실질적인 자원투자를 하지 못하는 상황에서 각 도 · 시 · 군에 교육지원에 대한 모든 책임을 떠넘겼다. 또 이것이 학생 · 학부모에게 전가되는 상황이 지속되면서[18] 김정은 정권의 교육 전략을 실현하기 위한 근본적인 교육개혁은 쉽게 이루어지지 않았다. 오히려 국가의 책임을 지역과 개인에게 전가하면서 계층별 · 지역별 교육격차만 더 심각해지고 있는 것이다.

이처럼 북한의 교육격차에 대한 문제가 2012년 이후 김정은 체제

15) "경애하는 김정은동지의 불후의 고전적로작 「새세기 교육혁명을 일으켜 우리나라를 교육의 나라, 인재강국으로 빛내이자」 제13차 전국교육일군대회", 「교육신문」, 2014년 9월 11일.

16) "전반적12년제의무교육을 실시함에 대한 법령 집행총화에 대하여", 「교육신문」, 2017년 4월 20일.

17) 대북협력민간단체협의회 번역, 『지속가능한 발전을 위한 2030 의제 이행에 관한 자발적 국가 검토 보고서』, 조선민주주의인민공화국, 2021년 6월.

18) 조현정, 위의 논문(2020), p. 151.

에서도 지속되고 있지만, 그에 대한 실태를 면밀하게 파악할 수 있는 실증자료는 미흡한 실정이다. 북한의 교육격차에 대한 실상은 공식문헌에 구체적으로 반영하지 않기 때문에 현상 파악이 더욱 어렵다. 지역적 접근조차 용이하지 않은 상황에서 북한의 교육격차에 대한 논의는 위축될 수밖에 없다. 다행히 북한이탈주민들의 구술자료를 통해 북한의 교육 실상에 조금이나마 접근할 수 있다.

이 글은 북한 사회의 교육격차 요인과 실태를 정치 · 경제적 계층구조의 관점에서 고찰하는 것을 목적으로 한다. 이를 위해 남북한 문헌을 고찰하고 탈북민 구술자료를 토대로 실증분석을 진행할 것이다. 계층구조의 교육격차 실태 동향에 대한 면밀한 고찰은 북한의 교육 사회를 이해하는 데 중요한 시사점을 제공할 수 있다.

교육격차 문제를 정치 · 경제적 계층구조로 접근하는 것은 사회를 형성하는 여러 집단이 곧 계층이고, 계층을 형성하는 구조가 여러 집단의 관계나 조직을 모두 포함할 수 있기 때문이다.[19] 계층 개념을 바탕으로 북한의 위로부터의 정치적 측면과 아래로부터의 경제적 측면에서 출신성분, 가정, 학교, 지역 등 네 범주를 계층구조로 접근하는 것은 새로운 시도이다. 계층구조에 대한 조작적 정의를 토대로 그에 따른 교육격차 실태 논의를 이끌어 갈 것이며, 연구 모형은 〈그림 1〉과 같다.

본격적인 논의를 시작하기에 앞서, 〈그림 1〉에서 제시한 연구 모형의 정치 · 경제적 측면의 계층을 간략히 살펴보자. 북한 사회의 정치적 측면은 핵심계층(핵심군중: 최고지도자 집단, 충성분자 집단),

19) 이희승, 『국어사전』(파주: 민중서림편집국, 2015), p. 176.

〈그림 1〉 정치·경제적 계층구조에 따른 교육격차 연구 모형

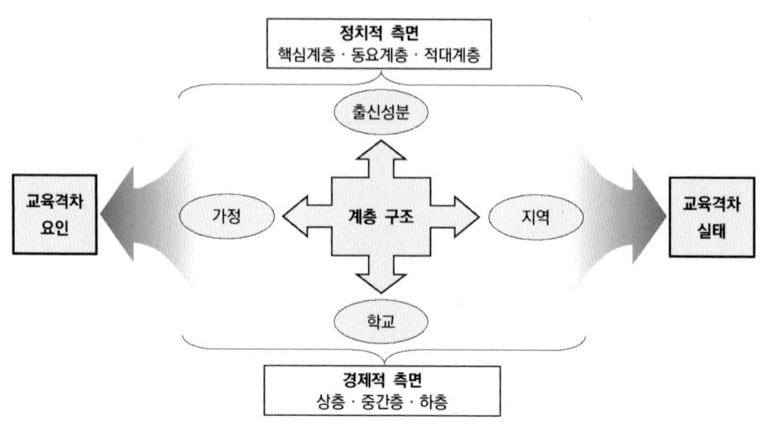

동요계층(기본군중: 직업동맹, 농근맹, 청년동맹, 여맹 등 사회근로단체 집단), 적대계층(복잡군중: 월남자 가족, 종교인, 국군포로, 교포, 지주, 자본가 등 당원자격 박탈자 집단) 세 계층으로 분류된다.[20] 경제난 이후 발생한 경제적 측면의 계층은 상층, 중간층, 하층으로 세분화되었다.

시장이 제도적으로 정착되면서 북한 사회의 상층은 정치적 핵심계층과 사적 경제로 자본을 축적한 사람들로 재구성되었다고 볼 수 있다. 중간층은 대부분 불법과 불안정한 소득으로 인해 하층으로 전락될 가능성이 있으며, 하층은 농사나 소매장사를 통해 생계를 유지하는 계층이다.[21] 그럼에도 사회계층의 변화는 그 사회의 근본

20) 한영진, 위의 논문(2007), pp. 94~96.

21) 장용석, "사회주의 체제전환국의 경제성장과 소득분배 구조: 북한의 시장화와 소득분화에 대한 함의", 『통일문제연구』 제49호(2008), pp. 229~230.

적인 가치에 균열을 조장하고 새로운 가치를 추구하게 만든다. 그동안 사회주의 체제를 고수하고 있는 북한 사회에서 평등과 계획의 핵심 가치는 정당성을 부여받을 수 있지만, 그럼에도 사회주의 체제의 차별은 정치적 신분을 통해 발생했다.[22] 여기에 시장화로 인한 경제적 측면의 계층은 자본 축적을 통해 신분 상승의 기회를 갖게 되면서 계층구조의 변화를 야기했다. 북한 사회의 계층과 관련된 논의에서 유의할 부분은 경제적으로 막대한 부를 쌓은 상층이라도 사회주의 체제의 정치 권력을 뛰어넘을 수 없다는 것이다. 이러한 사회모순을 유의하면서 이 글은 김정은 시기 정치·경제적 측면의 계층구조에 따른 교육격차의 요인과 실태에 대한 논의를 통해 시사점을 제공할 것이다.

2. 계층 분화에 따른 교육격차 요인

1) 부모의 계층 지위와 사회적 자본

북한 사회에서 부모의 계층 지위는 좋은 출신성분, 권력, 자본을 포함한다.[23] 표면적으로 출신성분이 좋아 권력(실리를 챙길 수 있는 당 간부)을 가지고 있든, 시장화를 통해 개인 재산을 많이 축적

---

22) 김병로, 위의 논문(2013), pp. 172~174.

23) 경제난 이전에는 정치적 신분을 중심으로 부모의 계층 지위를 나눌 수 있었다면, 경제난 이후에는 부모의 경제적 능력이 추가되면서 부모의 계층 지위는 다양한 관점에서 논의될 수 있다.

했든, 이런 부모들에게 공통으로 나타나는 것은 '빽(인맥이나 뇌물 등)'있는 부모의 권리를 행사할 수 있다는 것이다.[24] 부모의 계층 지위는 사회적 자본(social capital)[25]을 통해 자녀의 교육으로 전환된다. 자녀의 교육에 직접적인 부모의 영향력은 결정론적으로 인식되면서 기회균등이나 평등, 정의, 형평성보다는 사회적 배제, 갈등, 격차 등의 부정적 요소로 회자되고 있으며 사회구조 속에서 계급화를 유착시키고 있다. 이는 '부모주의 부각'으로도 표현되며, 부모의 사회적 자본은 권력화에 기여하고 있다.[26]

북한의 경제난 이전에는 부모들이 '자녀를 학교에 잘 보내는 것에 의무를 다한다고 생각했고', 학교 교육을 신뢰하면서 자녀의 학업성취에 큰 책임을 느끼지 않았다. 그러나 경제난 이후에는 부모의 경제적 부가 축적되면서 자녀의 교육지원에 경쟁적으로 참여하고 있다.[27] '한평생 자식을 위해 모든 것을 깡그리 바치는' 북한의 부모들도 '어엿하게 성장한 자식들의 모습에서 더없는 긍지와 보람, 행복'을 찾는다.[28]

---

24) 조현정, 위의 논문(2020), p. 77.

25) 사회적 자본의 개념은 현대에 들어와 부르디외(Bourdieu, 1985)에 의해 본격적으로 논의되었다. 그에 따르면 사회적 자본은 지속성이 있고 다소간에 제도화된 상호 교류 및 인지 관계의 네트워크를 소유함으로써 얻게 되는 실제적 또는 잠재적 자원의 총화이다. 이렇게 도출된 사회적 자본의 개념을 콜멘(Coleman, 1997)은 그것의 교육적 의미를 명료하게 제시하였다. 콜맨에 따르면, 사회적 자본은 아동이 가족이나 지역사회로부터 그것을 얻게 될 때 교육적 성취를 제고시키는 데 도움을 받을 수 있는 사회적 자원을 말한다. 김경근, "가족 내 사회적 자본과 아동의 학업성취", 『교육사회학』 제10권 1호(2000), pp. 23~24.

26) 오욱환, "교육격차의 원인에 대한 직시: 학교를 넘어서 가족과 사회로", 『교육사회학연구』 제18권 3호(2008), p. 114.

27) 조정아, 위의 논문(2007), p. 116.

28) "사랑합니다! 존경합니다!", 「로동신문」, 2020년 11월 16일, 5면.

여기서 한 가지 주지할 부분은 잠재적 교육과정 측면에서 학부모도 교사, 학생과 함께 교육주체로 존재한다. 때문에 학부모들의 자녀교육지원을 부정적으로만 평가할 수는 없다. 경제난 이후 북한의 교육조건과 환경이 열악한 실정에서 북한 학부모들의 학교 교육을 위한 자녀교육지원은 국가적으로 교육 행정 측면에서 긍정적인 기여로 나타난다. 학교에서 부과하는 각종 과제(돈, 자재, 세외부담 등)를 학부모들이 발 벗고 나서서 지원하지 않는다면 자녀들이 등교를 꺼리고, 학교 운영에서도 어려움이 따르기 때문이다.

그러나 학교를 '돈교'라고 부를 정도로 학부모들이 부담이 가중되는 것이 문제이다. 그 와중에 경제적으로 넉넉한 학부모들은 가정형편이 어려운 학생들을 대신해 학급의 과제를 능력에 따라 더 부담하는 식으로 나눔을 실천하기도 한다.[29] 학부모의 경제력이 자녀교육의 공적 영역에서 실제적인 지원 효과로 나타나는 것이다.

이렇게 북한 학부모들의 아낌없는 헌신에는 의심할 여지가 없지만, 그럼에도 부모의 계층 지위가 권력과 사회적 자본으로 자녀교육에 투입되면서 격차라는 사회적 문제가 발생하는 것 또한 중요한 의제가 아닐 수 없다. 경제난 이후 '교육주체'로 등장한 북한의 학부모들은 각자의 경제적 자본(financial capital)을 활용하면서 영향력을 과시하고 있다.[30]

이것은 공적 영역의 교육제도 외 사적 영역의 사교육 확대를 불러오고 있다. 대부분의 부모들이 자녀에 대한 교육 열망을 가지고

---

29) 좋은벗들 엮음, 『오늘의 북한, 북한의 내일』(서울: 정토출판, 2006), p. 121.

30) 김혜진, "고난의 행군 시기 이후 북한학부모의 자녀교육지원에 관한 연구", 『Journal of North Korea Studies』 제5권 2호(2019), p. 175.

있지만, 부모의 계층 지위와 경제적인 투자 수준에 따라 격차가 발생하고 있다. 부모의 계층 지위의 특성에 따라 교육에 대한 인식과 가치가 상이할 뿐만 아니라 교육을 위한 물리적 환경과 사교육비를 부담할 수 있는 경제적 능력도 차이가 발생하는 요인이다.[31] 이처럼 북한 사회에서 부모의 계층 지위와 사회적 자본은 사교육뿐만 아니라 공교육에서 교육격차의 핵심 요인으로 자리 잡았다고 볼 수 있다.

2) 시장화와 계층 분화

경제난 이후 북한 사회의 급속한 변화는 주민들의 자생적인 시장 활동에 기인하며, 사적 재산의 축적과 함께 계층 분화를 일으키고 있다. 북한 경제의 한 축을 담당하고 있는 시장은 '물리적 장소로 존재하는 시장이 아닌, 사회 전체를 통한 시장 역학의 제도화로서 더 잘 이해'[32]될 수 있다. 주민들의 생존을 위해 자생적으로 형성된 시장은 북한 경제의 중심으로 부상하면서 제도적으로 고착된 것이다. 제도화된 북한의 시장 확대로 인해 주민들은 행위를 지배하는 일련의 규범이나 관행, 절차마저도 스스로 확립해갔다. 이제는 시장이 주민 생활의 터전이 되었으며, 산업환경의 회복에도 기여하고 있기 때문이다.[33]

국가가 아닌 시장을 통해 자본을 확보하면서 가치관 변화를 동반

31) 김혜진, "북한 교육열의 사회문화적 특성에 관한 연구"(고려대학교 북한학과 박사학위논문, 2019), pp. 150~151.

32) Hazel Smith 저, 김재오 옮김, 『장마당과 선군정치』(파주: ㈜창비, 2017), p. 33.

33) 박영자 외, 『김정은 시대 북한 경제사회 8대 변화』(통일교육원, 2018), p. 69.

하는 새로운 분업체계와 일탈 행위들이 정당화되고, 정치적 권력과 돈이 결탁하여 또 다른 권력을 만들고 있다. 주민들 속에서의 자원의 위계적 분배는 정치적 신분에 균열을 조장하고 새로운 계층 구조를 만들어냈다. 이와 함께 평범했던 일상은 소득, 소비, 교육, 보건, 정보 등 다양한 영역에서 자본의 차이로 인해 불평등이 심화되었다. 불평등은 개인과 가구(세대)를 넘어 대도시와 소도시, 도시와 농촌, 국경 접경지역과 내륙지역 등 지역별로도 고착화되었다.[34] 시장이 제도적으로 고착되면서 달러 보유의 차이에 따라 상층과 중간층으로, 가구별 식량 예비의 차이에 따라 중간층과 하층으로 구분을 짓는다면 주민들 사이의 경제적 불평등 구조는 상층, 중간층, 하층이 '피라미드형' 빈부격차를 나타내고 있다.[35]

이렇듯 북한 사회의 시장화 현상은 국가의 재분배 정책에 기반한 주민들의 일상생활을 와해시키고 개별가구 수입의 불평등을 초래하면서 경제적 계층 분화를 유발하였다. 좀 더 구체적으로 보자면, 시장 활동을 통해 경제적 상층 지위를 획득한 주민들은 시장경제의 확산에 적극적으로 참여하기 때문에 기존 체제와 정치·경제적 위계질서를 침식하는 효과를 가져왔다. 경제적 상층에 위치한 주민들은 차별화된 소비양태를 과시적으로 드러내면서 자신들의 지위를 우월함으로 정당화하고 있다. 반면 경제적 하층 지위에 있는 주민들은 변화된 위계질서를 암묵적으로 받아들이고, 재기(再起)의 기회를 꿈꾸며 시장 지향성을 나타내고 있다.[36]

34) 박영자 외, 위의 논문(2018), pp. 185~186

35) 이우영 외, "북한 도시주민의 사적 영역(private sphere) 연구: '고난의 행군'의 효과에 대한 미시적 분석"(한국학술진흥재단 연구보고서, 2007), p. 19.

시장화를 통한 사적 영역(사금융 발달)의 확대는 자연적으로 자본과 정치적 권력의 유착관계를 통해 우월적 지위를 갖게 하였다. 또한 사적 영역에서 자본 축적의 정도에 따라 경제적 계층의 지위를 높일 수 있고, 자본 축적을 통한 계층 이동도 가능할 수 있게 되었다. 정치적 계층만큼 경제적 계층의 지위가 견고하다고 볼 수는 없지만, 시장화가 제도적으로 정착되면서 경제적 계층의 격차는 지속될 수밖에 없다. 주민들 간의 경제적 빈부격차는 공교육과 사교육에 그대로 반영되면서 교육격차로 직결되는 요인이 되었다.

3) 사적 욕망과 계층 이동

북한 사회가 강조하고 있는 집단의식은 그동안 개인의 사적 욕망을 억압해 왔다.[37] 하지만 경제난 이후 주민들의 개인적인 내면세계에 자리잡고 있던 욕망은 사적 욕망의 분출로 나타나고 있다. 집단주의라는 공동체 문화 속에서 개인의 차이가 중시되는 경향이 확대되고 있는 것이다.[38] 인간의 욕망(desire)은 내면의 요구를 행위로 나타낸다. 욕망을 사회적 행위 관점에서 볼 때 북한 주민들의 사적 욕망에 대한 현상은 다양한 유형을 띌 수 있다. 욕망 자체가 개인의 내면에서 분출하면서 사회적 실현으로 연결되기 때문이다. 그중 제일 두드러지게 나타나는 현상은 경제적 자본을 더 많이 축적할 수 있는 돈을 쫓고, 그 돈을 통해 자신들의 욕망을 실현하는 것이다.[39]

36) 이우영 외, 위의 논문(2007), p. 20.
37) 이우영 외, 위의 논문(2007), p. 9.
38) 박영자 외, 위의 논문(2018), p. 274.

결국 북한 주민들의 사적 욕망을 실현하는 데서 가장 큰 요소는 '돈'이었다. 불완전하더라도 돈의 축적 정도에 따라 경제적 계층(상층, 중산층, 하층) 이동이 어느 정도 가능해졌다. 경제적인 자본을 획득한 주민들은 먹고 사는 문제가 해결되자 자녀교육에 눈을 돌렸다. 자녀가 사회적으로 성공하거나 잘 살기를 바라는 주민(부모)들의 사적 욕망은 특별한 것이 아니다. 자녀에 대한 애정과 욕망은 아주 본능적이며 직관적이기 때문이다.[40]

북한 주민들은 고난의 행군 이후 자녀를 '하나 낳아서 잘 키우자'라는 자체적인 구호를 만들어냈다. 자녀를 적게 낳아 잘 키우려는 부모의 마음은 자녀에 대한 적극적인 교육지원 행위로 이어졌다. 결국 자녀 수의 격감은 부모의 사회 · 경제 · 문화적 지위에 의해 교육적 개입을 가속화시킨다고 볼 수 있다.[41] 북한 학부모의 교육지원은 공교육뿐만 아니라 사교육을 통해서도 발현되고 있다. 이제는 북한 사회에서 학력이 중시하는 경향이 높아지면서 '잘 사는 사람들은 애들을 공부시켜야겠다는 걸 깨닫고' 부모들 자체가 자녀를 위해 교육투자를 아끼지 않고 있기 때문이다.[42]

부모의 욕망은 자녀를 수준 높은 대학에 보내고, 졸업 후 당 간부나 돈을 잘 벌 수 있는 직업에 종사하기를 간절히 바라고 있다. 부모가 당 간부이든 또는 간부가 아니더라도(장사로 경제적 자본을 획득한 부모) 자녀가 좋은 대학을 졸업하면 계층 이동의 기회를 얻

39) 최완규 외, "북한주민의 사적 욕망", 『현대북한연구』 제11권 2호(2008), p. 46.

40) 김혜진, 위의 논문(2019), p. 162.

41) 오욱환, 위의 논문(2008), p. 117.

42) 조정아, 위의 논문(2007), pp. 114~115.

을 수 있다는 막연한 믿음이 있기 때문이다. 이렇듯 주민들의 사적 욕망은 자신들의 지배권력을 정당화하고 자녀들 세대에 대물림하기 위해 교육을 사회적 지위나 직업 획득의 기준으로 삼고 있는 것이다. 여기에 지배권력을 가진 부모들이 교육에서의 우위를 확보하기 위한 전략으로 사교육을 적극 활용하고 있다.[43] 자녀에 대한 부모의 사적 욕망은 계층 이동에 대한 기대와 기회 획득을 위해 교육격차에 동참할 수밖에 없다.

3. 계층구조에 따른 교육격차 실태[44]

1) 출신성분에 따른 교육격차

북한 사회에서 출신성분은 정치적 권력 계층에 소속될 수 있는

43) 오욱환, 위의 논문(2008), p. 115.

44) 북한의 교육격차 실태 분석을 위해 9명의 연구참여자를 모집하였다. 구체적으로 북한에서 교사 경력을 가지고 있는 참여자 3명, 학부모였던 참여자 3명, 학생이었던 참여자 3명을 선정하였으며, 참여자들은 2014년부터 2020년 사이에 한국에 '직행'으로 입국한 북한이탈주민이다.

No	연구 참여자	북한 거주 지역	북한 출발 시기	남한 입국 시기	북한 직업	북한에서 정치·경제적 층위
1	참여자 A	양강도	2017년	2017년	중학교 교원	동요층/중산층
2	참여자 B	양강도	2015년	2016년	중학교 교원	동요층/중산층
3	참여자 C	양강도	2014년	2015년	중학교 교원	적대층/중산층
4	참여자 D	양강도	2019년	2019년	학부모(장사)	적대층/중산층
5	참여자 E	양강도	2019년	2020년	학부모(장사)	적대층/하층
6	참여자 F	황해북도	2019년	2019년	학부모(장사)	동요층/중산층
7	참여자 G	함경남도	2017년	2018년	학생(간호사)	동요층/하층
8	참여자 H	함경북도	2018년	2018년	학생(노동자)	적대층/중산층
9	참여자 I	함경남도	2019년	2020년	학생(노동자)	적대층/중산층

결정적인 요인이다. 출신성분이 좋다는 것은 국가에 대한 충성을 성분으로 검증받을 수 있기 때문이다. 그렇다면 교육현장에서 출신성분에 따른 격차는 어떻게 나타날까? 첫째, 학생의 차원에서 보면 교사의 차별과 학생 스스로의 포기였다. 그동안 북한 사회가 평등교육을 주장해 왔지만, 실제 교실환경에서 교사의 학생에 대한 관심과 내세우는 정도에 따라 학생들은 심정적으로 차별을 느꼈다. 북한에서 교육을 받을 당시에 참여자 G는 교사의 행위에 대해 특정 학생을 눈에 띄게 내세우는 상황을 목격하면서 소외되는 감정을 느꼈다. 당시에는 그것이 차별이라고 생각을 못했지만, 반복적인 소외를 경험하면서 자신감을 잃기도 했다.

> 이제 딱 봐도 뭔가 그 사람(학생)한테 좀 더 관심을 주시는 선생님들이 있어요. 그래서 막 더 이렇게 조용히 와서 막 이렇게 공부를 좀 더 할 수 있게끔 그런 도움을 주시는 거를 많이 봤어가지고. 근데 이제 막 대놓고 막 그거는 안 되는데. 근데 그게 다 느껴지는 거예요. 저희가 이제 보이기에 막. 뭔가 차별을 한다, 그렇게 보이죠. (중략) 그거는 딱 눈에 딱 티가 납니다. 막 뭔가 우리 학급에 그런 학생이 있다 하면은 계속 그 사람을 계속 내세우려고 하고. 왜냐하면 내세워야 이제 좀 더 차려지는 게 많으니까. (참여자 G)

반면 참여자 H는 자기 집안의 출신성분이 좋지 않기 때문에 공부해봐야 소용이 없다고 스스로 판단하고 애초에 공부를 포기하였다. 경제난 이후 북한 주민들 속에서 돈을 우선으로 인식하는 경향이 높아지기는 했지만 그럼에도 좋은 대학을 가려면 일단 출신성분이 좋아야 가능하다고 판단했기 때문이다. 이런 사회적 분위기가 보편화되어 있어 교육으로 출세하지 못할 바에는 '돈이나 많이 벌어 잘 먹고, 잘 살면 그만'이라고 생각하는 것이다. 공부를 해봐야 낙이 없으니 공부를 잘 하는 것 자체가 무의미한 일이라는 것이다.

그러나 참여자 I는 출신성분이 좋지 않은 가정배경에 실망하며, 만약 자신도 출신성분이 좋았다면 공부를 열심히 해서 좋은 대학에 가고 싶었지만 기회를 잡을 수 없는 현실에 불만이 많았다.

> 저도 가정적인 배경(출신성분)이 좋았으면 저 사람 못지 않게 공부할 수 있고, 저 사람 못지 않게 직위를 가졌을텐데, 부모님 때문에 저도 할 것도 못하고, 그런 사회에 대한 불만도 생기더라구요. 왜냐하면 평등한 사회가 아니다보니까 이제 너무 사람이 한 쪽으로 생각하면 내가 뭐가 모자라서 그런가 하는 생각도 들고 사실 말해서 배척감이 들죠, 사람이. (참여자 I)

둘째, 학부모 차원에서 출신성분에 따른 차별 경험은 학생의 입장보다 조금 느슨했다. 학부모들은 중등학교까지는 출신성분으로 인한 피해나 차별에 대해 크게 인식하지 못했다. 다만 자녀가 대학교에 진학할 경우, 특별히 출신성분을 따지는 중앙 대학에서 배제된다는 것을 알고 실망했다. 학부모 자체도 학생시절에 경험했겠지만, 자기 자녀가 출신성분으로 인해 배제되는 경험은 더 안타까운 일이었다. 지역에서 아무리 수재라는 말을 들을 정도로 공부를 잘 해도 원하는 대학에 입학하기 어려운 현실을 직면하면서 좌절했다. 출신성분을 가르는 여러 기준에서, 부모 중 한 명이 한국에 갔다면 '월남' 가족으로 학생 문건에 기록되어 대학 진학할 때 서류전형에서 탈락하기도 했다.

학교에서는 크게 그런 건 없지. 근데 ○○이가 1고등(○○도 제1고등중학교)[45]에서 학교를 들어가는 게 ○○이 아빠는 여기 한국에 와 있으니까, ○○이는 저 김책공대나 이렇게, 그런 저기 그러니까 종합대학은 좋은 대학에 못 가지. 국방대학 같은 데는 들어갈 엄두를 못 내고. 교원들이 안 된다고 토대 땜에, 그렇게 저리 딱 보니까 중학교 졸업할 때, 대학 갈 때 문건이 까지더라고. (중략) 그렇게 하면서 ○○이는 김대(김일성종합대학)나 국방대학은 안 된다, 김책공대 같은 거 그런데 밖에 안 된다 해가지고. 아빠의 내력이 있다 하니까 우린 그렇게 타격을 받은 거지. 졸업할 때 문건을 까지(조사)더라고. 본 아버지 누구 '월남' 딱 돼 있고. 그니까 대학교 갈 때, 그 다음에 사회 진출할 때 그때부터 정확하게 차이가…. (참여자 D)

셋째, 교사 차원에서는 출신성분에 따른 격차를 전적으로 인정하고 있었다. 북한 사회 자체가 좋은 대학에 진학하려면 정치적 신분을 중요하게 판단하기 때문에 그런 학생들을 조금 더 관심을 가지고 내세울 수밖에 없다는 것이다. 중앙 대학뿐만 아니라 중등 교원 양성기관인 사범대학도 출신성분에 문제가 있으면 진학이 어렵기 때문이다. 참여자 B는 북한에서 중등교사로 재직하는 동안 '공부를 잘해도 토대가 안 좋으면 대학에 못 가는 상황'을 직접 목격하였다. 공부는 사교육을 활용해서라도 잘할 수 있지만, 출신성분만큼은 스스로 노력한다고 해서 되는 일이 아니라는 것이다. 북한 사회에서

[45] 북한의 제1고등중학교는 전국에서 뛰어난 학생들이 시험을 통해서 입학할 수 있는 중등의무교육에서 제외되는 영재교육기관이다. 1990년대까지 각 도 및 직할시에 하나씩 있었으나 2000년도부터 지방의 각 시, 군, 구역들에 한 개씩 설치를 확장하였으나, 2008년부터 각 도 및 직할시에 하나씩 남겨두고 본래대로 전환했다. 김유연, "북한의 제1중학교 정책 실태 및 변화 연구", 이화여자대학교 북한학과 석사학위논문(2014), p. 2.

자신의 미래를 위해 배우고 성장한다는 것은 모두가 평등하게 가질 수 없을 정도로 교육의 격차가 심해지고 있다. 출신성분에 따른 교육의 기회는 정치적 권력을 가진 계층에게 유리한 조건을 부여하고 있는 것이다.

2) 가정배경에 따른 교육격차

일부 국가(주로 자본주의)의 교육사회학 영역에서 가정배경은 자녀의 학업성취와 연관성이 매우 높다. 가정배경은 부모의 경제적 자본(financial capital), 인간 자본(human capital), 사회적 자본(social capital)의 세 요소로 구성된다. 경제적 자본은 가정의 소득수준에 의한 부모의 물질적 지원 능력이며, 인간 자본은 자녀에게 인지적 영향을 미칠 수 있는 부모의 교육수준을 말하며, 사회적 자본은 자녀교육에 대한 부모의 관심 형태를 말한다.[46] 여기서 중요한 것은 가정배경의 세 요소가 사회적으로 교육의 불평등에 기여하면서 교육격차를 만들어낸다는 것이다.

북한의 사회주의 교육학 측면에서 가정은 학교 교육과 사회 교육을 연계하여 자녀의 가정교양을 담당하는 사회의 중요한 세포조직이다. 따라서 부모들은 자녀들에게 가정교육을 통해 말과 행동에서 자녀에게 본보기가 되어야 하며, 교사와 연계하여 효과적인 자녀교육 방법을 찾는 것도 중요하다.[47] 북한의 교육에서 가정교육을 담

46) 김경근, “가족 내 사회적 자본과 아동의 학업성취”, 『교육사회학연구』 제10권 1호 (2000), p. 22.

47) 남진우 외, 『사회주의 교육학』(평양: 교육도서출판사, 1991), pp. 434~435.

당한 부모는 어디까지나 자녀의 교육에서 보조자 역할을 수행한다고 볼 수 있다.

그러나 북한의 경제난 이후 부모들은 공교육 제도의 활용과 동시에 부모의 자체 능력에 따른 방식으로 자녀교육에 열중하고 있다. 부모 자신들의 경제적 · 인적 · 사회적 자본을 활용하여 자녀교육에 올인하고 있기 때문이다. 경제난 이전에는 볼 수 없었던 출세주의 교육열은 사회적 지위 상승과 높은 수입을 창출할 수 있는 직종에 편승할 수 있도록 기능하고 있다.[48] 부모들은 출신성분이 좋지 않으면 돈으로 할 수 있는 최선의 선택을 강행하고 있었다. 일단 돈을 들여 '인공 수재'라도 만들어 놓으면 육체적으로 힘든 노동을 피해 갈 수 있고, 최고 권력은 아니더라도 사회적으로 인정받을 수 있는 계층 지위를 가질 수 있다는 기대가 있기 때문이다.

> 이제는 인공 시대니까 인공 수재를 많이 만들어내니까, 옛날에는 못 사는 집 애들이 공부를 잘했고 아무거나 다 잘한다 했는데 아니거든. 이제는 못 사는 집에 애들이 공부 잘하는 건 정말 천성적인 거 한 둘이고. 그 아이 때부터 잘 사는 집 애들, 벌써 잘 사는 집은 부모들이 깨고 인식이 있고 그러니까, 부모들부터 인식이 있으니까, 아이 때부터 체계적으로 공부를 시키고, 공부만 시키는 게 아니고 과외부터 시작해서 음악, 무용, 춤, 노래 그다음에 배구부터 시작해서 어쨌든 아무거나 다 돈으로 그 애들을 인공 수재로 만들어 놓으니까. (중략) 지금 이게 한국도 아이들이 엄청 힘들다 하지만, 북한도 상류층 애들이 엄청 힘들어. 부모들보다 더 힘들지. 밤에 12시, 1시까지 공부를 해야 되고, 피아노 배울라 다녀야 되고, 마지막에 춤 배우러 다니고 노래 배우러 다니고, 학교 퇴근해서는 가방

48) 김혜진, 위의 논문(2019), p. 131.

놓고는 저리 과외부터 당겨야(다녀야) 되니까 밤에 12시, 1시까지, 그러니까 지금은 옛날에는 못 사는 집 애들이 무슨 공부를 잘했다 못 사는 집 애들이 공부를 잘하는 건 한 둘이고, 그래도 일정한 수준이 있는 애들이 공부를 잘하지. 그리고 그 애들을 인공 수재 만들어 놓고…. (참여자 D)

북한의 부모들이 시장 활동을 통해 더 많은 부를 축적하고자 하는 데는 자녀들이 질 좋은 교육환경을 제공하는 것도 있지만, 더 중요한 것은 돈을 많이 소유하면 '신분 세탁'도 가능하기 때문이다. 이들은 암암리에 돈을 들여 신분 서류를 불법으로 바꾸고 정치적인 지위를 획득하고 있다. 돈을 들여서라고 가정의 정치적 배경을 바꾸고 싶은 것은 가장 큰 소원이었다. 가정의 배경은 자녀의 진로와 미래에 직접적인 영향을 주기 때문에, 만약 신분이 나쁘다면 벗어날 수 있는 길을 모색하고 싶은 것이다.

그래도 돈이 있으면 문건 서류를 다 이렇게 북한 토대 서류를 다 바꿔가지고 우라까이를 해요. 그거는 옛날에도 했고, 지금도 하고 있어요. (중략) 우리 엄마 세대에도 그렇게 한 사람들도 있고, 지금도 하고 있는데, (중략) 근데 기본 부서(정치적으로 높은 지위)를 갈 때는 제한을 받죠. (참여자 F)

돈이 많으면 제 가정배경부터 바꾸고 싶더라구요. 너무 토대가 딸려서. (중략) 북한에서 혹시 걸리면 안 되지만 여기서 말하는 신분 세탁을 북한에서 할 수 있어요. (참여자 I)

물론 직급이 높은 당 간부인 부모들은 그들대로 자녀의 미래를 설계하고, 중등교육 단계부터 체계적인 교육을 받을 수 있도록 하고 있다. 부모의 정치적 권력은 계급(계층)을 결정짓는 중요한 요소이다. 부모들은 자녀들에게 권력을 대물림하기 위해 필사적이다. 각 도에 하나밖에 없는 '제1고등중학교'라는 수재교육 담당 기관에 도당, 시당 책임비서, 교육부장, 도보위부장, 정치부장 등 정치적 권력을 가진 부모의 자녀들이 과반수 차지하고 있는 것을 보면 이들이 자녀교육에 얼마나 집중하고 있는지 예측할 수 있다. 부모의 정치적 권력에 따라 탄탄대로로 성장하는 자녀들은 친구들 사이에서 부러움의 대상이었다.

> 엄마와 아빠가 토대가 얼만큼 높은 가에 따라서 중앙당까지 올라갈 수 있고, 아니면 뭐 도까지도 올라갈 수 있고, 부럽죠. (참여자 H)

이처럼 북한 사회에서도 부모의 정치적 · 경제적 · 사회적 자본은 자녀의 성장에 직접적으로 작용한다. 계층 지위가 높은 부모들일수록 어릴 때부터 자녀교육에 집중하기 때문에 하층의 자녀들과의 격차는 커질 수밖에 없다.

3) 학교급에 따른 교육격차

여기서 학교급은 학교 간, 학교 내 모두를 포함한다. 학교마다 또는 학급마다 학교행정가, 담임교사들의 능력과 실력에 따라 그 운영에서 차이가 있을 수밖에 없다. 그런 이유로 학교급별로 능력이 출중한 교사에 대한 쏠림현상이 발생하고, 담임교사로 능력을 인정받아야 학급을 계속 맡을 수 있어 교사들 간의 경쟁도 치열하다는

것이다.[49] 교사의 교육적 자질과 열성은 학생의 교육수준과 비례한다고 보기 때문이다.[50]

실제로 북한은 중등일반교육의 질을 높여 국가에 필요한 인재 양성을 지속적으로 강조해 왔다. 교육의 정보화, 현대화를 통해 정보화 수준을 끌어올리고 학과 실력을 높이기 위해서는 실험실습 집중, 과학적인 실력평가, 창의적인 교수방법 창조 등 근본적인 중등교육의 질 개선에 총력을 기울이고 있다. 김정은은 인재강국화, 전민과학기술인재화를 실현하기 위해 "뿌리가 든든하여야 충실한 열매가 달릴 수 있는 것처럼 학생들에게 기초교육을 주는 중등일반교육을 잘하여야 훌륭한 인재들을 키워낼 수 있다."고 하면서 중등교육의 질을 거듭 강조하였다.[51]

그러나 학교급에 따라 발생하는 교육격차는 교육의 질, 학급운영, 학부모의 교사지원 정도 등에서 가장 두드러졌다. 실제로 학교마다 국가의 교육개혁 방향을 전달받았지만 교육현장의 교구시설, 교육조건, 학교 환경은 국가의 교육적 의도를 따르는 데 어려움이 많았다. 교육재정에 대한 국가의 투자가 미비한 상황에서 모든 것을 학교급별로 자체 내에서 해결해야 하기 때문이다. 학교별 과제는 학급별로 또 나눠지면서, 결국 학급을 담임한 교사의 재량으로 풀어나가야 했다. 그러니 담임교사들도 학급을 운영하는 데 어려움이 있을 때마다 학부모들에게 호소할 수밖에 없었다. 교사들은 가르치

[49] 조현정, 위의 논문(2020), pp. 166~168.

[50] "학생의 실력은 교원의 실력과 열성에 달려있다," 「로동신문」, 2021년 7월 9일.

[51] "중등일반교육의 질을 높여 앞날의 인재들을 더 많이 키워내자", 「로동신문」, 2019년 3월 18일.

는 일만 하라면 얼마든지 잘할 수 있지만, 수시로 학급에 부과되는 과제를 기간 내에 끝내야 하는 정신적 피로감 때문에 교직생활이 너무 힘들었다.

> 무슨 지원이 너무 많아요. 결국에는 학부모들의 주머니에서 돈이 다 나오죠. (중략) 학급을 담임하면서 가르치는 것보다도 (학부모들로부터) 잘 거두는 거를 능수능란하게 해야 돼요. 학교 꾸리기부터 시작해서 모든 걸 다 할 때, 저기는 학부형들이 돈을 내서 학급을 꾸리고 최상급을 만들어 놓으니까…. (참여자 C)

> 국가는 하나도 해주는 게 없고, 학교에서 뭐 내라 하면 학부모가 다 하고, 학급 운영도 경제적인 거, 학부모를 통해서 다 하죠. (학급 운영에서) 첫째는 돈 많은 사람 1순위인 것 같고, 두 번째는 이제 간부 자식, 간부 자식도 솔직히 간부니까 당연히 돈 많은 거죠. 일단 그래도 이제 돈으로 뭔가 모든 걸 해결하는 사람이 1순위이고, 간부도 돈이 있으니까. 이제 간부 자식이 있으면 되게 학급도 되게 막 빛이 나요. (참여자 A)

결국 학급이나 학교는 부모들의 경제적 지원에 의해 운영된다고 해도 과언이 아니다. 학교마다 컴퓨터, 전자계산기, 녹화기 등 전자기기를 이용해 학생들의 교육에서 시지각, 청지각 교육을 강화해야 한다고 강조하고 있지만, 학급별 전자교구는 학부모들의 도움으로 자체 구입하다 보니 기종이나 연식 등이 제각각이었다. 학부모들을 통해 규모는 어느 정도 갖추었어도 전자기기를 활용할 수 있는 미디어 수업자료가 제대로 보장되지 않은 데다가 전기사정도 어려워 수업에서 기기 활용이 원활하게 이루어지지 않고 있다. 그저 형식적으로 갖추는 것에 의미를 두는 정도였다.[52)]

그나마 수재교육을 담당하는 제1고등중학교는 학부모들의 경제적인 지원이 잘 이루어져 수업에서도 기기를 활용하고 있었다. 제1고등중학교 경우는 일반 고등중학교와는 비교가 안 될 정도로 교육의 질에서 차이가 있었고, 교육시스템 자체가 매우 체계적으로 운영되고 있어 학생들이 공부를 잘할 수 있는 교육환경이 좋다는 인식이 보편적이었다.

> 일반(학교) 학생들하고 1고등하고 이 교육의 질이 다르고, (중략) 그리고 질이 다른 데로부터 아이들하고 생활상 등급도 차이 나고, 그다음에 벌써 흐름이 다른 거야. 아이들이 보통 (일반)학교 애들은 노는 데만 정신이 있고, 어디 어디 가서 싸움질하는 데만 정신이 있고, 그저 공부하는 흐름이 아니거든. 근데 이게 1고등은 공부하는 흐름이니까. (중략) 그러니까 나는 우선 질적, 교육의 질이 차이가 있고 애들하고 등급 차이가 있고, 저리 이렇게 보면 이제 보니까 1고등을 졸업하고 보니까, 1고등 학생하고 일반 학교 아이들하고 질이 달라. 어디 갔다 놔도 1고등 아이들하고 성품도 다르고 어디 가서 실력에도 다르지, 차이가 나고. 벌써 아이가 탁 보면 야는 1고등 (학생)애겠구나, 하는 게 저리 다르거든. 그러니까 다 어떡하나 1고등을 다 (넣으려고)열려고 하고 그러지. (참여자 D)

그러니 정치적이든 경제적이든 자본이 넉넉한 가정에서는 자녀들을 어떻게든 제1고등중학교에 진학시키려고 사교육을 적극적으로 활용하고 있었다. 부모들 자체가 지역에서 교육 수준이 높은 학교에 자녀를 진학시키고자 열정을 쏟다 보니, 간부 집 자녀나 돈 많은 집 자녀가 쏠리는 학교는 교사들 자체도 교육의 질을 끌어올리

52) 조현정, 위의 논문(2020), pp. 149~150.

려고 몇 배로 더 노력한다는 것이다.

> 이제 간부나 돈 많으신 분들은 절대로 저희 같은 학교에 안 보냅니다. 왜냐하면 그래도 이제 여기서 좀 급수 있다는 학교에 힘들어도 그런 학교, 이제 대부분 간부 집 자식들이랑 가면은 그 학교는 이제 계속 좀 더 노력하려고 하고 하는 거예요. 그러면 저희 학교 같은 경우는 계속 이제 떨어지고. (참여자 G)

일반 고등중학교의 경우에도 같은 지역 안에서 등급이 나뉠 정도로 학교별 교육 차이가 있었고, 학교 안에서도 같은 학년의 학급별로도 수준 차이가 있었다. 학급별로 교육수준과 학급운영에서의 차이는 결정적으로 학부모의 경제적 능력과 학교 지원 형태에 따라 수준이 나뉘었다. 담임교사의 생계를 책임지는 정도도 학부모들에 의해 상이한 모습을 띄고 있었다. 교사들 자체도 국가에서 급여를 제대로 받지 못하기 때문에 학부모들의 경제적 지원으로 생계를 꾸려가는 것이 대부분이다. 이제는 학부모들도 담임교사의 생계를 챙겨져야 한다는 것에 대해 당연하게 받아들이고 있었다.[53]

> 북한 사회에서 실정이 그렇지 못하니까 교원들 자체도 자기가 무슨 입에 풀칠하기가 힘들잖아요. 자기가 일한 것만큼 보수가 따르는 사회가 돼야 되는데, 교원들 자체가 공부를 한 달 학생들을 가르쳐줬으면 그에 대한 국가적인 보수가 있어가지고 그걸로 자기 가정을 운영하고 자기가 먹고 살아야 되는 데 그런 게 없으니까, 부모들이 지원해줘야죠. (참여자 E)

---

53) 조현정, 위의 논문(2020), pp. 159 160.

반면 학급별로 학부모들의 지원을 통해 운영되면서 교육비리가 만연해지고 있다. 교육소비자로 등장한 학부모들로 인해[54] 학급별 격차가 발생하고 있으며, 이는 학교급에도 영향을 미치고 있다.

4) 지역에 따른 교육격차

북한의 지역 간 소득격차는 계층 분화를 잘 보여주는 요소이다. 그동안 북한 사회에서 계층은 주로 정치적 신분을 중심으로 나뉘어졌지만, 경제난 이후에는 시장을 통한 신흥자본 세력이 등장하면서 경제적 자본을 중심으로 계층 분화가 이루어졌다. 지역 간 불균형적인 격차는 지역별로 또는 동일한 도시 내 행정구역에도 확인 되고 있다. 시장이 가까울수록, 간부들이 많이 모여 사는 지역일수록 잘 사는 지역으로 인식되는 등 경제적 · 정치적 · 사회적 · 행정적 측면에서 보여준다. 여러 측면의 불균형에서 근원적인 요소는 경제적 불균형이다.[55] 지역 간 경제적 불균형으로 인해 발생하는 소득격차는 필연적으로 교육격차와 비례한다. 부유한 계층일수록 자녀들의 능력과 상관없이 가장 좋은 교육을 받을 수 있는 방법을 찾기 때문이다.[56]

지역 간 차이를 인식한 김정은 정권은 학교 교육환경부터 그 격

---

54) 김혜진, 위의 논문(2019), pp. 187~189.

55) 임을출, "북한 지역 간 빈부격차 양태와 결정요인 분석", 『통일문제연구』 제28권 2호(2016), pp. 94~95.

56) David P. Baker · Gerald K. LeTendre 저, 김안나 옮김, 『세계 문화와 학교교육의 미래: 교육의 유사성과 차이에 대한 제도주의 관점과 해석』(파주: 교육과학사, 2016), p. 137.

차를 줄이는 데 집중하였다. 김정은은 정권 초기부터 낙후된 교육환경을 개선하기 위한 교육개혁 차원에서 도시와 농촌 간의 교육격차를 줄이기 위한 학교지원 사업을 전국적으로 추진하였다. '학교지원 사업은 곧 애국'이라며 사회적으로 학교 교육시설과 환경을 일신시켜야 한다고 강조하였다.[57] 그리고 2017년에는 12년제의무교육을 실시한 후 집행 총화에서 '학교후원단체들과 각 기관들에서 컴퓨터, 액정텔레비죤, 세멘트, 목재, 유리 등 많은 물자들을 보장함으로써 교육부문의 물질기술적 토대를 강화하는 데 이바지'하였다고 언급했다.[58]

그러나 국가적인 사업집행총화에서 언급된 내용과 현실은 괴리가 많았다. 학교마다 후원을 받는 형태가 상이하다 보니 오히려 학교급별 교육격차가 심각할 정도로 나타나고 있다. 학교의 위치에 따라 차이가 발생하고, 같은 학교 안에서 학급의 구성원에 따라서도 격차가 나타났다.[59]

> 지역적 차이가 엄청 심하죠. 양강도에 있어도 여기서 30분 거리를 가도 학교 애들하고 저 학교 차이가 같은 시내에서도 엄청 심한데, (농촌학교는)학교 운동장 들어가 보면 학교가 냄새가 확 달라요. 아이들의 얼굴, 옷차림, 학교에 있는 녹화사업, 딱 운동장만 봐도 알 수 있어요. (참여자 C)

지역 간 교육격차의 또 다른 측면은 부모의 교육·경제적 수준

57) "학교지원과 애국", 「교육신문」, 2015년 3월 5일.

58) "전반적12년제의무교육을 실시함에 대한 법령 집행총화에 대하여", 「교육신문」, 2017년 4월 20일.

59) 조현정, 위의 논문(2020), p. 146.

인식 정도에 따라 영향을 미치기도 했다. 부모가 경제적인 능력을 갖추고 있다면 인식 수준이 높고, 또 대학교육을 받은 부모라면 당연히 자녀의 교육에 관심을 쏟을 수밖에 없다는 것이다. 경제적인 능력은 북한 부모들의 인식 수준에 많은 영향을 미쳤다. 모든 것을 돈으로 해결할 수 있는 도시와 그와 반대인 농촌의 생활환경 차이는 부모들의 인식 수준을 통해서도 잘 드러났다.

> 돈이 있으면 많이 깨게 되고 보는 게 많고 느끼는 게 많으니까 부모들 자체도 그렇고. 그러니까 농촌 사람들은 농촌에 가면 애들 공부시키는 걸 그렇게 신경 안 쓰고 그저 몸만 키워가지고 군대 내보내면 된다, 이런 인식이 과반수죠. 그래도 시내에서 자라고 그래도 좀 돈 있고, 부모가 그래도 대학 졸업했고 간부하고 돈 좀 있고 좀 깬 사람들은 그렇게 생각을 안 하죠. (참여자 A)

지역 간 교육격차에서 교사의 가르치는 능력도 한 부분을 차지하고 있었다. 농촌학교에 교직생활하는 교사들은 이미 사범대학 졸업 시기 대도시, 소도시 다음으로 농촌지역에 배치받은 교사들이다. 교사들마다 수단과 방법을 동원해 교육환경이 좋은 학교로 배치받으려는 경쟁이 심하다 보니, 그 경쟁에서 밀려난 교사들이 농촌학교로 간다는 것이다.[60] 위에서도 언급하고 있듯이 농촌학교의 교육환경은 도시학교들과 비교하기 어려울 정도로 낙후되어 있다. 교사들이 부족해 한 교사가 여러 과목을 가르쳐야 하는 상황에 부딪히고, 한 과목을 깊이 있게 가르치는 데는 한계가 따르기도 한다. 농

---

60) 조현정, 위의 논문(2020), p. 101.

촌학교에서 소위 1, 2권 안에 든 학생들의 교육수준을 보면 상황 예측이 가능해진다.

> 기본적으로 배워주는 것도 이제 차이가 나죠. 농촌학교 간다는 거 자체가 선생님 자체가 별로 능력이 없어서 가는 거 아닐까라는 생각이 들거든요. 왜냐하면 저의 입장에서도 뭔가 이왕이면 시내 학교 가고 싶고 이렇게 하고 싶은데, 농촌학교에 선생님으로 갔다는 것 자체가 실력 문제도 있겠고, 뭔가 물론 경제적인 것도 중요하긴 하겠지만…. (참여자 B)

> 농촌학교에 비하면 저희 학급은 학교는 또 완전 A급이죠. 약간 농촌이라는 그것 때문에 그런지 모르겠는데 딱 봐도 저기서 어떻게 공부하지 약간 이런 느낌을, 일단은 공부시키는 강도 자체가 다르고, 그리고 농촌학교에서 나름 1등했다는 애들은 우리 학교에 오면 완전 바닥칩니다. 그래서 이제 그 애들은 엄청 힘들어 하더라고요. 자기 나름 이제 잘 한다고 생각했는데, 근데 그게 교사들의 능력이지 않을까, 그런 생각이 들어요. (참여자 G)

농촌지역 학교의 부족한 교사 충원, 농촌지역 특성에 맞는 다과목 교원 양성 등 교사의 자질을 높여 교육을 발전시키는 문제는 국가적 차원에서 여전히 해결해야 할 사안으로 인식하고 있다.[61] '농촌의 교원대열을 질량적으로 강화하기 위한 방도를 찾고',[62] '도와 도 사이, 군과 군 사이 경쟁을 활발히 벌려, …농사와 지방공업, 교육사업을 비롯한 모든 면에서 떨어진 곳이 없어야'한다는 식으로 강

61) 김옥별, "교원진영 강화는 교육발전의 선결조건", 「로동신문」, 2021년 12월 7일.
62) "새 세기 교육혁명의 북적," 「로동신문」, 2022년 1월 5일.

조하고 있다.[63] 그러나 각 지역 행정단위의 힘으로만 뒤떨어진 교육문제를 해결해야 하니 지역 간 교육격차는 쉽게 해결되기 어려운 상황에 놓여있다.

4. 나오며

이 글은 북한 사회의 교육격차 현상을 면밀하게 파악하기 위해 김정은 시기 정치·경제적 계층구조에 따른 교육격차 요인을 분석하고 그 실태를 밝혀내는 것을 목적으로 하였다. 교육격차 요인을 분석하기 위해 남북한 문헌을 고찰하였으며, 그 실태의 현상을 있는 그대로 밝혀내기 위해 북한이탈주민 구술자료를 분석하였다.

먼저 북한의 계층 분화에 따른 교육격차 요인은 다음과 같다. 첫째, 부모의 계층 지위와 사회적 자본이다. 이는 교육격차를 발생시킨 가장 중요한 요인이었다. 부모의 정치적 권력과 사회·경제적 자본은 그대로 자녀교육에 투입되면서 막강한 영향력을 행사하고 있다. 둘째, 시장화에 따른 계층 분화이다. 북한 사회에서 자생적으로 형성되었던 시장은 국가의 재분배 정책에 기반했던 주민들의 일상을 와해시키고 개별가구 수입의 양극화를 초래하면서 경제적 계층 분화를 유발하였다. 경제적 요인에 의한 계층 분화는 계층 이동을 암시하고 있다. 셋째, 사적 욕망과 계층 이동이다. 북한 사회에

63) 김혁철, "도와 도사이, 군과 군사이 경쟁을 활발히 벌이자", 「로동신문」, 2021년 10월 26일.

서 억압된 사적 욕망은 개인의 자본획득과 함께 분출하고 있으며, 사적 욕망을 실현하는 과정에서 경제적 계층 이동이 어느 정도 가능해졌다. 부모의 계층 이동에 대한 사적 욕망은 자녀교육에 대한 열망과 함께 교육격차를 발생하는 요인이 되었다.

다음으로 교육격차 요인에 따른 실태는 정치 · 경제적 계층구조의 관점에서 네 가지로 도출하였다. 첫째, 출신성분에 따른 교육격차는 교사의 학생에 대한 관심 정도, 학생 스스로의 포기, 대학 진학, 사회 진출에서 여실히 드러났다. 학업성적을 높이려면 노력으로 가능하지만 출신성분은 개인의 노력으로 해결할 수 문제가 아니기 때문에 정치적 성분에 따른 교육격차는 발생할 수밖에 없다는 것이다. 둘째, 가정배경에 따른 교육격차는 부모의 경제적 · 인적 · 사회적 자본에 의해 영향을 받고 있다. 경제난 이전에는 볼 수 없었던 부모의 출세주의 교육열은 자녀가 사회적 지위 상승과 높은 수입을 창출할 수 있는 직종에 편승할 수 있도록 기능하고 있다.

셋째, 학교급에 따른 교육격차는 학교행정가, 담임교사, 과목교사의 능력과 실력에 영향을 받고 있다. 학급 학생들의 부모 계층 지위에 따라 교육의 질과 학급운영이 좌우되며, 이는 학교 간, 학급 간의 교육격차로 나타났다. 넷째, 지역에 따른 교육격차는 부모들의 사회 · 경제적 자본에 따라 극심한 차이를 보이고 있다. 경제적 부가 밀집된 도시학교와 하루 벌어 생계를 유지하는 농촌학교 간 격차도 심하지만, 동일한 도시의 행정구역 간에도 학교 간 격차 현상을 보여주고 있다. 부모의 학력 · 경제적 수준 정도, 교사의 가르치는 능력에 따른 지역 간 교육격차는 날이 갈수록 심화되고 있다.

연구결과를 통해 나타난 북한 학생들의 교육 성취에 대한 양상은

구소련에서 부모들의 사회적 · 직업적 지위(socio-occupational status)와 교육 수준, 소득, 거주지역에 의해서 좌우되는 현상과 일맥상통하고 있다. 정치 · 경제적 권력을 소유한 부모들은 높은 사회적 지위를 획득하기 위해 교육수준에 주목했다. 교육과 사회적 지위 간의 관계가 밀접해지면 교육을 둘러싼 경쟁은 치열해진다는 것이다.[64)]

이처럼 시장이 제도적으로 정착된 북한 사회에서도 정치 · 경제적 소득격차에 따른 교육격차 문제는 교육불평등으로 이어지고 있다. 정치적 집단과 경제적 자본을 획득한 계층의 이해관계에 따라 학교를 중심으로 하는 대중교육시스템의 작동은 양극화를 초래하고 있다. 무료의무교육에 따른 평등 교육을 주장해 왔던 북한의 학교 교육은 결국 정치 · 경제적 계층의 재생산과 계층 지위를 고착화하는 데 기여한다고 볼 수 있다.

상위 계층 자녀의 학업성취에 대한 요구는 공교육을 적극 활용하는 동시에 사교육에서도 우위를 점유하고 있다. 북한 교육제도의 교육격차 문제에는 사교육 시장의 확대도 한몫하고 있다. 사교육 시장을 이용하는 계층이 대부분 정치 · 경제적 상위 계층들이다 보니 의도치 않았던 교육불평등 문제까지 야기되고 있는 것이다.[65)] 가정의 정치 · 경제적 배경이 자녀의 교육 수준에 기인하듯, 북한의 부모들은 자녀가 학교에 입학하기 전부터 사교육에 투자하면서 교

64) 오욱환, “사회주의 국가에서 교육 불평등과 사회경제적 불평등의 정치경제학적 관계: 고르바쵸브 시대 이전의 소련을 중심으로”, 『교육사회학연구』 제2권 1호(1992), pp. 16~18.

65) David P. Baker · Gerald K. LeTendre 저, 김안나 옮김, 『세계 문화와 학교교육의 미래: 교육의 유사성과 차이에 대한 제도주의 관점과 해석』(파주: 교육과학사, 2016), p. 117.

육열에 동참했다. 설사 출신성분이 좋지 않아도 자녀가 양질의 교육을 받는 것에는 돈을 아끼지 않고 있으며, 교육을 통한 계층 공고화와 이동의 기회를 기대한다고 볼 수 있다.

결론적으로 북한의 교육제도는 김정은 정권의 교육 전략과 개혁 의도와 다른 방향을 향하고 있다. 아이들을 잘 키우는 것은 '당과 국가의 최중대정책'[66]이기 때문에 '모든 학생들을 참다운 혁명인재, 유능한 창조형의 인재, 사회주의 후배대로 키우는 것을 새 세기 교육혁명의 기본목적'[67] 이라고 강조하고 있지만, 실제 현실과 괴리가 너무 크다. 교육재정에 대한 국가의 투자를 늘리지 않고, 교육개혁을 각 지역단위에 책임을 떠넘기고, 교육사업을 후원단체 사업으로 대체하는 것은 학교 간, 지역 간 교육격차를 더 심화시킬 뿐이다. 국가는 지시만 내리고 실제 교육지원을 지역단위와 학부모들의 힘에 의존하는 상황이 지속된다면 근본적인 교육개혁은 쉽지 않을 것이다. 모든 학생에게 해당되는 전반적인 평등교육이 약화되고, 정치·경제적 자본의 힘에 좌우되고 있는 북한의 교육 현실은 간부집, 잘 사는 집 자녀들에게 더 많은 교육 기회를 제공하는 쏠림 현상을 막을 수 없다. 부모의 계층 지위에 따른 교육격차가 심해질수록 주민들 간의 계층 갈등과 이로 인한 사회 불안정성의 가능성은 배제하기 어려울 것이다.

---

66) "우리 당과 국가의 최중대정책," 「로동신문」, 2021년 6월 24일.
67) "새 세기 교육혁명의 목적," 「로동신문」, 2022년 1월 5일.

참고문헌

1. 국문단행본

김경래. “통일 이후 독일의 사회계층 변동: 동독의 사회계층 변화를 중심으로”. 통일부. 『사회계층 변동 분야 관련 정책문서』, 서울: 통일부, 2018.

박영자 · 조정아 · 홍제환 · 정은이 · 정은미 · 이석기 · 전영선 · 강호제. 『김정은 시대 북한 경제사회 8대 변화』, 서울: 통일연구원, 2018.

이희승. 『국어사전』, 파주: 민중서림편집국, 2015.

좋은벗들 엮음. 『오늘의 북한, 북한의 내일』, 서울: 정토출판, 2006.

최영주. 『세계의 교양을 읽는다』, 서울: ㈜휴머니스트 출판그룹, 2009.

2. 영문단행본

David P. Baker · Gerald K. LeTendre 저, 김안나 옮김. 『세계 문화와 학교교육의 미래: 교육의 유사성과 차이에 대한 제도주의 관점과 해석』, 파주: 교육과학사, 2016.

Hazel Smith 저, 김재오 옮김. 『장마당과 선군정치』, 파주: ㈜창비, 2017.

Pierre Bourdieu. 『La Distinction-crtitque sociale du jugement』, Paris: Les Éditions de Minuit, 1979. 최종철 옮김. 『구별짓기: 문화와 취향의 사회학 上』, 서울: 새물결 출판사, 2006.

3. 국문논문

김경근. "가족 내 사회적 자본과 아동의 학업성취". 『교육사회학연구』 제10권 1호(2000).

______. "한국사회 교육격차의 실태 및 결정요인". 『교육사회학연구』 제15권 3호(2005).

김병로. "북한의 시장화와 계층구조의 변화". 『현대북한연구』 제16권 1호(2013).

김유연. "북한의 제1중학교 정책 실태 및 변화 연구". 이화여자대학교 북한학과 석사학위논문(2014).

김지수. "제7차 로동당 대회를 통해 본 북한 김정은 정권의 교육정책". 『통일교육연구』 제14권 2호(2017).

김혜진. "북한 교육열의 사회문화적 특성에 관한 연구". 고려대학교 북한학과 박사학위논문(2019).

______. "고난의 행군 시기 이후 북한학부모의 자녀교육지원에 관한 연구". 『Journal of North Korea Studies』 제5권 2호(2019).

대북협력민간단체협의회 옮김. 「지속가능한 발전을 위한 2030 의제 이행에 관한 자발적 국가 검토 보고서」. 조선민주주의인민공화국, 2021.6.

박영자. "북한사회 변화와 주민생활". 한국여성정책연구원 세미나자료, 2016.

오욱환. "사회주의 국가에서 교육 불평등과 사회경제적 불평등의 정치경제학적 관계: 고르바쵸프 시대 이전의 소련을 중심으로". 『교육사회학연구』 제2권 1호(1992).

______. "교육격차의 원인에 대한 직시: 학교를 넘어서 가족과 사회로". 『교육사회학연구』 제18권 3호(2008).

이우영 · 노귀남 · 최봉대 · 최완규 · 함택영 · 구갑우. "북한 도시주민의 사적 영역(private sphere) 연구: '고난의 행군'의 효과에 대한 미시적 분석". 한국연구재단 연구보고서, 2007.

임을출. "북한 지역 간 빈부격차 양태와 결정요인 분석". 『통일문제연구』 제28권 2호(2016).

장용석. "사회주의 체제전환국의 경제성장과 소득분배 구조: 북한의 시장화와 소득분화에 대한 함의". 『통일문제연구』 제20권 1호(2008).

조정아. “교육에서의 실리주의와 교육의 불균등 발전: 2000년대 북한 교육의 변화”. 『교육사회학연구』 제17권 4호(2007).

______. “북한의 교육일상 연구: 접근방법과 과제”. 『현대북한연구』 제11권 3호(2008).

조현정. “북한 중등교사들의 교직경험에 대한 질적 연구”. 이화여자대학교 교육학과 박사학위논문(2020).

최완규 · 노귀남. “북한주민의 사적 욕망”. 『현대북한연구』 제11권 2호(2008).

한영진. “북한의 사회 계층과 의식 변화: 식량난 이후 두드러진 북한의 핵심계층 변화”. 『北韓』, 425호(2007).

3. 북한문헌

남진우 외. 『사회주의 교육학』, 평양: 교육도서출판사, 1991.

「교육신문」 각 호.

「로동신문」 각 호.

제6장
주민 전략*

여성, 아동, 장애인 국제협약과 북한의 호응

김 미 주

1. 코로나 상황과 북한의 여성, 아동, 장애인

2022년 현재 북한은 COVID-19 상황 이후로 국경 봉쇄 조치 등으로 인해 심각한 물자 부족 사태를 경험하고 있다. 다수의 매체가 설탕, 소금 등 생필품 부족은 물론 쌀과 같은 식량 작물 역시 부족한 상황으로 보도하고 있다. 김정은 위원장의 2021년 8월 28일 북한 청년절 축하문에서도 북한의 상황을 "지금 우리는 건국이래 가장 준엄한 국면에 처해 있으며 전대미문의 난관을 불굴의 정신력으로 돌파" 하고 있다 진단할 만큼 국제사회 제재와 COVID-19 이후 현재 북

* 이 연구는 2021년 북한연구학회 하계학술회의에서 발표한 자료를 수정 · 보완한 것임을 밝힙니다.

한 내부 상황을 심각하게 인지하고 있다.[1] 전쟁, 기근 등 국가의 내부 상황이 힘들 때 가장 먼저 피해를 입는 대상은 해당 사회의 소수자이다. 특히 남성 중심 사회에서의 여성과 자생적으로 생계를 유지할 수 없는 아동과 장애인의 경우 그 피해를 더욱 심각하게 경험한다.

이러한 북한의 상황은 북한 당국이 국제사회에 제출했던 보고서와 국제사회가 파악해 온 북한의 영양 및 보건의료 관련 보고서에서도 잘 나타나고 있다. 북한이 2021년 제출한 『DPRK Voluntary National Review on the Implementation of the 2030 Agenda(이하 VNR 보고서)는 2012년 이후 북한 아동의 영양 상태가 상당히 개선되었다고 보고하고 있다. 그럼에도 불구하고 만성 영양실조 지표는 2020년 기준 15%를 상회하고 있다.[2] 과거와 비교해 영양 상태가 개선되긴 했지만 동일한 보고서에서 2018년부터 자연재해로 인해 알곡(곡물) 생산이 감소하여 식량 사정이 어렵다는 점을 강조하기도 한다. 2018년의 경우 총 곡물 생산량이 약 495만 톤으로 최근 10년간 최저치를 기록하고 있으며 2020년에도 태풍과 홍수로 인해 552만 톤을 생산함으로써 최근 북한은 식량이 부족한 상황이다.

국제사회 보고서는 북한 주민의 건강 지표에 대해 더욱 심각성을 강조하고 있다. FA0의 보고서는 2017~2019년의 경우 북한 아동의 47.6%가 영양결핍 상태에 있으며 이는 2000~2002년 35.7%와 비교해

1) 「로동신문」, 2021년 8월 29일. 1면.

2) National Partners in the Democratic People's Republic of Korea, *DPRK Voluntary National Review on the Implementation of the 2030 Agenda for the Sustainable Development*(DPR Korea ,2021), p. 16.

그 수치가 상당히 높으며 아동의 영양 상황이 악화된 것으로 보고하고 있다.[3] 영양결핍, 저체중 아동 등 각 구성 요소별로 데이터를 수집할 수 있는 116개국을 대상으로 세계기아지수를 산출한 자료에서 북한은 25.2점으로 116개 국가 중 96위에 위치하는 등 북한 주민의 영양 상태는 심각한 상황에 놓여있다.[4]

북한 내부의 심각한 경제 사정을 해결하고자 북한 당국 역시 국제사회의 일원으로 "정상적인" 행위자라는 평가를 받으면서 "신뢰할 만한" 상대방으로 대접받고자 하는 노력을 진행하고 있다. 이를 위해서 국제 인권 레짐을 수용하고 관련 규정을 준수하는 모습을 보이고자 여성차별철폐협약, 유엔아동권리협약, 장애인권리협약 등 다수의 인권 협약에 가입하고 있다. 개별 인권 협약 가입과 함께 구체적인 실천 방법의 일환으로 지속가능발전목표(이하 SDGs)에[5] 맞춰 개발계획을 수립하고 추진하고 있다는 소식을 대대적으로 홍보하기도 한다. 그러나 여전히 북한은 국제사회가 북한 인권 상황과 관련하여 언급하면 소위 "우리식 인권" 개념을 들어 적대적인 태도를 보이는 것이 현실이기도 하다. 국가가 인간이 누려야 하는 최소한의 권리인 생존과 발달, 교육, 안전 관련 조건을 제공하는 것에서

3) FAO, UNICEF, WFP and WHO, *Asia and the Pacific Regional Overview of Food Security and Nutrition 2020: Maternal and child diets at the heart of improving nutrition*』 (Bangkok, FAO, 2021), pp. 14~25.

4) "Global Hunger Index: North Korea", Concern Worldwide(온라인), 2021년 10월 10일; 〈http://www.globalhungerindex.org〉.

5) 지속가능발전목표(Sustainable Development Goals)이란 2016년부터 빈곤, 질병, 교육, 기후변화, 환경오염, 기술 등 인류 보편적 문제, 환경 문제, 경제 사회 문제를 해결하기 위해 17대 목표를 설정하고 이를 2030년까지 달성하기 위한 국제사회의 합의를 의미함.

인권을 보호하는 정책이 출발한다. 이와 같은 현실적 필요성을 고려하여 국제사회가 찾아낸 논리가 바로 “인권 분야 기술협력” 개념이라 할 수 있다. 북한 당국 역시 유엔 SDGs에 상당히 긍정적이며 적극적으로 수용하고 있다.[6)]

북한 내 여성, 아동, 장애인의 현실적인 어려움을 인권적 측면에서 해결하기 위해 북한 당국이 적극적으로 나서는 SDGs 분야와의 접목이 필요하다. SDGs에 대한 호응과 함께 북한 당국은 취약계층의 인권에 대해서도 적극적인 관심을 표명하고 있다. 2019년 북한이 제출한 제3차 보편적 정례인권검토 국가보고서(이하 UPR보고서)에 따르면 2014~2017년 북한 전역에 가정 외 아동 보호시설이 약 40여 개를 건설했다는 점, 장애인 스포츠를 육성하고 있다는 점 등을 강조하면서 북한 당국은 여성, 아동, 장애인의 인권증진을 위해 노력하고 있다는 점을 다양한 방식으로 기술하고 있다. 북한 당국은 2022년 1월 기준 여성, 아동, 장애인 관련 국제인권협약에 가입을 완료하였다. 이 글은 북한 내 여성, 아동, 장애인 등의 담론을 분석하여 북한 당국이 적극적으로 수용하고 있는 SDGs와의 연계성을 도출하고자 한다. 이를 통해 북한 내 소수자 관련 현황을 파악하고 이들의 권리를 보장하기 위해 필요한 조치 및 지원 방안을 모색할 수 있을 것으로 기대한다.

6) 북한 당국의 최근 SDGs 관련 활동을 정리하면 다음과 같다.
- 2016년: 유엔전략계획 채택
- 2017년: 국제자연보호연맹 가입
- 2018년: 람사르 협약 가입
- 2019년: 북한 당국, SDGs 국가이행 테스크포스 운영

2. 노동신문 여성, 아동, 장애인 담론 수집

이 글은 김정은 시기 여성, 아동, 장애인 담론을 분석하는 것을 1차 목표로 한다. 따라서 북한 당국의 공식적인 입장을 포함하고 있는「로동신문」기사 분석을 통해 북한의 주민 전략 중 여성, 아동, 장애인 전략을 도출하고자 한다. 시기는 김정은이 공식적으로 집권을 시작한 2012년부터 2019년까지 기사로 한정하고자 한다. 2020년과 2021년 자료는 북한자료센터 데이터베이스 미구축으로 인해 연구자료에 포함하지 못하였다.

분석자료 선정 및 분류는 총 3단계를 통해 진행하였다. 첫 번째, 노동신문 기사 중 "녀성", "아동", "장애", "불구" 키워드를 포함하고 있는 기사 전수를 추출하였다. "불구" 키워드를 포함한 이유는 북한이 장애인에 대한 명칭을 사용할 때 "불구자" 표현을 사용하기 때문에 장애인과 관련한 모든 기사를 포함하기 위해 키워드에 포함하였다. 그 다음 단계로 SDGs 영역에 해당하는 기사를 선별하였다. 북한 당국이 유엔 아시아태평양 경제사회이사회 동북아 사무소가 주관한 SDGs 이행 현황 실무자 포럼에서 언급한 SDGs 영역 17개 중 SDGs 2: 식량안보와 지속가능한 농업, SDGs 6: 건강하고 안전한 물관리, SDGs 7: 에너지의 진환경적 생산과 소비, SDGs 13: 기후변화 대응, SDGs 15: 육상생태계 보전을 기준으로[7] 관련 내용을 포함한 기사를 추출하였다. 마지막으로 2단계에서 추출한 기사를 시기별

[7] 2019년 10월 SDGs 이행 현황 실무자 포럼에서 북한이 참석하여 보고한 내용을 재구성하였다.

특성, 내용별 특성, SDGs 영역별 특성으로 분류하여 분석을 진행하였다.

시기별 특성은 2012년부터 2019년까지 1년 단위로 기사의 분포 및 경향을 파악하였다. 내용별 특성은 하위 4개 범주로 분류하였다. 첫 번째 범주는 여성, 아동, 장애인 각 주체별 현황 및 북한 당국의 지향점을 포함한 기사이다. 두 번째 범주는 여성, 아동, 장애인 관련 북한 당국의 기념행사를 담은 기사이다. 세 번째 범주는 여성, 아동, 장애인 관련 국제사회와 교류 활동을 포함한 기사이다. 네 번째 범주는 여성, 아동, 장애인 관련 시설 건립, 교육 시행 등의 내용을 포함한 기사이다. SDGs 영역별 기사는 각 1~17번 항목별로 분류 후 2, 6, 7, 13, 15번 내용에 해당하는 기사의 경우 분석을 진행하였다. 위 과정을 통해 최종적으로 산출한 기사는 여성 관련 기사 493건, 아동 관련 기사 301건, 장애인 관련 기사 72건이다. 각 기사의 분포는 다음 〈그림 1〉과 같이 나타난다.

〈그림 1〉 노동신문 2012~2019년 연도별 여성, 아동, 장애인 담론 분포

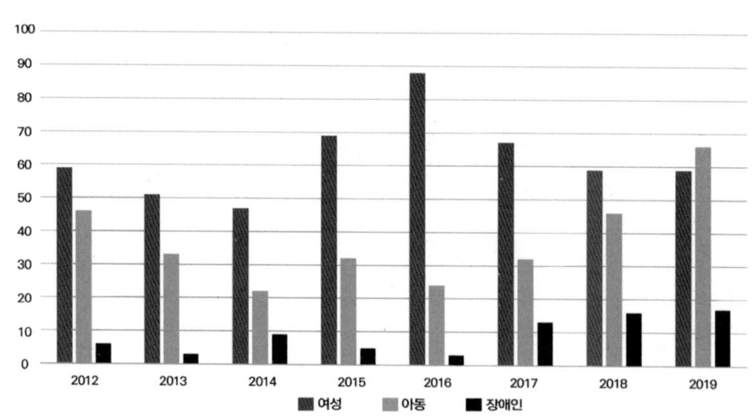

3. 북한 당국의 여성 전략

2012년부터 2019년 시기 "녀성" 키워드를 포함한 기사는 총 698건이었다. 그중 1차 분류 기준에 따라 잘못된 키워드를 포함하거나 주제와 상관없는 기사를 제외하고 총 493건의 기사를 분석의 대상으로 선정하였다. 이 중 식량, 차별, 평등, 농업, 과학, 인권 등 SDGs 내용과 연관이 있는 기사는 총 31건으로 나타났다.

1) 시기별 여성 담론

북한의 시기별 여성 담론은 2012년부터 2019년 사이 시기에 비교적 고른 분포를 보이고 있다. 각 시기별 분포 현황은 〈그림 2〉와 같다.

〈그림 2〉 시기별 여성 담론 기사 수

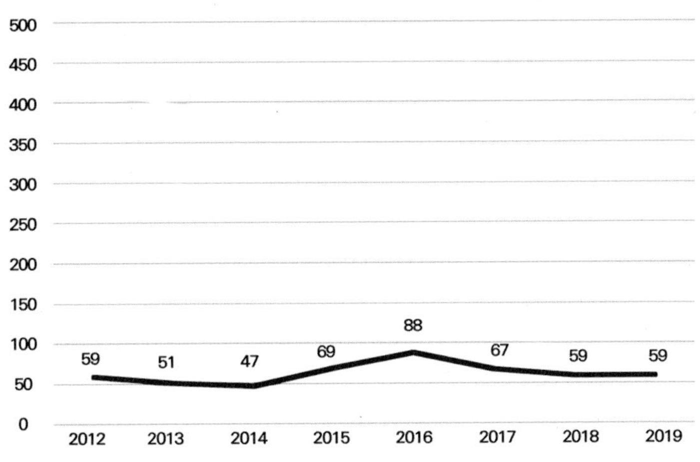

2012년 "꾸바대사관 녀성들 평양산원 참관" 기사를 시작으로 2019년 "녀성들의 행복과 웃음을 지켜" 기사를 마지막으로 총 493건의 기사가 연도별 평균 61.6건의 비율로 나타났다. 가장 기사수가 많은 연도는 2016년 88건, 기사수가 가장 적은 연도는 2014년 47건으로 약 2배 정도 차이를 보이고 있다. 2012년 총 59건을 시작으로 2014년 총 47건으로 지속적으로 감소하다 2016년 총 88건까지 증가 추세가 이어진다. 2016년을 기점으로 노동신문에서 여성 관련 기사수는 2017년 67건, 2018년과 2019년 각 59건으로 감소하는 추세를 보이고 있다.

2012년 기사는 총 59건으로 해당 연도 기사의 특징은 쿠바, 포르투칼, 브라질, 라오스, 중국, 일본과 같은 국가 및 국제기구 대표단과의 교류가 활발하게 나타난다는 것이다. 특히 평양 산원 등 여성, 아동 관련 의료 시설 참관을 통해 북한 당국의 여성의 건강을 위한 정책이 세계적으로 관심을 받고 있다는 점을 강조하고 있다. 각 국가의 대표단이 여성 관련 시설을 방문하거나 "조선민주녀성동맹"(이하 여맹) 대표단과[8] 행사 및 교류를 이어가는 모습이 집중적으로 다루고 있다.

총 47개로 가장 적은 기사수를 포함하고 있는 2014년의 주요 특징은 "인구의 절반을 차지하는 녀성은 혁명의 한쪽수레바퀴를 떠밀고나가는 힘있는 동력이다.", "평범한 녀성들이 인민의 대표이다.", "사회주의강성국가건설을 위한 과학연구사업에 창조적지혜와 열정

---

8) 조선민주녀성동맹은 2016년 제6차 여맹 대회에서 변경된 것으로 2016년 11월 19일 이후 기사부터 변경된 명칭인 조선사회주의녀성동맹으로 나타난다.

을 바쳐가는 녀성과학자들" 등과 같이 북한 여성이 북한 사회의 한 주축을 담당해야 한다는 의무를 강조하는 기사가 다수 등장한다. 다른 한편으로는 "조선녀성들에게는 위대한 태양의 품이 있다", "녀성들의 삶을 빛내여주는 주체의 사회주의", "행복넘친 조선녀성들의 모습" 등 수령, 사회주의, 조선노동당의 영향으로 북한 여성이 행복한 삶을 영위하고 있음을 강조하는 양면을 보여주고 있다.

가장 기사수가 많이 분포된 2016년의 경우 여맹 제6차대회 개최로 인해 각국 대표단과의 교류, 사업성과 전시회, 여성 관련 사업 강습 진행, 합창 공연 등의 소식을 전하고 있다. 제6차대회의 주요 결의사항은 여맹의 명칭을 변경하는 것이었다. 2016년 11월 19일 기사 "조선민주녀성동맹 제6차대회 결정서 녀성동맹의 명칭을 새로 명명할데 대하여"에서 2016년 11월 17~18일 평양에서 열린 여맹 제6차 대회에서 기존의 조선민주녀성동맹 명칭을 조선사회주의녀성동맹으로 변경한 것으로 보도하였다. 이후 기사부터는 조선민주녀성동맹 대신 조선사회주의녀성동맹으로 바뀐 명칭이 등장한다. 1951년 1월 개칭한 조선민주여성동맹이 약 65년만에 이름이 바뀌었다.[9] 여맹의 명칭을 변경한 이유에 대해 북한 당국이 "온 사회의 김일성－김정일주의화의 기치를 높이 들고 인민대중의 자주위업, 사회주의위업의 최후승리를 위하여 힘차게 전진하는 역사적 단계에" 직면해 있으며 "주체혁명위업, 사회주의위업의 완성을 위하여 힘차게 투쟁해나갈 억척불변의 신념과 의지를 담아야" 하기 때문으로 설명하

---

9) 조선민주녀성동맹의 전신은 "북조선민주녀성동맹"으로 1945년 11월 18일에 창립하였다.

고 있다. 2016년 기사수 증가의 원인은 여맹 명칭 변화와 함께 북한 내부 상황에 따라 여맹 역시 사업의 방향을 바꿔야 할 것을 강조하는 후속 기사의 증가 때문인 것으로 판단된다.

2012~2019년 기간 동안 북한의 여성 담론 관련 기사는 시기별 격차 및 해당 원인을 면밀하게 분석할 만큼 유의미한 차이를 보이는 것은 아니다. 다만, 시기별 북한 여성 담론을 담고 있는 노동신문 기사 추이는 각 연도별로 국제 규모의 행사나 교류 행사의 유무에 따라, 북한 내 여성 관련 기념 행사의 여부에 따라 빈도를 달리하는 추이를 나타내고 있다.

2) 내용별 여성 담론

북한의 여성 관련 담론은 2장에서 언급한 하위 4개 범주와 함께 "모범여성" 범주를 추가하였다. 아동, 장애인 담론과 달리 여성에 대해서는 "이악한 녀성분조장", "녀성 과학자들", "남강마을 녀성들", "농업부문 녀성일군", "농업전선을 지켜 기발들고 나아가는 녀성혁명가들"과 같은 제목의 기사가 등장한다. 해당 기사는 북한 당국이 자신의 주민들을 향해 따라 배워야 하는 모범형으로 규정한 여성의 유형을 설명하고 있다. 따라서 해당 기사에서 포함하고 있는 내용은 기존 범주의 분류 기준으로 구분하기 어려워 "모범여성" 범주를 별도로 마련하였다. 따라서 북한 여성 관련 담론은 북한 여성 현황 및 북한 당국의 지향점, 여성 관련 기념행사, 여성 관련 국제사회와 교류, 지원 정책, 모범여성 각 5개 범주로 분류하였다. 각 내용별 5개 범주 분포 현황은 다음 〈그림 3〉과 같이 나타난다.

〈그림 3〉 내용별 여성 담론 기사 수

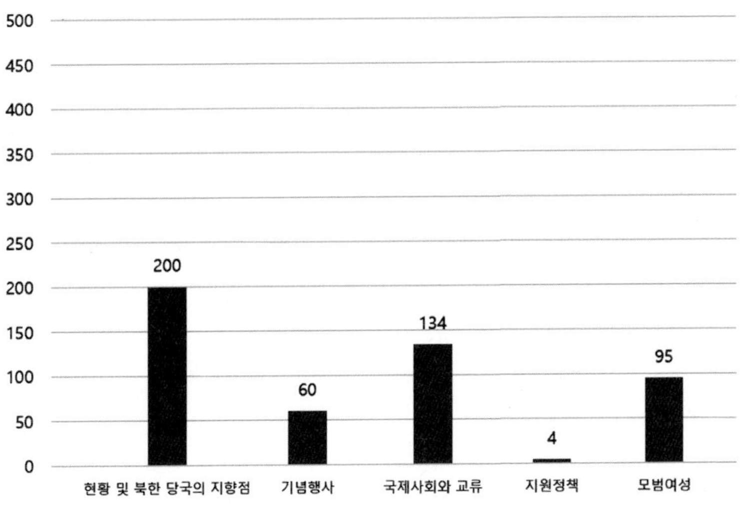

(1) 북한 당국의 여성 정책

첫 번째 범주인 현황 및 북한 당국의 여성 관련 지향점 관련 담론은 전체 493건의 기사 중 200건을 차지하고 있다. 해당 범주는 다시 3개의 주제로 구분할 수 있다. 3가지 주제는 다음과 같다. 1) 북한 당국의 여성 정책으로 인해 차별이 철폐된 사회라는 점 강조 2) 자본주의 사회에서 여성의 삶과 비교하여 북한 여성의 삶이 "복된 삶"이라는 점 강조 3) 사회주의에 적합한 여성 역할 및 차림새 강조. 북한 당국의 여성 정책으로 인해 차별이 철폐된 사회라는 점을 강조하는 담론은 "녀성들은 강성국가건설의 한쪽수레바퀴를 힘차게 밀고나가자", "조선녀성의 존엄과 영광을 빛내여준 위대한 품", "녀성들에게 참된 삶의 권리를 안겨주시어", "보건시책을 통해 본 우리

녀성들의 행복"과 같은 제목의 기사에 주로 등장한다. 북한 여성은 차별이 철폐된 사회에서 살고 있기 때문에 참된 삶의 권리와 행복함을 누린다고 주장하는 해당 담론은 이러한 권리와 행복함은 수령으로 인해 가능하다는 점을 강조하고 있다. 북한 정권 수립 초기부터 "수령이 여성의 권리를 보장"함으로써 북한 여성이 "존엄과 영광의 삶"을 누린다는 것이다. "수령이 보장한 평등"을 바탕으로 당의 시책을 통해 북한 여성에 대한 차별이 철폐되었다는 논리이다. 조선노동당의 여성 관련 정책 중 빈번하게 등장하는 것이 바로 보건 관련 조치들이다. 평양 산원, 요양시설 등 여성의 건강을 보장하기 위한 정책의 시행을 통해 여성의 권리를 보장하고 있다는 것이 주요 주장이다.

둘째, 자본주의 사회에서 여성의 삶과 비교하여 북한 여성의 삶이 "복된 삶"이라는 점을 강조하는 담론은 "시들어가는 자본주의나라 녀성들", "참혹한 녀성인권유린지대", "사회주의는 인민의 락원, 자본주의는 근로대중의 무덤, 녀성들의 모습에 비낀 판이한 두 제도" 등 자본주의 제도 아래의 여성과 북한 여성의 삶을 비교하는 양상으로 나타난다. 자본주의 사회의 여성은 자본주의 자체 모순으로 인해 노동 착취를 당하고 있는 상황이며, 열심히 노동을 하더라도 보수도 제대로 주어지지 않는 상황을 지적하고 있다. 더 나아가 강제 성매매에 동원, 극심한 가난을 경험하는 등과 같이 여성의 삶이 피폐한 상황에 놓여있는 "무덤"이라고 표현한다. 이와 비교해 북한 당국은 북한을 "락원"으로 묘사하며 여성의 권리가 잘 보장된 곳으로 표현하고 있다. 물론 북한이 "락원"이 된 이유 역시 수령의 덕이라는 설명은 빠지지 않는다.

셋째, 사회주의에 적합한 여성 역할 및 차림새를 강조하는 담론은 “녀성들의 고상하고 아름다운 머리단장”, “어버이사랑은 녀성들의 옷차림에도”, “시대의 명작창작에 우리 녀성들도 한 몫” 등의 기사를 통해 나타난다. 북한 당국은 “조선녀성 다움”을 강조하기 위해 머리 모양과 옷차림까지 규정하고 있다. “조선녀성”이란 고상하고 아름다운 머리 모양을 유지해야 하며 조선옷을 잘 차려 입어야 한다. 북한 여성의 옷차림 및 머리 모양에 대한 기준은 “어버이사랑”으로 표현하는데 이는 수령의 말씀을 의미한다. 수령의 지도에 따라 여성의 옷차림과 머리 모양이 정해진다는 것이다. 정리하자면 사회주의에 적합한 여성의 역할은 수령의 말씀에 따라 “조선녀성 다움”을 유지하는 것으로 요약할 수 있다.

이 범주에서 주목할 점은 북한의 수령과 당의 지도에 따라 북한 여성이 행복한 상황에 놓여있다는 것이며, 북한 여성 역시 사회주의 발전을 위해 “혁명의 한쪽 수레바퀴” 역할을 수행해야 한다는 것이다. 혁명의 한쪽 수레바퀴 역할을 하는 북한 여성에게는 현실이 존재하지 않는다. 해당 범주의 여성 담론에는 일상에서 발생할 수 있는 임신, 출산, 육아 등 모성과 관련한 어려움, 직장 및 장사를 하는 생계의 주체로서 경험할 수 있는 현실에서의 어려움은 전혀 존재하지 않는다. 현실에서 경험할 수밖에 없는 여성의 임신과 출산으로 인한 보건의료 문제, 육아 과정에서의 교육 및 복지 문제 등 북한 당국 차원의 구체적인 정책은 발견할 수 없었다. 어느 사회에서나 발생할 수 있는 여성의 삶에서의 현실적인 어려움이 “수령”과 “당”으로 인해 완전히 해결되었기 때문이라는 것이 북한 당국의 주요 주장이다.

(2) 북한 여성과 국제사회와의 교류

두 번째 범주인 국제사회와의 교류는 조선사회주의여성동맹의 활동을 중심으로 나타난다. 조선사회주의여성동맹은 주로 일본, 중국, 브라질, 포르투갈, 라오스, 멕시코 등 다양한 국가와 교류 활동을 진행하고 있다. 해외 여성 단체 대표단이 북한에 도착한 이후 김일성 동상, 만경대 등을 방문하거나 북한의 병원 시설을 방문하는 것과 같은 활동을 보고하는 기사가 국제사회와의 교류 범주의 다수를 구성하고 있다. 평양 산원을 방문한 세계 각국 대표단의 인터뷰를 통해 북한의 의료 시설 수준에 대한 찬사를 내보내고 있다.

한편으로 해외 여성 단체 대표단이 북한을 방문하기도 하지만 여맹 대표단이 해외에 방문하기도 한다. 해당 국가에서 북한 여성이 누리고 있는 "행복한 삶"에 대해 여러 행사를 통해서 전파하는 행위를 하는 것으로 나타난다. 여맹 대표단이 방문하는 국가 역시 주로 일본, 중국, 라오스 등 북한 당국과 우호적인 관계를 맺고 있는 국가가 대부분이며 활동 역시 북한 당국의 여성 정책의 장점을 홍보하는 활동에 국한하여 한정적으로 나타난다.

국제사회와의 교류 범주의 특징은 여성차별철폐협약에 대한 언급이 나타나지 않는다는 점이다. 여성의 권리를 보장하기 위한 구체적인 조치로서 가입한 조약이 바로 여성차별철폐협약인데 해당 협약에 대한 언급은 등장하지 않는다. 아동과 장애인의 경우 국제사회와의 교류 범주에서 교류 주체로 각 협약 위원회와 유엔 기구가 등장하는 반면, 여성의 경우 유엔 및 여성차별철폐협약 위원회와의 교류는 전혀 나타나지 않는다.

(3) 여성 관련 기념행사 및 복지

세 번째, 네 번째 범주인 여성 관련 기념행사와 복지 관련 기사는 각 60건과 4건으로 다른 범주와 비교해 낮은 비중을 차지하고 있으므로 해당 범주는 3항에서 함께 다루고자 한다. 여성 관련 기념행사 범주에 포함한 기사는 두 번째 범주인 국제사회와의 교류 범주와는 달리 북한 내부에서 여맹 또는 북한 여성만 참여하는 행사를 다루는 기사로 한정하였다. 국제민주여성연맹 창립일을 기념하는 행사, 여맹 관련 회의 및 행사, 3·8국제부녀절 기념 행사 보도가 주축을 이루고 있다.

이 범주 역시 여성차별철폐협약 가입 관련한 기사는 전혀 등장하지 않았다. 중국 등 여타 다른 국가의 여성연맹 기념일도 축하 메시지를 보냈다는 기사를 쓰는 노동신문 특성을 고려하면 북한이 여성차별철폐협약에 가입한 사실과 이와 관련한 기념 행사를 진행하지 않는 것은 이례적인 일이라 할 수 있다.

여성 대상 복지 관련 담론은 여성을 위한 특별의료봉사, 여성 건강을 보호하기 위한 북한 당국의 시책이 등장하고 있다. 이 두 주제 모두 공통적으로 등장하는 곳은 평양 산원이다. 여성을 위한 특별의료봉사의 핵심은 임신과 출산에 있다는 것이다. 여성암, 여성 질환 등 여성의 건강을 보장하기 위한 다양한 진료과와 분야가 있지만 북한 당국이 지원정책 분야에서 다루고 있는 여성 건강은 평양 산원을 중심으로 한 가임기 여성의 모성 보호에 중점을 두고 있다는 것을 알 수 있다.

(4) 모범여성

마지막으로 모범여성 범주의 기사는 북한 당국이 여성을 대상으로 당국이 원하는 여성의 모범적 모습을 제시하는 것과 동시에 북한 내 해결해야 할 문제를 드러내기도 한다. 북한은 경제, 사회 등 다양한 분야의 문제를 주로 노동력을 동원하는 것을 통해 해결한다. 예를 들어 태풍이 지나간 후 여러 피해가 발생했을 때 가장 필요한 것은 예산의 투입과 장비를 동원하여 빠른 복구를 하는 것이다. 그러나 북한은 철저하게 사회주의로 무장한 주민에게 직접 나서 어려움을 해결해야 할 것을 촉구하고 있다.

모범여성 범주에 있는 기사 역시 북한 당국이 경험하고 있는 어려움을 여성의 정신 무장과 동원을 통해 해결해야 한다는 것을 강조하고 있다. 일제 강점기 항일 활동을 했던 남강마을 여성의 이야기를 소개하면서 21세기를 살아가고 있는 북한 여성들에게 이들처럼 투철한 정신을 가질 것을 주문한다. 21세기를 살아가는 북한 여성이 일제에 저항하는 남강마을 여성들의 투철한 정신을 따라 배워야 하는 이유는 "조국이 있어야 집도 가정도 있기" 때문이다. COVID-19로 인해 발생한 여러 어려운 상황도 조국을 위해 여성이 먼저 나서서 이 문제를 해결할 것을 주문하고 있다.

북한 당국이 주문하고 있는 모범여성은 농업 영역, 과학 영역, 원군 영역에서 두드러지게 나타난다. 농업 생산에서 혁명을 이루고 획기적인 과학 연구를 진행하는 것과 동시에 북한 여성은 인민군대에도 헌신해야 한다. 직접 군대에 가는 것도 의미가 있지만 군대를 위해 여러 물자를 지원하는 것이 더욱 의미가 있다 설명한다.

3) SDGs 영역별 여성 담론

SDGs 영역별 여성 관련 노동신문 기사는 여성 관련 기사 총 493건 중 북한 여성과 SDGs 1~17번과 연관 있는 기사는 총 31건으로 해당 영역의 특징은 성평등 보장에 해당하는 SDGs 5 목표에 집중되어 나타난다. 이는 북한 당국이 자신 있어 하는 북한 여성이 남성과 동등한 지위를 누리고 성평등이 실현되었다는 담론이 다수인 것에서 원인을 찾을 수 있다. 북한 여성 관련 SDGs 영역별 기사는 SDGs 1: 빈곤층 감소와 사회안전망 강화, SDGs 2: 식량안보와 지속가능한 농업, SDGs 3: 건강하고 행복한 삶, SDGs 5: 성평등 보장, SDGs 13: 기후변화 대응, SDGs 15: 육상생태계 보전 내용이 등장한다. 각 SDGs 영역별 기사의 분포는 다음 〈그림 4〉와 같다.

〈그림 4〉 SDGs 영역별 여성 담론 기사 수

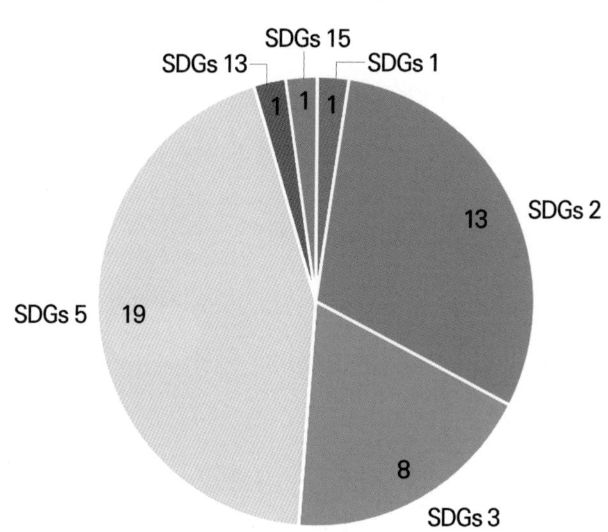

SDGs 영역별 여성 담론 기사 중 가장 높은 비중을 가진 성평등에 해당하는 SDGs 5 관련 기사에 이어 SDGs 2: 식량안보와 지속가능한 농업, SDGs 3: 건강하고 행복한 삶 관련 기사가 높은 비중을 차지하고 있다. 총 31건의 노동신문 여성 관련 기사와 SDGs 영역 1~17번 중 북한 당국이 관심을 표명하는 영역은 SDGs 2: 식량안보와 지속가능한 농업, SDGs 13: 기후변화 대응이다. SDGs 2: 식량안보와 지속가능한 농업 부분으로 분류한 담론의 주요 내용은 농업 생산 분야에 있어 여성의 역할을 강조하는 기사가 이에 해당한다. 북한 당국 차원의 식량안보를 확보하기 위해 또는 지속가능한 농업을 위한 조치가 등장하지 않는다. 다만 여성의 노동력을 활용하여 농업생산성을 확보해야 하는 레토릭이 등장할 따름이다. SDGs 13: 기후변화 대응 관련 내용은 "녀성예보원들의 보람"이라는 제목의 기사에서 확인할 수 있다. 해당 기사는 날씨 예보 담당자인 여성이 자신의 일에 헌신하는 모습을 통해 정확한 예보를 할 수 있었고 이를 통해 자연재해로 인한 피해를 대비하고 막을 수 있었다는 점을 서술하고 있다. 해당 기사 역시 기후변화에 대응하기 위한 북한 당국의 노력보다는 열악한 상황에도 불구하고 여성의 헌신을 통해 어려움을 극복할 것을 강조하고 있다.

4. 북한 당국의 아동, 장애인 전략

2012년부터 2019년 시기 "아동"과 "장애인" 키워드를 포함한 기사는 각각 332건, 123건이었다. 그중 1차 분류 기준에 따라 잘못된 키워드를 포함하거나 주제와 상관없는 기사를 제외하고 아동 관련 기사 301건, 장애인 관련 기사 72건을 분석의 대상으로 선정하였다. 이 중 식량, 차별, 평등, 농업, 과학, 인권 등 SDGs 내용과 연관이 있는 기사는 아동 117건, 장애인 37건으로 나타났다.

1) 시기별 아동, 장애인 담론

북한의 시기별 아동 담론은 2012년부터 2018년 사이 시기는 비교적 고른 분포를 보이고 있다. 7년 동안 연평균 약 33건의 기사가 등장하고 있다. 그러나 2019년에 들어서면서 총 66건의 기사가 등장하면서 평균 기사수를 상회하는 수치를 보이고 있다. 반면 장애인 담론은 2016년 이후부터 급격하게 증가하는 추세를 나타낸다. 각 시기별 분포 현황은 각각 〈그림 5〉, 〈그림 6〉과 같다.

〈그림 5〉 시기별 아동 담론 기사 수

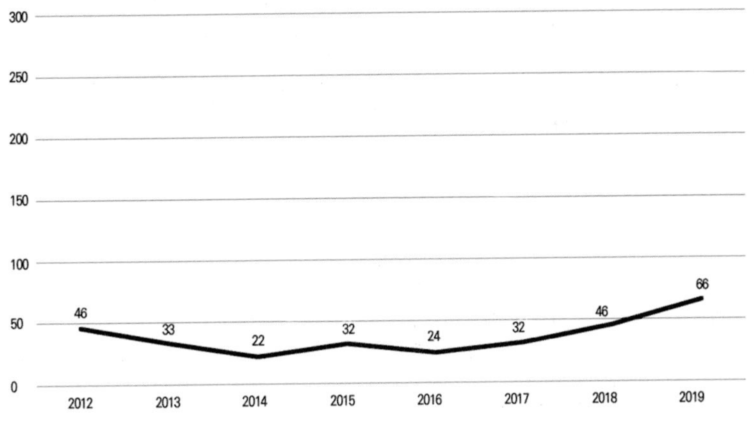

〈그림 6〉 시기별 장애인 담론 기사 수

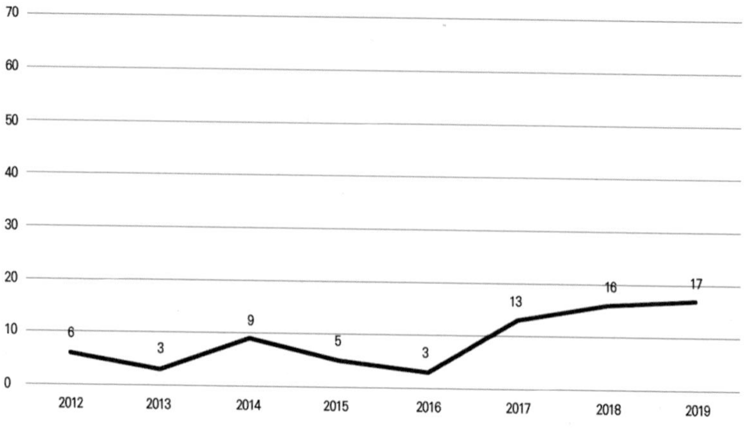

2012년 2월 14일 "어린이들에 대한 학대행위 우심" 기사를 시작으로 2019년 12월 30일 "어린이들의 불우한 처지" 기사를 마지막으로 총 301건의 기사가 연도별 평균 37.6건의 비율로 나타났다. 가장 기사수가 많은 연도는 2019년 66건, 가장 적은 연도는 2014년 22건으로 약 3배 정도 차이를 보이고 있다. 2019년에 아동 관련 기사가 증가한 이유는 "조선장애어린이회복원" 개학, "어린이교통공원" 건설하는 등 아동 관련 시설을 홍보하기 위한 기사가 집중적으로 등장하기 때문인 것으로 보인다. 더불어 유엔아동권리협약 30주년을 기념하기 위한 기사도 등장하고 있다.

장애인 관련 기사는 2012년 7월 16일 "어린이 장애자 수" 기사부터 2019년 12월 4일 "국제장애자의 날 기념모임 진행" 기사까지 총 72건의 기사가 연도별 평균 9건의 비율로 나타났다. 연도별 언급 횟수가 비교적 고르게 분포하고 있는 여성과 아동 담론과 달리 장애인 담론은 연도별 언급 비중이 상당한 차이를 보인다. 〈그림 6〉과 같이 2016

년을 기점으로 이전과 이후 시기로 구분할 수 있다. 2012~2016년 사이 5개년도 기사는 총 72건 중 26건으로 전체의 36.1%를 차지하고 있다. 2017~2019년 사이 3개년도 기사는 총 72건 중 46건으로 전체의 63.9%의 비중을 보인다. 북한 당국은 2013년 7월 3일 장애인권리협약에 가입한 이후 약 3년만인 2016년 12월 6일 비준을 완료하였다. 따라서 2016년 이후 북한의 장애인 관련 기사가 증가한 이유는 해당 연도 12월 북한 당국이 장애인권리협약을 비준했기 때문인 것으로 판단된다.

2012~2016년 기간 장애인 기사의 주요 내용은 북한 내 장애를 가진 아동의 규모, 장애인올림픽 참여, 자본주의 사회에서 장애인의 비참한 삶, 중국 장애인연합과 교류 등이다. 2017~2019년 기간 장애인 기사의 주요 내용은 북한 당국이 장애인 관련 시책을 얼마나 잘 수행하고 있는가를 강조하는 것이었다. 이후 장애인권리협약과 관련하여 유엔인권이사회 산하 장애인권리 담당 특별보고단 방문, "조선장애어린이회복원" 및 "조선장애자기능공학교" 개학, "평양장애자교류단" 영국 방문 등 다양한 장애인 관련 기사가 등장하고 있다.

2) 내용별 아동, 장애인 담론

북한의 아동, 장애인 관련 담론은 2장에서 언급한 하위 4개 범주로 구분하여 분류 작업을 진행하였다. 아동, 장애인 관련 내용별 4개 범주 분포 현황은 각각 다음 〈그림 7〉, 〈그림 8〉과 같이 나타난다.

〈그림 7〉 내용별 아동 담론 기사 수

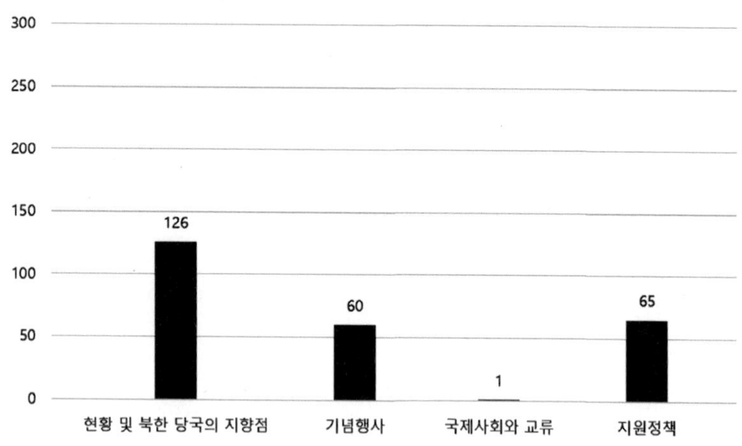

〈그림 8〉 내용별 장애인 담론 기사 수

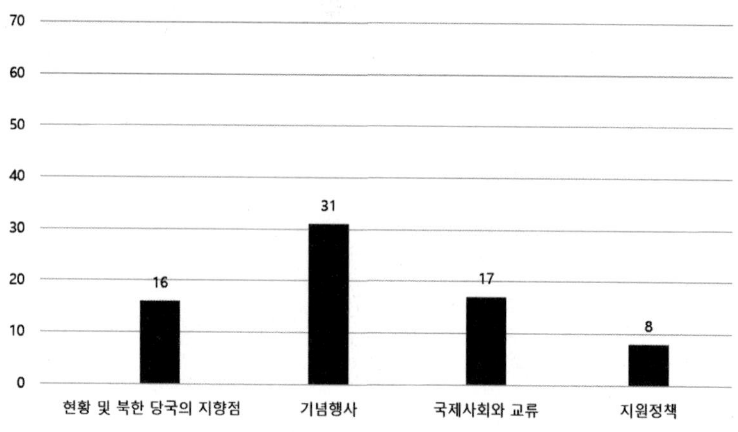

(1) 북한 당국의 아동, 장애인 정책

북한 아동 현황 및 북한 당국의 정책 관련 담론은 전체 301건의 기사 중 126건을 차지하고 있다. 해당 범주를 다시 북한 당국의 아동 정책으로 아동이 행복한 삶을 살고 있다는 점을 강조하는 기사, 자본주의 사회에서 아동의 삶과 비교하여 북한 당국의 아동 권리 보호 상황을 강조하는 기사, 북한 내 아동 문제를 언급하는 기사로 구분할 수 있다. 먼저 북한 당국의 아동 정책으로 아동이 행복한 삶을 살고 있다는 점은 "우리 나라에서는 어린이들이 나라의 왕입니다", "영원한 사랑이 있어 세상에 부럼없는 이북의 어린이들", "어린이들에게 제일 좋은 것을"과 같은 제목의 기사로 등장하고 있다. 여성 담론과 유사하게 북한의 아동이 "나라의 왕"으로 "세상에 부럼" 없이 "제일 좋은 것"을 누리는 삶을 영위하고 있는데 이는 모두 "영원한 사랑"을 주는 "수령"이 있기 때문에 가능하다고 설명하고 있다.

두 번째 유형은 자본주의 사회에서 아동의 삶과 비교하여 북한 아동이 권리를 보장받는 삶을 누리고 있다는 점은 "자본주의 나라 어린이들의 비참한 처지", "어린이들에 대한 학대행위 성행", "심각한 어린이 빈궁문제"에서 잘 나타난다. 자본주의의 모순으로 인해 아동이 가난으로 인해 굶고 있으며, 아동의 노동을 착취하는 등 학대를 받고 있다는 것이 해당 유형의 주요 내용이다. 자본주의 국가 아동의 비참한 현실을 언급하면서 빠지지 않는 내용은 북한 아동은 이러한 문제를 경험하지 않으며 이는 모두 당과 수령 덕분이라는 것이다.

마지막으로 북한 내 아동 문제를 언급하는 기사는 "어린이 사망률 감소", "어린이 장애자 수", "미래를 위한 아동권리보장"을 통해 잘 나타난다. 여성 담론과는 달리 아동 담론에서는 북한 내 아동 문제를 비교적 구체적으로 언급하고 있다. 여전히 북한 당국과 수령에 대한 찬사는 나타나지만 아동의 사망원인, 아동장애인의 규모와 원인 등 국제사회의 지원과 협력이 필요한 부분에 대한 언급이 등장하고 있다.

북한 장애인 현황 및 북한 당국의 정책 관련 담론은 전체 72건의 기사 중 16건을 차지하고 있다. 기사의 비중이 높지는 않지만 해당 범주 역시 총 3가지 주제로 분류가 가능할 만큼 다양한 양상이 나타난다.

첫 번째 주제는 북한 내 장애인권리협약 이행 상황을 담고 있는 기사로 "조선민주주의인민공화국 최고인민회의 상임위원회 〈장애자들의 권리에 관한 협약〉 비준", "장애자 보호노력", "우리 당의 장애자보호정책의 생활력"이 있다. 장애인권리협약 비준을 시작으로 북한 당국의 장애인 보호 정책에 대한 내용을 담고 있는데 기사의 주요 내용은 주로 장애인 관련 시설을 건설하고 있다는 점을 강조하는 것이었다. 그러나 해당 시설은 대부분 평양을 중심으로 신체적 장애를 가진 사람을 대상으로 한 것이었다. 장애 유형 중 정신 질환에 대한 언급은 전혀 등장하지 않는다. 이동에 제약이 있는 장애 또는 시각, 청각 장애의 유형에 한정하여 정책을 시행하고 있는 것으로 판단된다.

두 번째 주제는 자본주의 사회에서 장애인의 삶과 비교하여 북한의 장애인 보호가 우월하다는 것이다. 해당 주제는 "남조선방송 장애자학생들에 대한 교원들의 폭행사건 공개", "장애자들의 생존권보장을 요구", "장애어린이들에 대한 차별행위를 끝장낼 것을 호소"를 통해 확인할 수 있다. 자본주의 사회에서 장애인들은 최소한의 생존권도 보장받지 못하고, 장애로 인해 차별받고 있으며, 심지어 한국은 장애가 있는 아동에 대한 폭행도 빈번한 곳으로 묘사하고 있다. 여성, 아동 담론과 마찬가지로 장애인 담론 역시 해당 담론에서 자본주의 사회와 달리 북한은 장애인의 권리가 완전히 실현된 곳이라는 점을 강조하고 있다.

마지막 주제인 북한 내 장애인 문제는 "어린이 장애자 수", "장애자들에 대한 높아가는 사회적 관심"에서 확인할 수 있다. 북한 당국과 수령으로 인해 장애인 문제를 잘 해결하고 있지만 그럼에도 불구하고 경제적 어려움으로 인해 부족한 부분을 노출하며 이를 위해 당국이 노력하고 있다는 점을 강조하고 있다.

(2) 북한 아동, 장애인과 국제사회와의 교류

두 번째 범주인 국제사회와의 교류는 아동과 장애인 담론 모두 각 협약의 위원회와의 교류를 중심으로 나타난다. 유엔 인도주의사업 담당자, 유엔아동기금 담당자 등 유엔 산하 기관에서 북한을 방문하여 아동 관련 시설을 방문하여 실태 파악을 진행하고 있다. 아동 관련 담론은 북한 내 아동의 어려운 상황을 드러내는 만큼 유엔 산하 기관의 방문은 어느 분야의 협력이 필요한지, 지원이 효과적인지를 판단하기 위한 것으로 판단된다.

아동 관련 교류는 국제사회 행위자들이 북한을 방문하는 일방향으로 나타나지만 장애인의 경우 장애인 공연단이 영국, 프랑스, 중국을 직접 방문하여 공연을 진행하는 등 아동과 비교하여 양방향 교류 양상을 보인다. 중국은 장애인연합 대표단을 북한으로 보내어 만경대 등 여러 장소를 방문하고, 2016년에는 중국에서 열린 국제

장애인올림픽에 북한이 선수단을 파견하는 등 가장 활발한 교류를 진행하고 있다.

(3) 아동, 장애인 관련 기념행사 및 복지

아동 관련 기념행사와 복지 관련 기사는 각 60건과 65건으로 아동 관련 담론의 절반을 차지하고 있다. 아동 관련 기념행사는 6·1 국제 아동절 행사, 유엔아동권리협약 관련 행사 등 국제사회와 공통의 기념일을 중심으로 진행하는 양상을 보인다. 북한 당국이 여성차별철폐협약에 가입했다는 사실이나 관련 행사를 전혀 언급하지 않는 것과 다르게 아동 담론에서는 유엔아동권리협약에 가입한 사실과 관련 행사를 대대적으로 보도하고 있다. 유엔아동권리협약의 내용을 북한 당국이 얼마나 잘 지키고 있는지에 대한 주민 대상 선전 내용이 기사의 대부분을 차지하고 있으나 해당 기사 속에서 북한 아동의 교육 환경과 관련해서는 재정적으로 어려워 지원이 힘들거나 부족한 부분을 시인하기도 한다. 유엔협약 및 국제적 차원의 행사를 제외하고 북한 내에서 진행하는 아동 관련 행사는 바둑, 스포츠, 그림, 예술공연 등 다양한 분야에서 진행되고 있다.

아동에 대한 북한 당국의 복지 정책은 영양 시설, 건강 시설, 가정외 보호 아동 시설, 교육 시설, 여가 및 복리후생 시설 등 다양한 분야의 시설을 건립하는 양상이 나타난다. 각종 시설 건립과 함께 아동 대상 예방접종 사업 실시, 기후변화에 대처하기 위한 지원 등이 함께 등장한다. 먼저 영양 시설은 콩우유 보급, 평양어린이식료품 공장 건립, 개성어린이식료품 공장 건립 등 아동의 성장과 발달에 필요한 영양소 공급에 초점을 맞춰 시설을 갖추고 있다는 점을 강조하고 있다. 건강 시설을 다루는 기사에서는 옥류아동병원, 조선장애어린이회복중심(원)[10] 등 아동 질병과 장애 치료에 특화된 시설이 등장한다. 가정외 보호 아동 시설은 평양애육원에 대한 소개가 나타난다. 기존 애육원 시설을 개보수하여 해당 시설에서 거주하는 아동의 삶의 질이 향상되었다는 점을 강조하며 북한에서 부모의 양육을 받지 못하는 아이들은 당국이 가정처럼 보호하고 있다는 것이 주요 주장이다. 해당 기간 아동을 위한 교육 시설은 아동궁전 개건 사업과 평양, 사리원, 신의주에 어린이 교통 공원을 조성한 것으로 나타난다. 여가 및 복리후생 시설은 아동 물품을 전문적으로 판매하는 평양 아동백화점을 개장했다는 소식을 담고 있다. 개성어린이식료품 공장, 사리원, 신의주에 만든 어린이 교통 공원을 제외하면 아동 시설의 대다수는 평양에 위치하고 있다. 신의주를 제외한 개성, 사리원 역시 평양과 가까운 지역으로 아동의 위한 시설이 북한 내 소수의 아동에 집중되어 있다는 것을 알 수 있다.

장애인 관련 기념행사와 복지 관련 기사는 각 31건과 8건으로 장애인 관련 담론의 절반 이상을 차지하고 있다. 장애인 관련 기념행사는 국제 장애인의 날 행사와 북한 당국이 지정한 장애인의 날 행사를 주축으로 개최된다. 장애인 올림픽 경기대회, 사격 대회, 활쏘기 대회, 예술행사, 탁구 경기 등 장애인 체육 경기 역시 활발히 열리고 있다. 장애인 지원정책으로는 조선장애어린이회복원이라는

10) 북한에서 "중심"이라는 단어는 한국에서 "센터"를 의미할 때 사용하는 표현이다. 따라서 "조선장애어린이회복중심"은 한국에서 사용하는 표현으로 옮기면 "조선 장애어린이 회복센터"로 표현할 수 있다.

건강 시설과 조선장애자기능공학교라는 교육 시설을 운영하고 있는 것으로 확인할 수 있다.

3) SDGs 영역별 아동, 장애인 담론

북한 아동과 SDGs 1~17번과 연관 있는 기사는 총 117건으로 여성, 아동, 장애인 담론 중 가장 높은 수치를 나타내고 있다. 이는 북한 당국이 아동 관련 정책에 대한 자신감을 표출하며 김정은 집권 이후 여러 아동 관련 시설 건립을 중점적으로 추진한 결과로 판단된다. 한편으로 SDGs 1~17번 목표 중 1, 3, 4번 목표는 아동의 성장과 발달과 관련이 있는 항목이다. 따라서 아동이 성장, 발달이라는 특성을 고려하면 북한 당국이 아동의 권리를 보장한다고 제시하고 있는 영양, 교육 등에 대한 언급은 SDGs 목표와 연결성이 높다 할 수 있다.

장애인 관련 노동신문 기사와 SDGs 영역별로 구분했을 때 SDGs 1~17번과 연관 있는 기사는 총 72건 중 37건으로 나타난다. 2016년 장애인권리협약 비준 이후 북한 당국 차원에서 장애인 복지 증진을 위한 여러 정책을 제시하고 있다. 아동권리협약과 마찬가지로 장애인권리협약의 내용 역시 SDGs 목표와 부합성이 높다. 따라서 해당 기간 동안 북한 당국이 제시하고 있는 장애인 관련 비전 역시 SDGs 1~17번 목표에 따라 분류했을 때 관련성이 있는 기사가 여성 관련 담론과 비교해 높은 비중으로 나타난다. 아동과 장애인 관련 각 SDGs 영역별 기사의 분포는 다음 〈그림 9〉, 〈그림 10〉과 같다.

〈그림 9〉 SDGs 영역별 아동 담론 기사 수

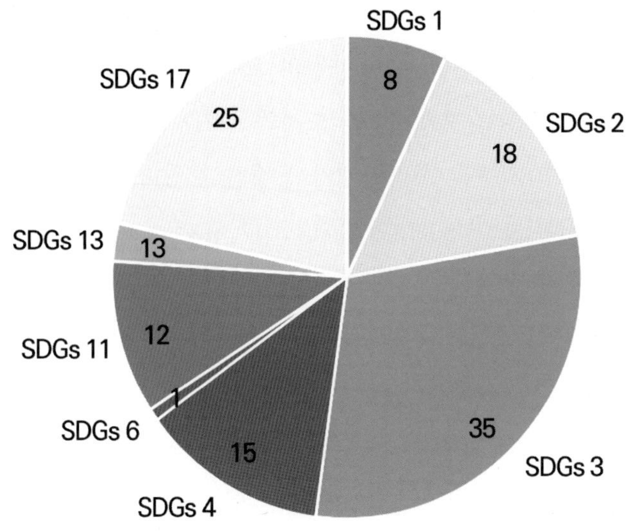

〈그림 10〉 SDGs 영역별 장애인 담론 기사 수

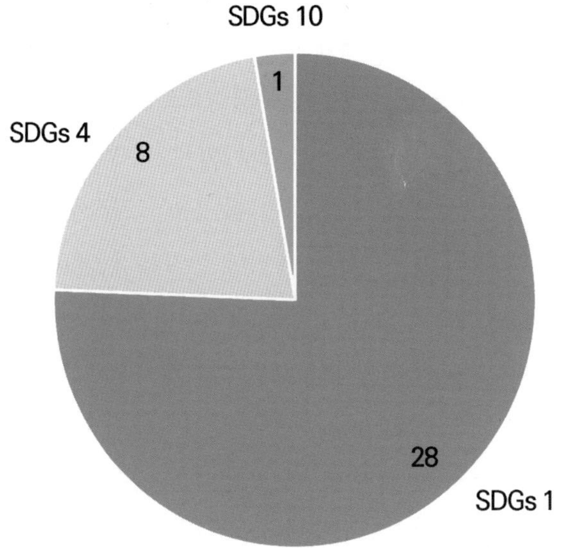

SDGs 영역별 아동 관련 기사는 SDGs 1: 빈곤층 감소와 사회안전망 강화, SDGs 2: 식량안보와 지속가능한 농업, SDGs 3: 건강하고 행복한 삶, SDGs 4: 모두를 위한 양질의 교육, SDGs 6: 건강하고 안전한 물관리, SDGs 11: 지속가능한 도시와 주거지, SDGs 13: 기후변화 대응, SDGs 17: 지구촌 협력확대가 등장하고 있다. 출현 빈도가 가장 높은 순서는 SDGs 3, SDGs 2, SDGs 17, SDGs 4 순서로 나타난다. 아동에 대한 영양 공급과 건강권 보장에 대한 SDGs 3과 2를 합치면 SDGs 관련 기사 총 117건 중 60건으로 전체 비중의 51.2%를 차지하고 있다. 학교 시설 확충, 장애 아동 교육권 보장 등 아동이 교육의 대상이라는 점에서 SDGs 4: 모두를 위한 양질의 교육이 3번째로 높은 비중을 차지하는 원인을 파악할 수 있다.

아동 관련 담론이 여성, 장애인과 다른 양상은 SDGs 13과 SDGs 17번 항목에서 확인할 수 있다. SDGs 13번은 기후변화가 아동의 건강에 미치는 영향을 언급하며 기후변화에 대처할 것을 강조하고 있다. 여성 예보원의 역할에 대해서 언급한 여성 담론 속 SDGs 13 항목과 달리 아동 관련 담론에서는 구체적으로 기후변화가 발생하고 있다는 점을 언급하면서 해당 변화가 미래 세대인 아동의 건강과 앞으로의 삶에 큰 영향을 미칠 것이라는 점을 지적하고 있다. 이를 해결하기 위해 미리 기후변화에 대비하는 자세가 필요하며 북한 당국은 이를 잘 대비하고 있다는 점을 강조한다. SDGs 17은 아동권리 실현을 위한 지구촌 협력 확대에 해당하는 항목으로 북한 당국이 국제사회와의 협력을 통해 아동권리를 보다 폭넓게 보장하고 있으며 국제사회에서 선도적인 역할을 하고 있다는 점을 과시하고 있다.

아동 관련 SDGs 영역별 담론과 여성, 장애인 관련 담론과의 또 다른 차이점은 SDGs 11: 지속가능한 도시와 주거지에 대한 언급이다. 최근 북한 내 자동차 운행 증가에 따라 아동 교통사고에 대한 문제가 제기되고 있는 상황이다. 이와 더불어 도시와 농촌과의 격차를 줄이기 위한 여러 시도도 등장하고 있다. 아동 관련 담론 중 도시 내 교통안전 시설 관련 내용, 농촌 지역 아동에 대한 특별한 권리 보장 등의 내용을 담고 있는 기사는 SDGs 11 항목으로 분류하여 분석을 진행하였다. 도농 간 격차를 줄이기 위해 북한 당국은 교통 수단 확충, 도로 확충 등에 집중하여 정책을 시행하고 있다.

장애인 담론 중 가장 높은 비중을 가진 SDGs 항목은 3: 건강하고 행복한 삶에 집중하여 기사가 등장한다. 장애인 관련 기사가 SDGs 3에 집중하여 나타나는 것은 2016년 장애인권리협약 비준 이후 북한 내 장애인의 권리 보장 상황에 대한 북한 당국의 집중적인 홍보 때문인 것으로 판단된다. 장애인에 대한 차별을 없애기 위한 노력을 언급하면서 모든 종류의 차별 철폐에 해당하는 SDGs 10에 부합하는 기사도 1건 등장한다. 전체 기사 중 유의미한 비중을 차지하는 것은 아니지만 여성, 아동에 대한 언급과 달리 장애인에 대해서는 북한 내 차별이 있다는 사실을 인정하는 것으로 이 부분에 대한 주목이 필요하다.

5. 김정은의 등장과 여성, 아동, 장애인 전략 변화

이 연구는 김정은 시기 북한 내 소수자에 해당하는 여성, 아동, 장애인 관련 담론을 살펴보고 새로운 지도자의 등장과 함께 어떠한 변화가 발생하고 있는지, 이들의 실질적인 권리를 보장하기 위한 방안에는 무엇이 있을지를 분석하는 것을 연구의 목표로 두고 있다. 김정은이라는 새로운 지도자의 등장이 북한에서 취약한 상황에 놓여있는 여성, 아동 장애인의 삶에 어떠한 영향을 미치는지를 파악하기 위해 북한의 공식 담론을 담고 있는 노동신문 분석을 통해 변화의 추이를 파악하였다. 2012~2019년 사이 노동신문 기사 중 여성, 아동, 장애인 키워드를 포함한 단어를 추출하여 시기별, 내용별 분석을 통해 김정은 시기 여성, 아동, 장애인 전략이 무엇인지를 파악하였다. 분석 결과 북한의 여성, 아동, 장애인 담론의 공통점은 당과 수령의 보살핌으로 인해 자본주의 사회와 비교하여 각 주체의 권리가 완전히 실현되고 있다는 점을 강조하고 있다는 것이다. 그럼에도 불구하고 각 소수자 유형 중 여성과 아동, 장애인 담론에 있어 차이점이 나타난다.

북한 여성은 북한 당국과 수령의 은혜로 인해 모든 차별이 없어진 평등한 사회에서 사회주의의 한 축을 담당해야 하는 의무의 주체로만 나타난다. 수령의 말 한 마디로 모든 차별이 제거되었으나 실제 북한 여성의 삶이 남성과 동등한 권리를 누리는 것인지 의문이 남는다. 이러한 상황은 김정은 시기 여성 담론 속에서도 잘 나타난다. 일제에 항거하던 남강마을의 여성의 모습을 따라 배워 북한이 경제적으로 어려운 시기지만 여성이 국가를 위해 헌신하여야 한다는 점, 인민 군대의 어려움을 해결하기 위해 여성이 원군을 해야 한다는 점, 농업 생산량 증대를 위해 여성이 앞서서 농사일을 해야 한다는 점 등 결국 여성에게는 평등이라는 권리보다는 북한 당국의 어려움을 지탱해야 하는 의무만 주어지는 상황이다.

반면 아동과 장애인의 경우 해당 주체의 권리를 보장하기 위한 북한 당국의 역할을 강조하고 있다. 아동과 장애인은 법적으로는 북한에서 노동력을 제공하는 대상이 아니다. 그러나 현실적으로 아동은 나무심기, 풀 베기 등 많은 동원 활동에 강제로 참여해야 하는 상황이다. 이러한 아동을 동원하는 행위에 대해 국제사회는 아동노동이라 지적하며 멈출 것을 꾸준히 요구하고 있다. 이 시기 아동담론 중 아동이 동원 활동에 많은 시간을 빼앗겨 학습에 쓸 시간을 침해받지 않도록 주의해야 한다는 김정은의 지시가 등장한다. 아동노동에 대한 국제사회의 지적에 대해 이전에는 교육활동이라고 강조하며 북한 당국의 고유의 권리를 침해하지 말라고 대응하던 모습과는 확연하게 바뀌었다는 것을 알 수 있다. 아동과 장애인 담론 모두 각각 아동권리협약과 장애인권리협약에 가입한 이후 SDGs 목표와의 연관성도 증가하고 있다는 점도 주목할 만하다. 북한 당국은 아동 관련 정책을 진행하는 데 있어 영양, 성장 및 발달, 교육에 집중하여 국제사회와의 협력에도 적극적인 모습을 보인다. 장애인 관련 정책의 경우 장애인에 대한 차별을 없애는 일과 이동권 보장에 집중하여 사회 인프라를 개선하는 일에 관심을 표명하고 있다.

여성, 아동, 장애인 분야에서 북한 당국이 관심을 두고 있는 정책을 지원하고 교류협력을 추진하는 것은 단순히 여성, 아동, 장애인이 경험하고 있는 일상생활의 어려움을 해소하는 데 그치는 것이 아니다. 북한의 여성, 아동, 장애인 전략을 분석한 결과 각 주체별 담론은 이들의 권리, 평등, 차별과 같은 인권적 요소를 내포하고 있다. SDGs 항목과 북한 당국이 관심을 표명하는 여성, 아동, 장애인 분야 교류협력을 통해 각 주체의 인권 상황 역시 개선이 가능하다.

그러나 이를 위한 선제 조건이 있다. 이 글의 주요 분석 대상인 노동신문의 경우 포괄적 제목과 미사여구가 내용의 상당수를 구성하고 있다는 자료적 한계가 있다. 면밀하게 현황을 파악하고 구체적인 교류협력 방안을 도출하기 위해서는 이를 보완하기 위해 각 분야별 통계 및 실증자료를 확보하는 노력이 필요하다.

참고문헌

1. 국문단행본

김미주 · 김석향. 『북한 아동, 세상에 부럼 없이 행복할까?』, 서울: 일신, 2020.

김석향 · 김미주 · 오은찬. 『통일기반구축을 위한 민간단체(NGO)의 역할 모색: 북한 아동복지현안을 중심으로』, 서울: 초록우산 어린이재단, 2014.

박영자. 『북한녀자: 탄생과 굴절의 70년사』, 서울: 앨피, 2017.

이규창. 『북한의 유엔장애인권리협약 이행 최초보고서 평가와 특징: 장애인 권리 증진을 위한 국제협력의 관점에서』, 서울: 통일연구원, 2019.

이규창 외. 『인도적 지원을 통한 북한 취약계층 인권 증진 방안 연구』, 서울: 통일연구원, 2013.

이철수. 『긴급구호, 북한의 사회복지』, 서울: 한울, 2012.

임순희 외. 『북한의 아동교육권 실태와 관련 법령 제정 동향』, 서울: 통일연구원, 2012.

통일부 통일교육원. 『2021 북한 이해, 서울: 통일부 통일교육원』, 2021.

2. 영문단행본

Central Bureau of Statistics DPR Korea. *Democratic People's Republic of Korea 2008 population Census National Report*. Pyongyang: Central Bureau of Statistics DPR Korea, 2009.

Convention on the Elimination of All Forms of Discrimination against Women. *Adopted and opened for signature, ratification and accession by General Assembly resolution, 34/180 of 18,* December 1979.

Convention on the Rights of the Child. *Adopted and opened for signature, ratification and accession by General Assembly resolution 44/25 of 20,* November 1989.

FAO, UNICEF, WFP and WHO. *Asia and the Pacific Regional Overview of Food Security and Nutrition 2020: Maternal and child diets at the heart of improving nutrition,* Bangkok: FAO, 2021.

National Partners in the Democratic People's Republic of Korea. *DPRK Voluntary National Review on the Implementation of the 2030 Agenda for the Sustainable Development,* DPR Korea, 2021.

United Nations General Assembly. *National report submitted in accordance with paragraph 5 of the annex to Human Rights Council resolution 16/21 * Democratic People's Republic of Korea,* Human Rights Council Working Group on the Universal Periodic Review Thirty-third session, 2019.

3. 국문논문

김석향. "북한 장애인의 일상생활 현황: 북한이탈주민의 인식을 중심으로". 『북한연구학회보』 제15권 1호(2011).

김석향 · 정익중 · 김미주 · 오은찬. "유엔아동권리협약 국가보고서를 통해 본 남북한 아동권리 내용 비교". 『한국아동복지학』 제54권(2016).

박지연 · 문경연 · 조동호. "UN 지속가능개발목표(SDGs) 담론의 북한 적용을 위한 이행지표 고찰". 『담론201』 제19권 4호(2016).

안동현. "아동의 권리: 필요성, 역사성 및 과제". 『아동권리연구』 제1권 제1호(1997).

안동현. "유엔 아동권리협약의 의의와 과제". 『아동권리연구』 제3권 제2호(1999).

이소희. "남북한 부모부재 아동복지제도 비교". 『아동연구』 제15권 제1호(2001).

정지웅. “북한 장애인 고용현황과 발전방안”. 『통일사회복지학회 하계학술대회 자료집』(2019).

_____. “북한의 UN 장애인 권리협약 이행수준 향상을 위한 장애정책 개선방향: 사회권을 중심으로”. 『한국사회복지학회 춘계학술대회 자료집』(2019).

4. 영문논문

Linde Lindkvist. “Rights for the World's Children: Rädda Barnen and the Making of the UN Convention on the Rights of the Child”. *Nordic Journal of Human Rights* Vol. 36 Issue. 3(2018).

Miju Kim. “Differences in Recognition of Child Labor: The International Community vs. North Korea”. *Journal of Peace and Unification* Vol 10 No. 1(2020).

5. 북한문헌

「로동신문」 각 호.

6. 기타

통일부. www.unikorea.go.kr

Concern Worldwide. www.globalhungerindex.or

ENGAGE DPRK. www.engagedprk.org

Human Early Learning Partnership. www.earlylearning.ubc.ca

UNICEF MICS. http://www.childinfo.org

United Nations Treaty Collection. www.treaties.un.org

United Nations in DPR Korea. www.kp.one.un.org

제7장
소극적 공조 전략*

북한의 인권과 SDGs(지속가능발전목표)

김 엘 렌

1. 들어가며

북한 인권 문제는 우리 사회뿐만 아니라 국제적으로도 관심이 증대되고 있는 사안이다. 특히, 하노이 회담 시 북·미 간 협상 테이블에 놓여있지 않았던 의제인 인권 문제가 다시 등장하게 되면서 북한 인권 문제를 바라보는 여러 가지 시각과 쟁점이 되는 사안에 대하여 구체적인 논의 과정이 필요하게 되었다.

2000년대가 북한의 북핵 문제와 1990년대 고난의 행군 이후 지속되었던 북한 식량난이 한반도 질서를 불안정하게 만들었다면 2020년을 기점으로 북핵 문제와 세계적 보건 문제로 불거진 여러 경제

* 본 연구는 2021년 2월 아시아연구에 수록된 논문을 수정·보완한 것임을 밝힙니다.

적인 부분들이 여전히 한반도 질서를 불안정하게 만들고 있다. 그동안 국제적으로 평화와 인권이라는 문제는 이론적, 경험적 측면에서 다른 분과로 이해되어 온 측면이 있다. 2018년 북 · 미정상, 남북정상회담 이후 평화라는 화두가 떠올랐던 한반도의 상황도 마찬가지이다. 한반도의 상황으로 국한시켜 보면 평화와 인권이라는 부분이 서로 다른 영역이라는 인식은 북핵 문제와 코비드 사태와 환경적인 재해로 인해 불거진 사태들에 대하여 통합적, 포괄적인 접근을 어렵게 하는 부분이 있다. 소위 보수진영, 진보진영 모두 평화와 인권 문제에 관한 구조적인 인식의 한계를 보여 왔으며[1] 정치적 수단으로 이용되는 측면이 강했음을 부인할 수 없다. 과거 국제정치학 이론 중 현실주의 시각에서 보면 평화는 안보문제와 직결되는 군사적 측면으로 인권은 규범적인 측면으로 인식해 왔으나 이 둘은 서로 상호 영향을 미치는 관계성이 더욱 강해지고 있는 것이 자유주의 시각에서 보는 오늘날의 현실이다.

그렇다면 북한 인권에 관한 문제를 어떻게 인식해야 할 것인가? 문화, 문명 간 논쟁에도 불구하고 21세기 현존하는 거의 모든 국가는 원칙적인 토대 아래에서 인권이라는 것은 인간이 인간으로서 누려야 할 천부적이며 양도할 수 없는 기본적인 권리 혹은 인간으로서 존엄성을 지닌 삶을 영위하는 데 있어 필수적인 기본 권리로 인

[1] 보수진영에서는 평화와 인권이라는 문제가 정권의 교체를 통해서만 가능하다는 입장을 견지한 바 있으며 진보진영에서는 북한의 비핵화문제와 세계적 보건문제가 경제적인 측면에 막대한 영향을 미치는 현 상황을 보며 미국의 대북정책과 북한에 대한 인도주의적 지원 시급성을 이유로 나머지 이슈들을 등한시하는 경향을 부정할 수 없음. 구조적인 한계와 관련하여 평화와 인권의 양립가능성에 관한 논문이 있으로 서보혁, "한반도 평화와 북한 인권: 통합적 이해와 포괄 접근을 위한 시론", 『민주법학』 제25호(2004), pp. 145~149.

권을 이해하고 수용하는 것에 대해 이의를 제기하기는 힘들 것이다. 인권개념은 세계적으로 보편적이며 암묵적인 합의가 있어 보인다. 그러나 다른 한편으로 인권이라는 문제는 극단적 보편주의(radical universalism)와 극단적 상대주의(radical relativism)로 양분되어 논쟁을 양산하고 있기도 하다. 이 두 입장의 공통점은 모두 정치적 이익을 위해 인권을 수단으로 삼고 있다는 비판에서 자유롭기 힘들다는 점이다. 이러한 극단적인 논쟁들 사이에서 인권에 대한 재인식의 필요성이 대두되고 있고 그 가운데 강성 상대주의(strong relativism)와 온건 상대주의(weak relativism)에 대한 관심이 증대되고 있다. 강성 상대주의는 상대주의 입장에서 보편주의를 포괄하는 내용이라면 온건 상대주의는 보편주의 입장에서 상대주의를 수용하고 있다. 이러한 인권개념에서 이러한 논의는 인권시각에 대한 다양성의 단초를 제공하고 있다.[2)]

북한인권조사위원회(COI)[3)]는 보고서를 통해 북한의 인권 문제가

---

2) 인권 문제에 대한 국제화 현상은 국제정치학 패러다임에도 개입을 하고 있다. 흔히 인권 문제는 정치적 문제에 휘둘려서는 혹은 이용돼서는 안 된다는 담론에 대해 연구자는 지지한 바 있으나 고백하자면 현실적이지 않다. 인권 문제는 정치문제와 동전의 양면과 존재임을 받아들여야 함을 절감하고 있다. 현재 특정 국가 내에서 실존하고 있는 비윤리적, 비인권적인 행위가 국제사회를 통해 직접적으로 거론됨으로써 인권에 대해 보편 기준 설정이나 이행에 관한 강화를 주장하는 자유주의론자들의 보폭이 큰 상황이다. 그러나 현실적으로 보면 국제관계는 주권국가 간의 경쟁이고 국제정치나 인권외교 모두 자국의 이익을 중심으로 돌아가는 부분은 여전히 존재하고 있다. 인권의 가치에 관한 국제사회의 태도는 이중적일 때가 있다. 최근 미얀마 사태에 관한 국제사회의 태도는 이를 잘 보여주고 있다. 다시 말해 미국을 비롯한 서방의 태도는 자국의 이익과 부합하지 않는 정치적 문제는 타국민의 인권 희생을 묵과할 수도 있음을 보여주었다.

3) 북한 인권 특별보고관이 북한을 직접 갈 수 없는 상황에서 2차 자료에 의한 조사활동은 한계를 노정하고 있다. 이를 보완하기 위해 체계적인 조사가 필요하다는 요구 끝에 2013년 유엔 북한인권조사위원회(commission of inquiry)를 구성하게 되었다.

김일성-김정일-김정은으로 이어지는 수령제에 원인이 있다고 진단한 바 있으며 북한에서 이루어지는 인권 침해는 '반인도적 범죄'에 해당한다고 결론을 내린 바 있다(정영철: 2014: 72).

유엔인권이사회[4]는 2003년부터 2020년까지 북한인권결의안을 채택하였고 2021년 11월 17일 유엔총회 산하 제3위원회는 17일 미국 뉴욕 유엔본부에서 북한인권결의안을 표결 없이 합의 방식으로 채택했다. 특히, 2016년부터 2021년까지 6년 연속 표결 없이 합의 방식으로 채택하였다. 미국과 EU, 일본 등에서 북한 인권 문제를 적극적으로 제기하고 있고 북한은 이에 대해 강력하게 반발하는 상황은 지속되고 있다.

인권의 역사를 보면, 오랜 시간을 거치면서 보편적 지위를 획득하는 과정을 거쳤다. 다시 말해, 인권은 선험적으로 규정된 보편성을 가지는 것이 아니라 사회역사적으로 구성되어 왔다(이정은, 2008: 187). 인권은 1948년 세계인권선언,[5] 1966년 국제인권규약[6] 등을 통해 국제적인 보편성을 획득하는 과정을 거쳤다. 특히, 국제연합(UN)

[4] 유엔 인권이사회는(United Nations Human Rights Council, UNHRC)은 유엔 가입국의 인권상황을 개선하기 위해 만든 상설위원회이다. 2006년 유엔인권위원회에서 유엔인권이사회로 명칭이나 지위를 개편하고 발전시킨 것임. 유엔인권위원회는 유엔경제사회이사회 산하기관이었고 유엔인권이사회는 총회 산하기관으로 격상된 것이다. 이 둘의 큰 차이는 상설 운영 여부이다.
한국은 2019년 10월 17일 미국 뉴욕 유엔본부 총회장에서 치루어진 유엔 인권이사회 이사국 선거에서 2020년~2020년 임기로 하는 이사국에 당선되었다. 이는 2006년~2008년, 2008년~2011년, 2013년~2015년, 2016년~2018년에 5번째로 맡게 된 것이다. 지역별로 총 47국이 이사국을 맡고 있고 아시아 그룹에서는 한국, 일본, 인도네시아, 마셜제도가 새로 선출되었다.

[5] 1948년 12월 10일 유엔총회에서 58개 가입국 중 50개 국가가 찬성하여 채택된 인권에 관한 세계 선언문이다.

[6] 세계 최초로 법적 구속력을 가진 세계적인 인권 관련 국제법이다.

은 제1차, 제2차 세계대전을 거치면서 인류에 불행한 일들이 일어나지 않도록 전쟁 방지와 평화유지를 목적으로 창설된 국제기구이다. 천부인권 사상의 토대 위에서 생성된 인권의 보편성은 세계인권선언과 국제연합 헌장이 갖고 있는 인권의식의 기초가 되었고 사회주의혁명, 반제민족해방운동, 제 3세계진영의 등장과 같은 역사적 과정을 거치면서 인권이 서양을 넘어서 세계적 차원으로 확대되었다. 세계인권선언에 대한 주요 비판은 존재한다. 주로 동아시아에 포진된 제 3세계 국가들이 식민 통치 하에 있을 때 형성이 되었다는 점과 서유럽의 자유주의적 견해가 반영되었다는 점, 그리고 개인적인 접근 요소가 강하다는 점 등을 들 수 있다. 세계인권선언에 대한 대안으로 집단주의적 접근을 통한 인권 인식의 필요성 제기된 바 있다. 이는 제 3세계 국가들의 국제무대 나서게 되면서 비동맹운동의 발달이 토대가 되었다. 이른바 1966년 국제인권규약 제정에서 자결권 포함, 1968년 테헤란 세계인권선언, 1984년 평화권선언, 1986년 발전권선언, 1993년 빈 세계인권선언 채택되면서 집단적 차원의 인권인식이 부상하기 시작했다. 그러나 주지하다시피 이러한 선언은 선언으로 그치게 되었다. 오늘날까지 인권은 '국가권력으로부터 자유'로 요약할 수 있는 자유권인 이른바 '소극적 인권'이 중심이다.[7)]

제2차 세계대전 시 일본이 패망하면서 일본의 식민지 하에 있던 한

7) 북한의 인권상황이 우려할 만한 문제를 가지고 있다는 점은 이견이 있을 수 없다. 그러나 이른바 주권국가의 문제로 환원을 했을 때 북한 인권 문제를 개인주의, 자유주의적인 시각을 중심으로만 접근하려는 점에 대해서는 신중한 태도를 견지할 필요가 있다. 북한은 집단주의, 사회주의적 인권관을 토대를 갖고 있다. 자유주의 진영에 토대를 둔 자유권 중심 접근은 체제가 다른 남북 간에 갈등의 씨앗이 될 가능성을 염두에 두어야 한다.

반도를 전승 국가들이 전후 처리하는 과정에서 남과 북으로 분할되었고 북측을 소군정이 남측을 미군정이 통치하는 와중에 한국전쟁을 겪으면서 냉전의 토대 위에 분단이 고착화되는 과정을 거치게 되었다.

일반적으로 보편주의적 접근은 북한의 인권 문제에 관한 보편적 가치라는 측면에서 파악[8)]할 때 북한의 인권 문제는 북한 권력에 의하여 이루어지는 인권 문제에 관한 제기를 의미한다. 그러나 냉전이 해체되었다고는 하나 뿌리를 소비에트 사회주의 체제로 두고 있는 북한에서 일어나고 있는 인권 문제가 비단 그곳에서만 발생이 되었던 문제는 아니었으며 국제 사회를 포함하여 동북아시아 사회에서도 역사적, 문화적, 정치적인 문제 등의 차이로 인해 나타나는 양상의 정도가 다를 뿐 많은 국가들이 갖고 있던 문제였다는 점을 상기할 필요가 있다.

인권의 내용을 어떤 것으로 봐야하는가에 대한 논의는 인권개념에 대한 합의 도출을 어렵게 하는 측면이 존재하며 이는 한반도 상황에도 적용되고 있다. 1세대 인권으로 명명되는 것은 시민적, 정치적 권리인 자유권이다. 자유권의 태생은 프랑스혁명이 계기가 되었다. 자본주의 경제 시스템을 가진 나라에서 자유권은 인권으로 치환되는 경향성이 강하며 이로 인해 앞서 언급했던 두 논쟁에서 보편주의 역사적, 정치적 논리로 사용되고 있다.[9)] 북한 정권이 가장

8) 보편적 인권개념은 1948년 유엔이 채택한 세계인권선언에 기초하고 있다. 세계인권선언은 "모든 사람이 성별, 피부색, 종교, 사회적 출신 등과 관계없이 태어날 때부터 자유롭고, 존엄하며 평등하다"라고 천명하고 있다. 인권은 사람이 사람답게 살아가기 위한 기본적, 보편적인 권리이다. 북한에 이 개념을 적용하면 북한주민은 모두 동일하게 인권을 존중받아야 한다는 의미가 되며 북한당국은 주민의 인권을 침해해서는 안되고 북한주민의 인권을 보장하기 위해 적극적으로 노력해야 한다는 의미를 내포하고 있다.

9) 미국이 발간하는 연례 인권 보고서 내용을 보면 자유권을 중심으로 다뤄지고 있음을 알 수 있다.

민감해 하며 반발하는 권리가 자유권에 대거 포진해 있다. 2세대 인권이라고 불리는 것은 경제적, 사회적, 문화적 권리인 사회권(경제권)이다. 사회권은 주로 사회주의권과 제 3세계 국가들에 의해 강조된 측면이 있다. 자유권이 국가 역할의 축소를 강조한다면 사회권은 국가의 역할 강화에 주목한다. 사회권은 서구의 노동운동, 동구의 사회주의 체제 형성을 계기로 대중의 기본적인 생활 조건에 대한 국가의 책임을 강조한다(서보혁, 2004). 과거 냉전 시기 사회주의 체제를 구성했던 국가들이 인권개념에 있어 개인의 자유를 중시하는 자유권적인 측면보다 사회권적인 측면을 강조한 것은 위에 설명한 내용과 연관선상에 있다. 국제적으로 북한 인권 논쟁이 가열되는 부분이 자유권적인 측면과 사회권적인 측면이다. 국제법과 국제기구에서 구체적인 이행과 관련이 되어 있는 대부분의 내용이 개인의 자유를 중시하는 자유권적인 측면에 두고 있다.

3세대 인권은 인도주의적 원조, 자결권, 발전권, 평화권 등의 권리를 일컫는 것이며 제 3세계 국가들의 출현이 생성 배경이라고 할 수 있다. 냉전이 해체되고 사회주의 경제가 무너지고 자본주의 경제가 확대되면서 초국가적 규범이라는 것이 각 국가 주권을 약화시키는 결과를 초래하게 된다. 이러한 배경을 토대로 1세대 인권인 자유권이 보편적 지위를 획득하는 과정을 거쳤다고 볼 수 있으며 2세대 인권인 사회권과 3세대 인권이 1세대 인권인 자유권에 도전, 조화, 상호작용을 통해 보편적인 지위 획득을 위해 약진하고 있는 상황이라고 할 수 있다.

세계인권선언 제1조는 인권이 천부적인 권리로 모든 사람에게 동일하게 적용해야 하며 상호 존중해야 한다는 점을 역설하고 있다.

연구자 또한 북한 주민의 인권은 존중되어 할 중요한 가치로 여기고 있다. 갈퉁[10]은 서양 인권을 보편적 인권으로 파악하는 것은 서양 아닌 곳의 인권 담론을 그 문화권 자체에서의 인권 전통에서 찾지 않는 태도와 동전의 양면을 이룬다라고 지적하였다. 연구자는 국제 인권은 개인, 국가, 국제사회 등 3차원의 맥락을 띈 사회적 구성이라고 파악(서보혁, 2012)하는 입장과 맥을 같이한다. 따라서 2차 세계대전 이후 잉태된 냉전의 산물인 북한에 대한 접근을 어떻게 할 것인가에 대한 논의가 다양하게 이루어지는 과정을 거쳐야 할 필요성이 있다.

그동안 수많은 인권 관련 연구 결과물들이 나와 있다.[11]

연구자로서 인권에 대한 절대적인 기준을 상대방에게 강요하게 된다면 이는 자칫 정치적 도구로 사용될 수 있다는 가능성에 대한 비판적 입장을 견지해야 한다는 의견을 수용한다. 따라서 남한 사회 안에서라도 현실적으로 큰 어려움을 가지고 있지만 인권이 정치적 도구로 이용되지 않도록 한반도 평화정착과 맞물리면서 선순환시킬 수 있는 정책에 관해 토론하고 대화하는 과정이 필요하다고 여겨진다. 북한에서 행하여지고 있는 인권에 대해 전적으로 이해를 한다거나 동의를 한다는 의미가 아니다. 북한 주민의 인권은 중요하다. 다시 말해 연구자로서 체제 존립의 기로에 서 있는 북한 지도부에 보편적 인권을 요구하는 정책도 필요하지만 동시에 그들 수준에서 점차 가용할 수 있는 범위로 상향시키는 전략이 필요하다는

10) Johan Galtung은 노르웨이 출신의 대표적인 평화학자로 『다른 눈으로 보는 인권』의 저자이다.

11) 대표적으로 서보혁, 『북한인권: 이론, 실제, 정책』(파주: 한울아카데미, 2007) 등 다수.

점을 간과해서는 안된다는 것이다.

이러한 맥락을 이해하기 위해 북한에서 역사적 과정을 거치면서 생성되어 온 인권 문제에 대해 개괄하고 북한의 인권담론 특징을 살펴보고자 한다.[12]

인권은 인류 보편적 가치이기도 하지만 남북한 분단에 있어서 가장 등한시했던 가치 중 하나이기도 하다. 따라서 한반도 문제를 선순환적으로 풀기 위해서는 북한 인권을 개선시키는 과정은 중요하다. 그러나 현실적으로 포괄적인 북한 인권에 대한 문제 제기는 한반도 평화정착 과정을 지리하게 하는 요인이 될 수 있다는 점에 주목할 필요가 있다. 우리에게는 북한 인권 문제뿐만 아니라 남북 현안으로 남아있는 인도적 사안과 남북 관계라는 정치, 경제, 군사적 질서를 고려할 수밖에 없기 때문이다(김연철, 2012). 특히, 남북경제협력에 있어서 정경분리 원칙이 지켜지지 않는 정경연계 정책은 북한 인권을 개선시키지 못하는 것에 일정 부분 일조를 하고 있는 것도 사실이다.[13] 북한과 교류하는 데 있어 정한 원칙을 정권의 변화

12) 북한당국도 인권이 누구나 누리는 보편적 권리라는 사실을 인지하고 있다. 그러나 북한당국의 인권관과 보편적인 인권관에는 차이가 존재한다. 이러한 간극에 관한 이해가 선행될 필요가 있다.

13) 연구자들이 가장 깊게 고민하는 것이 대북정책에서 국민적 공감대라는 것이 과연 가능한가일 것이다. 진보, 보수학자들이 모여 이 부분에 대해 고민한 적 있다. 이 중 박순성 교수는 다음과 같이 주장하였다. "남북관계 논의에서 경제적 혹은 국가적 국민적 차원이 아닌 개인적 차원을 생각해야 한다. 우리의 통일론을 개인의 삶과 연결시키는 것이 중요하다. 경제뿐만 아니라 정치, 문화, 사회, 정신의 측면이 충분히 강조되어야 한다", "보수든 진보든 현실에 대한 더 깊은 이해를 하기 위해 노력해야 한다. 그렇게 하기 위해 본인이 가지고 있는 이념이라는 인식의 장애물을 극복하려고 노력하는 것이 지식인으로서 가져야 할 기본적인 성찰이다." 조동호, 『공진을 위한 남북경협 전략: 보수와 진보가 함께 고민하다』(서울: 동아시아연구원, 2012), pp. 202 203.

와 무관하게 지속적으로 추진할 수 있는 공감대 형성, 경제적 논리가 정치적 논리를 뛰어넘을 수 있는 경제적 효과를 낼 수 있다면 시장 매커니즘의 원리로 자연스럽게 북한 인권을 개선시키는 계기를 맞을 가능성이 높다. 물론 이러한 과정에서 우려되는 부분이 없는 것은 아니다. 그러나 자본주의 매커니즘을 자연스럽게 북한 주민에게 스며들게 할 수 있는 여건을 놓치며 기회비용을 높이는 비효율적인 측면이 존재하며 이러한 일들이 반복되면 북한 인권을 직간접적으로 증진시킬 수 있는 기회를 놓칠 수 있다는 점을 상기해야 할 것이다.

2. 북한 인권 문제에 대한 우리의 관점

1) 북한인권 프레임에 대한 이해

북한의 인권에 대한 이해는 북한을 어떻게 바라보고 이해할 것인가와 연동되는 문제이다. 북한을 유엔 회원국가로 독립적인 주권국가로 볼 것인가? 통일 대상인 민족으로 볼 것인가? 혹은 적대적인 국가로 바라볼 것인가? 에 의해 크게 세 가지로 구분되어 왔다. 유엔 회원국가로 간주하는 경우, 북한은 같은 유엔 회원국으로 지위를 획득하게 되면서 국제법에 따른 권리와 의무를 따르게 된다. 통일 대상인 민족으로 보는 경우는 잠정적인 분단 상태로 보는 것으로 이는 영토조항에 의해 북한주민은 대한민국 국민이 된다. 적대적인 국가로 바라보는 경우는 한국의 영토를 불법적으로 점거하는 정치세력이 된다. 현재 대한민국은 북한을 주권국가로 인정함과 동시에 잠정적 통일대상인 민족으로 보는 시각을 견지하고 있다. 이러한 남북 간의 다중적인 관계는 북한 인권에 대한 접근을 다양한 트랙으로 할 필요성을 상기시켜준다.

2) 북한인권의 쟁점

북한이 가입한 인권조약은 자유권 규약, 사회권 규약, 아동권리협약, 여성차별철폐 협약, 장애인권리협약이다. 그동안 북한은 국제사회에서 제기하는 인권 문제에 대해 침묵으로 일관하거나, 소극적인 대응을 해 왔다. 그러나 최근 들어 적극적으로 대응하려는 양상으로 변화하고 있다. 2014년에 북한인권조사위원회(COI)는 북한 인권 침해 상황에 대해 보고서를 낸 바 있다. 당시 북한은 조선인권연구협회 보고서를 발표하면서 적극적으로 대응하였다. 또한 북한은 경제발전을 토대로 한 인민생활 향상에 관하여 지속적으로 주장하고 있다. 실제로 김정은 위원장 시기에 들어서는 인민, 경제, 보건, 과학이라는 단어는 담화에서 거의 빠지지 않고 등장하고 있다.

최근 북한당국은 여성, 아동, 장애인 등과 같은 취약계층의 인권 증진에 보다 적극적인 모습을 보이고 있는데 체제 유지와 관련하여 큰 영향을 미치지 않는 분야이기 때문으로 판단된다. 만약 북한이 경제발전이 이루어지지 않는다면 이들이 가장 어려움을 겪는 계층이기도 하다. 따라서 국제적인 협조를 구하는 동시에 비난을 면하기 위한 논리로 활용하는 것으로 판단된다. 이러한 면피성 전략 중 하나로 활용하고 있는 데도 불구하고 공식적으로 북한당국이 이들에 대한 인권증진에 관한 보고서를 낸다는 것은 이들을 국제법적 가용범위 선 안으로 서서히 들어오고 있다는 점에서 유의미하다고 볼 수 있다. 실제로 여성의 사회진출을 장려를 강조하면서 2014년 2차 UPR[14] 보고서에 구체적인 수치를 제시한 바 있으며 2014년 기준으로 제13기 최고인민회의 대의원 중 여성의 비율이 20%가 넘고 2018년 기준 인민위원회 근무자의 여성 비율이 23.3%라고 밝힌 바 있다. 여성의 노동환경 개선을 강조하며 2014년 김정숙 평양방직공장, 2017년 김정숙 평양제사공장에 기숙사를 건립하였다. 장애인과 관련해서는 장애인 보호를 위한 국가 차원의 계획[15]을 수립하였으며 다양한 장애인체육 국제친선대회에 참여하고 개최하였다. 또한 2015년부터 농인학교의 커리큘럼을 12년 의무교육에 보조를 맞추어 재정비를 하는 등 장애인 보호에 있어 국제사회와의 협력, 국제기준을 준수하는 모습을 보이고 있다. 특히, 아동권 증진[16]을 위해 국가적 차원의 계획 아래에서 이루어지고 있다.

북한 인권에 대해 국내에서 가장 쟁점이 되는 내용은 시민 정치적 권리인 자유권과 경제 사회문화적 권리인 사회권에 관한 내용이다. 북한은 1981년 사회적, 문화적 권리에 관한 국제규약(사회권 규

14) 유엔인권이사회의 전신이었던 유엔인권위원회는 특정 국가의 인권 문제를 선별적으로 다루고 있다는 정치적 논란에 끊임없이 휩싸였다. 이러한 논란의 문제를 해결하고자 2006년 유엔인권이사회가 출범하였다. 유엔인권이사회는 모든 유엔 회원국 인권에 관한 상황을 정기적으로 검토하는 UPR 제도를 시스템화하였다. UPR은 2008년 4월 첫 회의가 열렸고 현재 3주기(2017~2021)가 진행되고 있다.

15) 북한장애자보호전략(DPRK Strategy for the Protection of Persons With Disabilities, 2018~2020)을 수립한 바 있다.

16) 아동질병통합관리확장전략(Strategy for Expansion of Integrated Management of Child Illness, 2005~2020)을 수립하여 시행하고 있는 것으로 알려져 있다.

약)과 시민적, 정치적 권리에 관한 국제규약(자유권 규약) 등에 가입하였다. 그중 자유권 규약 위원회는 1997년 8월 북한을 상대로 인권개선 권고를 한 바 있다. 이때 북한은 내정간섭이라고 크게 반발하면서 1997년 자유권 규약 탈퇴를 선언하였다. 그러나 당시 유엔 사무총장은 조약에 탈퇴 조문이 없기 때문에 탈퇴를 인정할 수 없다고 했다. 이에 따라 여전히 북한은 자유권 규약과 사회 규약 가입국인 상태를 유지하고 있다. 현재 국내적으로 쟁점이 되는 사안 중 하나는 국제적으로 보편성을 앞세운 UN의 시각에서 북한의 인권을 바라볼 것인가 혹은 북한의 현실을 고려한 접근을 할 것인가에 대한 우선순위 논쟁에 관한 것이다.

인권 메커니즘은 국제인권조약에 근거한 규범과 유엔헌장에 근거한 규범으로 나눌 수 있으며 국제인권조약에 기반한 사항은 시민 정치적 권리인 자유권 규약, 사회적, 문화적 권리인 사회권 규약, 인종차별 철폐협약, 여성차별 철폐협약, 아동권리협약, 고문방지협약이다.

유엔헌장에 근거한 매커니즘은 조약 이외의 제도를 통하여 유엔 회원국의 인권 상황을 감시하는 방향으로 작동하고 있다. 가장 대표적인 것이 유엔총회와 유엔인권이사회에서 채택하는 북한인권결의안이다. 북한인권 문제는 2003년 당시 유엔 인권위원회(현 유엔 인권이사회)가 북한 인권결의를 채택하면서 국제사회에서 공론화되기 시작하였다.

유엔은 2004년부터 북한인권 특별보고관을 임명하여 매년 북한 인권 조사를 하고 있다. 북한 인권 특별보고관의 업무는 북한 인권 실태를 조사하고 이를 토대로 인권 상황을 개선하는 것이다. 그러나 북한을 직접 방문할 수 없는 상황에서 구체적인 현황을 조사하는 데 한계가 있다. 현재 유엔은 이 부분에 대해 방북 허용해 달라는 요청을 하고 있지만 받아들여지지 않고 있다.

최근 들어 북한은 인권에 관하여 변화된 태도를 견지하기 시작했다. 특히, 사회권 규약에 관한 내용을 수용하는 태도를 보이고 있다. 사회권 규약은 건강권, 식량권, 근로권, 교육권, 사회보장권 관련 규정을 두고 있다. 북한도 이와 관련하여 관련 법규가 존재한다. 건강권의 경우 '코로나 19' 이후 남북 보건 협력 부문에서 재개될 가능성이 가장 높은 분야이다. 북한의 요청이 있다면 정부는 북한주민의 인권 증진을 위해 가용범위 내에서 적극적으로 협력할 수 있는 분야일 것이다. 식량권의 경우 아이러니하게 시장화가 촉진되면서 상황이 많이 나아진 상태이다. 북한당국도 시장화가 주는 체제 위협에 관한 문제에 관해 민감해 하면서도 식량권 증진에 도움이 되는 측면이 있기 때문에 김정은 위원장은 제도권 안으로 시장을 적극적으로 끌어들이려는 시도를 하고 있는 실정이다.

북한은 사상교육을 통한 사회통제 정책의 일환으로 2012년 9월 〈전반적 12년 의무교육을 실시함에 대하여〉를 최고인민회의 법령으로 제정하였다. 특히, 헌법상 최고 주권기관인 최고인민회의에서 법령으로 채택했다는 것은 12년제 의무교육의 중요성에 대한 역설이라고 해석할 수 있다.

국내외적으로 북한 인권의 쟁점 사안인 사회권 규약과 자유권 규약 관련 법규에 관한 내용 중 북한이 국제적으로 적극적인 대응을 하는 분야가 주로 사회권 규약에 몰려 있는 특징이 있다. 북한당국은 체제 유지를 하는 데 있어 위험요소가 상대적으로 높지 않은 분야부터 순차적으로 개선하려는 모습을 보이고 있지만 이는 북한당국이 국제 사회로부터 고립되지 않으려는 전략적 노력 일환의 하나로 평가할 수 있다.

〈표 1〉 북한의 사회권 규약 관련 법규

규약 / 협약	권리	북한의 인권 관련 법규
사회권 규약	건강권	인민보건법, 전염병예방법, 의료법, 의약품관리법, 공중위생법, 식료품 위생법
	식량권	양정법
	근로권	사회주의노동법, 노동보호법, 노동정량법, 인민경제계획법, 물자소비기준법
	교육권	교육법, 보통교육법, 고등교육법, 교원법, 교육강령집행법
	사회보장권	사회보험법, 어린이보육교양법, 사회보장법
	문화권	명승지－천연기념물보호법, 원림법, 자연보호구법
	과학/기술 권리	과학기술법, 전파관리법, 컴퓨터망관리법, 전자인증법, 쏘프트웨어산업법, 컴퓨터쏘프트웨어보호법
	지식재산권	저작권법, 발명법, 공업도안법, 상표법, 원산지명법
여성차별철폐협약	여성 권리	북조선 남녀평등권에 대한 법령, 여성권리보장법
아동권리협약	아동 권리	어린이보육교양법, 아동권리보장법
장애인권리협약	장애인 권리	장애자보호법
	노인의 권리	연로자보호법

주: 여성, 아동, 장애인은 사회권과 함께 자유권적 측면이 있다는 점에서 논의가 여지가 있음.
출처: 김석향 외, 『2019년 북한인권 참고자료』(서울: 이화여자대학교 산학협력단, 2019).

북한은 사회권 규약과 자유권 규약과 관련한 법규를 〈표 1〉, 〈표 2〉와 같이 제도화해 놓았다. 본 연구에서 관련 법규에 대한 실제 기능에 관한 내용은 다루지는 않지만 논쟁이 되고 있는 자유권과 사회권 관련 법규가 위에서 보는 표와 같이 형식적인 측면에서라도 존재한다는 점은 상기할 필요가 있다. 관련 법규가 존재한다고 하여 그 법이 실행이 활성화되는 것은 아니다. 그러나 형식적으로나마 제도적으로 관련 법규가 존재한다는 점은 유의미성의 측면에서 간과할 수 없다.

북한은 2009년 4월 9일 헌법 개정 시 선군사상을 주체사상과 함께 활동의 지도적 지침으로 삼는다고 천명한 바 있으며 4월 28일 형법을 개정하여 선군사상을 법적으로 뒷받침하는 조치를 취하였다. 이는 국방에 관한 처벌 수위를 강화한 것으로 평가할 수 있다. 법 개정 이후 북한 내부단속, 탈북자 단속 및 처벌 강화로 인해 실질적으로 탈북자수가 지속적으로 급감하고 있는 추세를 보이고 있다. 자유권 규약과 관련된 부분에 있어 통제가 오히려 강화되고 있음을 상기할 수 있는 것이며 이는 북한 문헌과 북한이탈주민의 인터뷰를 통해서 확인할 수 있다.

〈표 2〉 북한의 자유권 규약 관련 법규

규약	권리	북한의 인권 관련 법규
자유권 규약	생명권, 신체의 자유, 피구금자의 인권	형법, 형법부칙, 행정처벌법, 인민보안단속법, 검찰감시법
	공정한 재판을 받을 권리	형사소송법, 변호사법, 재판소구성법, 판결·판정집행법
	평등권	북조선 남녀평등권에 대한 법령, 여성권리보장법, 평양시관리법
	거주 이전의 자유, 여행의 자유	출입국법, 주민행정법, 살림집법
	의견, 표현의 자유	출판법
	참정권	각급인민회의 대위원선거법
	국적을 가질 권리	국적법
	재산권, 가족권	가족법, 민법, 민사소송법, 상속법, 손해보상법

출처: 김석향 외, 『2019년 북한인권 참고자료』(서울: 이화여자대학교 산학협력단, 2019).

3. 북한에서 인권 담론의 역사[17)]

우리가 북한 주민의 인권을 증진시키기 위한 노력을 하기 위해서는 무엇보다 북한당국의 인권 상황에 대한 인식에 대해 살펴보는 것은 중요하다. 주지하다시피 북한당국이 인권과 관련하여 제도화시키는 과정을 거쳤다고 해서 이러한 것들이 실행되고 있는 것은 아니다. 북한 최고자의 말씀이 최고 상위 규범으로 작동하는 북한의 현실을 이해하기 위해 역사적으로 인권 담론이 어떻게 형성되었는지에 관한 이해가 선행될 필요가 있다. 최고지도자의 말씀이 법 위에 존재하고 있는 북한의 현실을 반영하듯 북한의 법률은 추상적인 문구로 이루어져 있는 경우가 많기 때문이다.

1) 냉전 시대 최고지도자 인권 담론(김일성-김정일 시기)

(1) 인민적 통치 방식

김일성의 연설문에서 발견되는 인권에 대한 표현은 과거 일제 강점기와 비교하여 가혹한 처벌과 인권유린 행위에 대한 개혁의 차원에서 거론되고 있다(정영철, 2014: 73~74). 북한이 사회주의 체제로 들어서기 전 인권에 관한 내용을 보면 주로 형사, 사법 혹은 공안기관들의 권력 남용에 대한 비판이 주를 이루는 경향을 보인다. 이

17) 정영철, "김일성-김정일의 인권 담론의 역사", 『북한학연구』 제10권 1호(2014), pp. 71~99에서 김일성-김정일의 담론 역사를 상세히 분석하고 있다. 정영철의 역사 분류를 재구성하고 인용하고 최근 내용은 연구자가 추가하였다.

시기는 인민적 통치 방식으로 '인권'을 사용했던 셈이다.

김일성의 인권에 관한 발언은 일제강점기 때 행해졌던 경찰의 가혹하고 전근대적인 처벌과 그들의 태도와 행태를 비판하면서 인권을 이야기하고 있다. 이 시기 김일성의 발언은 체제적인 비판에 중점을 두었다기보다 과거 행하여졌던 인권유린 사태에 대한 비판으로 새로운 사회가 가야 할 방향과 원칙을 제시하였다. 이러한 비판적인 태도는 1950년대까지 나타나고 있는데 당시 인권에 대한 인식은 역설적으로 일제 식민지 하 일본의 만행을 비판하는 과정을 거치면서 사람으로서 당연하게 가져가야 할 자유와 평등의 권리였던 셈이다.

(2) 자본주의 대비 사회주의적 인권 우월성

1960년대에는 인권의 강조점이 자본주의 대비 사회주의 우월성으로 옮겨가기 시작한다. 인권의 내용은 사회권을 중심으로 한 사회주의 제도의 여러 시책으로 확대되었다. 1960년대까지 사실상 북한이 남한보다 경제적 우위에 있었으며 정치적으로 상당히 안정되어 있던 시기였고 이를 사회주의 우월성을 드러내는 도구로 사용하였다.

사회주의에서만 획득할 수 있는 사회권 및 자유권의 토대가 되는 인권인 셈이다. 이 시기는 사회주의적 인권(사회권, 경제권)을 기준으로 자본주의 사회와 비교하며 사회주의 우월성을 강조하는 수단으로 사용되었다. 이러한 인권 우월성 강조는 1980년대까지 지속된다. 당시 인권이라는 것은 사회주의적 체제에서 사는 인민이 당연히 가져야 할 권리였던 것이다.

(3) 내부 성찰이 없는 인권관

북한에서의 인권은 '혁명'의 결과물로 보장되어야 하는 것으로 인식한다. 과거 남한과의 대비 속에서 상대적인 우월성을 기반으로 하다 보니 인권은 계급성과 반제국주의적 성격을 지니게 된다. 당시 남한의 열악했던 인권에 대해 미 제국주의에 의한 것으로 강조하며 북한체제 내에서 일어나는 인권 문제에 대해 간과하는 이율배반적인 행태를 보인다. 김일성 시기에 이어 김정일 시기에도 이러한 담론을 계승한다. 즉, 일제의 물리적 폭압에 대한 인권, 사법 일군들의 태도로서의 인권 같은 문제를 담화문이나 연설문 형태를 빌어 비난하는 형식을 취한다. 특히, 사법 일군들에 대한 비판은 인권 개선에 목적을 둔 것이 아니라 당시 만연했던 본위주의, 관료주의 풍조와 같은 사상적 문제를 단속하기 위한 정치적 목적이 강했던 것으로 볼 수 있다.

2) 탈냉전 이후 인권 담론

(1) 수세적 담론

1980년 후반부터 동유럽을 중심으로 시민혁명을 단초로 시작된 냉전질서의 붕괴, 특히 사회주의 종주국 소련의 붕괴는 북한에게는 큰 위기였다. 탈냉전 이후부터 본격화된 북한 내부의 위기는 결국 핵과 미사일과 둘러싼 북·미 간의 갈등으로 본격적으로 표면화되기 시작한다. 이때 미국이나 남한에서 거론되기 시작된 것이 북한의 인권 문제였다. 북한에서 과거 논의되었던 인권은 위에서 설명하였듯이 내부 성찰 없이 일제 폭압에 대한 내용, 사회주의 우월성 담론, 사업 일군들의 태도와 관련된 내용이 주를 이룬다. 이 시기 실질적인 인권에 관한 논의는 존재하지 않았던 것으로 보인다.

그러나 탈냉전 이후 북한을 보호해 주었던 사회주의체제의 외부 보호막이 걷히면서 인권 문제는 수면 위로 나오게 되었고 이러한 환경은 북한의 담론으로 미루어 봤을 때 제국주의적 인권의 침투로 인식하고 방어적이고 수세적인 성격으로 변화과정을 거치게 된다. 북한에게 있어 인권은 제국주의자들이 사회주의를 와해시키기 위한 사상 문화적 침투로 인식되고(정영철, 2014: 84) 있었던 것이다.

북한 헌법 제63조에는 공민의 권리, 의무가 개인의 권리보다 앞선다고 주장하고 있으며 이는 개인의 기본권을 주요하게 여기는 서구 사회의 인권개념과 정면으로 배치된다.

(2) 북한의 '우리식 인권'

탈냉전 이후 북한을 보호해 주었던 사회주의체제 종주국과 우호 국가들이 사라지면서 북한당국은 외부충격으로부터 더 이상 자유롭지 않게 되었다. 이는 인권에 대한 비난이 거세어질수록 방어적인 면을 넘어 공세의 성격이 강해지는 경향성을 드러내기 시작한다.

1995년 북한에서는 '우리식 인권'이라는 표현이 등장하였다.[18)]

우리 사회에서 국민의 인권은 최고 규범인 헌법에 의하지 않고

18) 「로동신문」, 1995년 6월 24일.

하위규범에 의해 제한할 수 없도록 제도화되어 있다. 북한의 경우 〈조선노동당규약〉은 이른바 헌법 위에 있는 규범이며 수령의 교시에 의한 노동당 결정이 국가기관의 모든 활동과 주민생활을 지도하는 법체계를 갖고 있다.

북한과 남한의 인권은 큰 차이를 보이는데, 북한에서는 집단주의 원칙을 토대로 인권보장을 전제한다. 따라서 집단의 이익에 반하는 인간의 권리는 얼마든지 제한 가능하며 소위 '우리식 인권'이라는 계급적이며 제한적인 개념을 사용함으로써 북한의 '당'과 '령도자'를 따르는 사람들에게 적용가능하고 그렇지 않은 이들에게는 적용가능하지 않다는 의미를 내포하고 있다. 예를 들어 반혁명분자나 민족반역자로 낙인찍힌 이들에게는 인권은 보장될 필요가 없다라는 식이다.

사회주의권 붕괴로 인하여 북한에서 체제 불안의 대응 기제가 된 '우리식 인권'은 체제유지를 위해서 지속적으로 내부결속의 논리를 생산하였다. 인권이라는 이름으로 북한을 압박해도 북한은 수령－당－인민이 일심동체가 되어 우리식 사회주의를 옹호하면서 인권의식을 차단(김환석, 2018)하는 기제로 작동하는 것이다.

이제까지 북한의 인권담론 형성과정을 시기별로 살펴보았다. 1990년대부터 북한은 '인권은 국권이다'로 인권 문제를 정립하였다. 이것은 그들이 국제사회에 비판하는 북한 인권 문제를 정치적 문제로 여기고 이는 곧 체제문제로 연동되어 인식하고 있음을 알 수 있는 대목이다. 1990년대 이후 비난수위가 높아지는 인권 문제에 대해 북한은 적극적으로 방어 담론을 강조하기 시작했다. 북한은 인권에 관한 문제는 주권침해로 인식을 하고 이것을 최대의 인권유린으로 받아들이고 있다. 특히, 인권에 관한 북한의 반발은 '책임규명'방식의 개선과 같은 자유권적 측면에 두고 있다.

(3) 2000년대 이후 취약계층에 대한 인권 담론

2009년 4월 개정된 헌법의 큰 특징은 인권 조항의 신설과 선군사상을 주체사상과 함께 지도적 지침으로 천명했다는 점이다. 특히, 헌법적 측면에서는 처음으로 인권 존중과 보호를 명시하였다. 2003년 조선민주주의인민공화국 장애자 보호법, 2007년 조선민주주의인민공화국 연로자보호법에 이어 2010년 조선민주주의인민공화국 여성권리 보장법과 조선민주주의인민공화국 아동권리보장법도 제정하였다. 특히, 북한은 취약계층 분야 중에서도 장애인 분야에서 가시적인 정책들을 내놓고 있다. 앞서 언급하였듯이 이러한 행태를 보이는 이유는 체제 유지에 있어 큰 위협이 되지 않고 인권개선을 위해 노력하는 모습을 통해 외부적인 비난을 피하는 수단으로 유용한 측면이 있기 때문으로 풀이된다. 북한당국은 소극적이지만 국제사회에 공조하는 모습을 보임에 따라 북한인권에 대한 이슈에 대해 시간을 벌며 인권개선에 성의를 보이고 있다는 전략을 구사하고 있다.

김일성 시기부터 김정은 시기까지 인권에 관한 역사적 측면을 중심으로 살펴보았다. 그동안 법률적으로 인권법제정비 측면에서 많은 변화가 이루어져 왔다. 법률의 제도화와 이행은 다른 이야기지만 제도화 측면에서 많은 개선이 이루어진 것은 유의미성을 가지고 있다.

주지하다시피 북한의 인권은 보편적인 인권개념과 다른 시각에서 출발하였다. 북한의 인권개념은 개인의 권리 보호에 있지 않다.

다시 말해 "하나는 전체를 위하여, 전체는 하나를 위하여"라는 구호에 토대를 둔 집단주의 원칙에서 출발하고 있다. 그러나 이러한 북한 인권개념도 환경의 변화에 따라 여러 가지 트랙으로 움직이며 변화의 가능성을 보여주고 있다.

2009년 헌법 개정을 통해 북한 주민들에 대한 통제 수위와 처벌 강화, 사상교육을 통한 사상통제 강화를 제도화함으로써 시민적, 정치적 권리가 취약한 상태라는 점, 국제사회의 북한에 대한 인권 비난 여론을 의식하여 취약계층의 인권에 최대한 협조하는 모습을 보이고 있다는 점, 그리고 지속가능발전목표(SDGs)에 관하여 적극적으로 수용하는 태도를 보임으로써 사회권 측면에서 변화를 조금씩 받아들이기 시작했다는 점이다. 어떠한 환경에서라도 인권의 개선 방향이 다각화되기 시작하면 과거로 되돌아가기 힘든 것이 인권이 가지는 무거운 방향성임을 상기할 필요가 있다.

4. 김정은 시대 지속가능발전목표(SDGs)와 북한 인권

이제까지 북한의 인권의 역사적 과정과 더불어 최근 북한이 국제적인 공조 전략의 일환으로 국제적 공조를 소극적이나마 보이고 있음을 다루었다. 현재 북한이 적극적으로 관심을 표명하고 있는 지속가능발전목표(SDGs)에 대한 논의와 유엔과 북한의 협력 전략 2017~2021에 관한 내용에 관해 관심을 가질 필요성이 있다.

사회권 개념이라는 것은 역사적으로 보면 파리코뮨과 러시아 볼세비키 혁명을 거슬러 올라갈 수 있다. 탈냉전 이후 사회주의 체제가 붕괴되면서 남아있던 사회주의 진영에 속했던 국가들 중 많은 변형과 부침을 겪어 왔던 북한이지만 그 뿌리는 여전히 소비에트 사회주의체제에 그 원형을 두고 있다.

앞서 언급하였듯이 북한이 현재 관심을 두고 있는 분야가 사회주의권에서 형성되기 시작한 부문이 사회권인만큼 이에 대해 적극적인 참여 유도를 도출하고 동시에 자유권적 측면과 같이 연동하여 개선시킬 수 있는 전략들을 찾는 것은 주요한 일이라 하겠다. 지속가능발전목표(SDGs)는 인권과 밀접성이 있고[19] 개별목표는 전반적으로 사회권 증진과 높은 연관성을 지니고 있으며 자유권 증진 내용도 포함하고 있기 때문이다. 지속가능발전목표(SDGs)와 인권의 상관성은 다음과 같다.

〈표 3〉 지속가능발전목표(SDGs)와 인권

지속가능발전목표(SDGs)	인권(Human Right)
SDG 1: 빈곤종식	식량보장권, 적절한 삶에 대한 권리
SDG 2: 기아종식	식량권
SDG 3: 건강한 삶	건강권
SDG4: 양질의 교육	교육권
SDG 5: 양성평등	차별금지, 여성과 남성에게 동등한 권리
SDG 6: 물, 위생시설	물에 대한 권리
SDG 7: 청정에너지	적절한 삶에 대한 권리
SDG 8: 양질의 일자리	근로권

19) 지속가능발전목표(SDGs)는 세계인권선언과 국제인권조약 등에 바탕을 두고 있다. SDGs의 개별목표들이 인권에 대하여 내용을 분명히 드러내 보이는 언급을 포함하고 있지 않지만 〈표 3〉에서 보았듯이 인권과 직간접적으로 상호연관성이 있음을 알 수 있다. 이러한 점이 북한이 큰 저항 없이 SDGs에 참여할 수 있게 하는 단초를 제공한다고 볼 수 있다.

지속가능발전목표(SDGs)	인권(Human Right)
SDG 9: 인프라	산업혁신과 사회기반시설 확충 – 과학기술의 혜택을 누릴 권리, 정보접근법, 주거에 관한 권리
SDG 10: 불평등 완화	차별금지
SDG 11: 지속가능한 도시와 거주지	적절한 삶에 대한 권리
SDG 12: 지속가능한 생산과 소비	적절한 삶에 대한 권리
SDG 13: 기후변화 대응	적절한 삶에 대한 권리
SDG 14: 해양 생태계	적절한 삶에 대한 권리
SDG 15: 육상 생태계	적절한 삶에 대한 권리
SDG 16: 평화, 정의, 강력한 제도	부패와의 싸움, 완전한 실현
SDG 17: 파트너십	국제원조, 협력

지속가능발전목표(SDGs)는 북한인권을 긍정적으로 증진시키는데 있어 효과적인 가능성을 내포하고 있다. 단기적인 상황개선뿐만 아니라 장기적으로 북한 주민에게 영향을 미치는 잠재성을 제공할 수 있기 때문에 관심을 가지고 지켜봐야 할 것이다.

특히, 북한이 적극적인 관심을 표명하고 있는 유엔 북한협력전략 2017~2021은 식량과 영양, 사회서비스, 복원력과 지속가능성, 데이터와 발전관리를 4대 우선순위로 두고 상호협력의 방향을 제시하고 있다. 이러한 우선순위들이 〈표 4〉에서와 같이 지속가능발전목표(SDGs)와 상호연관성이 높다.

〈표 4〉 유엔 북한협력전략 우선순위와 지속가능발전목표(SDGs)

우선순위	관련성 높은 지속가능발전목표
식량과 영양	SDG 2: 기아종식 – 식량권 SDG 9: 산업혁신과 사회기반시설 확충 – 과학기술의 혜택을 누릴 권리, 정보접근법, 주거에 관한 권리
사회서비스	SDG 3: 건강한 삶 보장 – 건강권, 취약계층 보호 SDG 4: 양질의 교육 보장 – 노동권, 교육권 SDG 6: 물, 위생시설 접근 보장 – 위생에 대한 권리, 건강권

우선순위	관련성 높은 지속가능발전목표
복원력과 지속가능성	SDG 7: 청정에너지 – 적절한 생활수준 권리, 과학기술 진보에 따른 혜택 권리 SDG 11: 지속가능한 도시와 거주지 – 주거에 대한 권리 SDG 12: 지속가능한 생산과 소비 – 건강권, 식량권, 안전한 식수에 대한 권리 SDG 13: 기후변화 대응 – 건강권, 식량권, 안전한 식수에 대한 권리 SDG 15: 육상생태계 보전 – 건강권, 식량권, 안전한 식수에 대한 권리

우선순위인 식량 보장 내용은 SDG 2에 해당하며 안전하고 영양가 있는 식량에 관한 내용이다. 이는 자연스럽게 위생설비(SDG 6), 보건증진(SDG 3)과 같은 내용과 연결되며 이러한 내용은 복원력 높은 사회기반시설(SDG 9)을 토대로 할 때 지속가능할 수 있다. 특히, 유엔 인권이사회의 보편적 정례검토(UPR) 과정에서 북한에 제시된 권고 사항 중 식량에 관한 접근 조치에 관해 북한이 이행을 수용했다는 점은 북한당국이 기아 종식, 영양 상태 개선에 관한 문제를 주요하게 다루고 있음을 유추할 수 있다.

우선순위 사회서비스에 관한 내용은 건강권(SDG 3), 교육권(SDG 4), 물과 위생(SDG 6) 접근보장을 포괄하고 있는 내용이다. 북한은 보건체계에서 가장 중요하게 생각하는 것은 치료보다 예방이다. 그러나 장비, 물품 부족으로 큰 어려움을 겪고 있는 상태로 예방도 제대로 이루어지지 않고 있기 때문에 개선이 절실한 부분이며 COVID-19 이후 남북협력에서 우선순위로 거론되고 있는 문제이기도 하다.

우선순위 3에서 거론되고 있는 문제는 북한의 고질적인 문제가 되어버린 산림 황폐화와 같은 환경 문제(SDG 15)와 가뭄과 홍수와 같은 자연재해(SDG 13)를 보다 효과적으로 방지하고 대응하는 분야와 관련성이 높다. 더불어 현대적인 에너지 이용에 대한 보장(SDG 7), 지속가능한 도시나 거주지 조성(SDG 6)에 관한 내용이 주를 이루고 있다. 우선순위 4는 북한당국이 국제기준과 경험을 반영하는 기반정책을 수립, 실행할 수 있도록 지원하는 것에 관한 것이다.

종합하면 SDGs에 대한 북한의 수용 태도는 긍정적이라고 평가할 수 있다. 특히 이는 위에서 언급한 '유엔 북한협력전략 2017~2021'에서 잘 나타나 있다. 기존의 유엔 북한협력전략과 달리 북한당국과 유엔기구 간 협력 전반에 적용될 사업 원칙 7가지가 포함되어 있다. 주목할 만한 특징들은 SDGs를 북한 현실에 맞게 적용한다는 점과 인권기반접근, 성 평등, 여성 권리 강화의 관점을 채택했다는 점이다. 최근 북한이 취약계층에 관한 인권에 대해 적극적 대응하는 것도 이런 맥락과 연장선상에 있다고 볼 수 있다. 유엔 북한협력전략은 인도주의 기관들의 도움이 필요한 주민에게 이들이 제약 없이 접근할 수 있도록 협력하라는 내용으로 북한은 유엔이사회 보편적 정례검토에서 이 권고를 수용한 바 있다. 이러한 다각적인 과정을 통한 접근은 진통은 있겠지만 장기적으로 북한이 변화를 수용하는데 효과적일 수 있다.

5. 나오며

국제사회에서 제기하고 있는 인권에 대한 문제를 북한에서는 체제안보 관점에서 상당히 위협적인 요인으로 인식하는 이유를 북한

인권 담론 형성과정과 함께 살펴보았다. 북한의 이러한 인식은 한반도의 불안정 요인으로 작용하고 있고 이는 북한 인권 개선문제와 한반도 평화정착을 위해 행하여지고 있는 제반 문제들을 동시에 추진하는 것을 힘들게 하는 측면이 있다고 하겠다. 이를 극복하기 위한 전략의 일환으로 한반도 평화와 북한 인권 개선 사이에 선 순환적 구도를 만들기 위한 다양한 접근방법이 필요하다는 것이다. 국제사회와 소극적인 공조를 통해 스탠스를 넓히며 시간을 벌고 있는 북한의 전략은 우리에게도 좋은 기회이다. 이를 위해 유엔 인권 메커니즘과 협력을 지속하면서도 선순환 구도 확립을 위해 북한 인권에 대한 국민적 인식과 공감대 형성을 위해 토론하고 대화하는 장을 만드는 것이 필요하다. 흔히, 해결할 방법이 없는 것이 절망적이라고 비유를 들어 이야기하지만 어쩌면 방법이 있는데도 시도를 하지 않는 것이야말로 한반도의 미래를 어둠으로 이끌고 가게 하는 비극이 아닐까?

북한 인권 문제를 바라보는 관점에 대해 변화가 필요한 시점이다. 2014년 9월 북한당국이 발표한 「조선인권연구협회」 보고서 내용에 "인권은 내정 문제이고 국권이 보장되는 조건 하에서의 인권이며 내정간섭의 대상이 되거나 내정간섭을 합리화하기 위한 도구로 될 수 없다"라는 관점을 밝히고 있다. 다시 말해 인권은 국권이며 국권은 국가 자주권이라고 주장하고 있는 것이다. 이러한 인권에 관한 시각 차이로 인해 그동안 북한은 국제 사회의 인권 문제 제기에 대해 적극적으로 반발하였다. 그러나 북한당국도 이러한 태도에 변화의 기류를 보이고 있다.

김정은 시기 중 7차 당대회 이후 제출 된 북한의 제3차 UPR국가

보고서 내용과 특징을 요약하자면 첫째, 제도적 정비를 강화하는 측면이 강하다는 것이다.[20] 예를 들어 2015년 국제인권협약이행민족위원회를 설립, 2016년 국가장애자보호위원회를 설립하는 등 인권상황 개선을 위해 각종 위원회 설립을 강조하고 있다. 둘째, 사회권 위주로 국가 차원의 계획 및 전략을 수립하는 행태를 보이고 있다는 점이다. 이는 SDGs의 관심표명으로도 확인할 수 있는 내용이다. 셋째, 북한당국은 여성, 아동, 장애인 등 취약계층의 인권증진에 적극적인 관심을 보이며 국제사회에 편입하고자 하는 의도를 보이고 있다는 점이 가장 주목할 만하다. 제3차 UPR 국가보고서에 따르면 2014년~2017년 부모가 없는 꽃제비를 위해 40여 개의 시설들을 지어 수용했음을 강조한 바 있으며 취약계층 보호, 권리증진을 위해 북한당국이 적극적으로 행태를 보이고 있음을 시사하였다. 주지하다시피 북한당국이 취약계층에 관심을 보이는 이유가 북한 체제를 유지하는 데 있어 상대적으로 덜 위협적인 부문인 동시에 국제사회의 비난의 수위를 줄이는 효과가 있기 때문이지만 어떤 이유에서든지 인권에 관심을 표명하기 시작했다는 점은 간과할 수 없는 대목이다. 북한이 보이는 행태가 소극적 공조 전략 중 하나라고 하더라도 이러한 작은 움직임조차 북한이 우리에게 주는 유의미성은 분명히 존재하기 때문이다. 또한 국제사회와의 협력을 통해 국제인권기준에 부합하려는 노력이나 IT기술을 이용해 아동, 여성의 교육권에 관한 증진을 강조한 부분 중 3차 UPR 국가보고서에서 북한주

20) 북한은 1차보고서를 2009년 8월, 2차보고서를 2014년 1월, 3차보고서를 2019년 2월 제출하였다.

민의 정보접근권에 대한 내용이 추가된 것이 눈여겨 볼만하다. 과거 2차 UPR 국가보고서에서는 북한인권조사위원회(COI) 활동, 북한인권결의 등에 관하여 내정간섭이라든가 주권침해라며 강력히 반발했었던 반면 3차 UPR 국가보고서에서는 이와 관련하여 미국을 직접적으로 맹비난하는 내용은 다루고 있지 않다. 이는 당시 북·미 간의 비핵화 협상이 진행되고 있는 상황에서 미국을 자극하지 않으려는 노력을 보인 것이라 할 수 있다. 반면 과거와 달라지지 않은 점은 자유권[21] 증진에 관한 내용이다. 특히, 북한이 즉각적으로 거부한 권고안은 대부분 자유권에 포진되어 있다.

김정은 시대 제출한 2, 3차 보고서 내용과 북한의 행태를 종합하면 우선적으로 사회권, 취약계층 인권을 중심으로 국제사회와의 협력을 이끌어 내는 것이 효율적일 수 있다는 점을 보여주고 있다는 점이다. 2018년 세 차례의 남북정상회담과 1차 북·미회담, 2019년 하노이에서 열린 2차 북·미회담 등을 계기로 국제무대에서 김정은 위원장은 협상의 대상자로 전환되었다.[22] 따라서 북한을 국제 무대에 일원으로 인정하면서 인내심을 가지고 그들이 환경을 점차적으로 개선할 수 있도록 장기적인 전략으로 접근을 할 필요성이 증대되고 있다. 그들이 인권에 대해 어떤 의도성을 갖고 있다고 해도 국제사회를 의식해 개선하려고 하다 보면 인권이라는 것은 다시 되돌아 가기가 힘든 방향성을 가지고 있기 때문이다. 본격적으로 독자

21) 정치범 수용소 폐지, 북한인권보고관 방북 등에 대해 즉각적으로 강경한 거부의사를 밝힘.

22) 2020년 COVID-19 이후 북한의 경제적 어려움 가중 등의 이유로 김여정 제1부부장의 담화를 통해 자극적이고 파괴적인 모습을 보인바 있으나 동시에 개선의 여지도 남겨두고 있는 양면전략을 구사 중인 상태임.

적인 김정은 시대를 알리는 8차 당대회의 주요 키워드는 인민으로 수렴되는 결과를 보여주었으며 실천이데올로기로서의 인민대중제일주의를 공식화하였다.[23] 따라서 정권에 위협을 주지 않는 취약계층에 대한 인권강화 전략을 통해 국제사회의 비난을 피하고 인민들의 민심을 얻고자하는 기조는 당분간 유지될 것으로 보인다.

그동안 인권 문제는 국제사회를 중심으로 이루어져 왔다. 한국사회도 70년간 지속되고 있는 이념 갈등을 넘어서기 위해서는 전향적인 사고의 전환이 필요하다. 북한이 포괄적인 인권개선에 관하여 포용할 수 있는 의지가 있고 역량이 된다면 이 상황을 돌파하는 것이 승부수일 수 있지만 현실적으로 체제 위협 요소로 여기는 부문에 대한 개선은 쉽지 않은 것이 사실이다. 따라서 양면적인 전략이 필요한 시점이다. 북한에 대해 포괄적인 인권개선에만 방점을 두고 요구할 것이 아니라 현재 북한이 적극적으로 개선하려고 노력하고 있는 부문을 중심으로 접근해야 인권 상황을 실질적, 점차적으로 개선될 개연성이 높아지기 때문이다. 경험적으로 포괄적인 문제는 이념 문제와 연동이 될 가능성이 높고 이념 갈등에 민감한 우리의 현실을 반영한다면 성과도 기대하기 어렵다.

주지하다시피 북한은 특정한 사안에 관한 인권에 대해서는 국제사회에 공조하는 양상을 보이고 있다. 이는 국제사회로부터 받는 압력을 견디기 위해 유엔인권메커니즘과 협력을 하는 것으로 분석

23) 사회주의체제 이데올로기를 관념과 행동의 연결체제로 인식하고 순수 이데올로기와 실천 이데올로기로 분류한 사람은 중국 사회주의 체제 연구를 진행했던 프랜츠 셔먼임(Franz Shurmann). 이에 관한 책으로 Franz Shurmann, Idelogy and Organization in Communist China(Berkely, LA, London: Univ. of California Press), 1966. 참조.

할 수 있다.[24] 그야말로 전략적인 소극적인 공조형태의 모습을 띄고 있지만 그 장기적으로 파급력을 들여다 보면 적극적인 변화를 이끌어내는 단초를 가진 양가적인 측면을 가진 전략이라고 볼 수 있겠다.

북핵과 인권은 동전의 양면으로 현재 국제문제에서 다뤄지는 인권 문제는 인도주의 사안이라기보다 정치적 이슈인 측면이 강하다. 더불어 현실적으로 남북 관계와 북핵문제와 연동되는 사안이기도 한 인권 문제는 대(對) 북한 설득방안으로 스탠스를 잡고 점차적으로 개선방향으로 가야 할 필요성이 있다. 이를 위한 토대로 남북 관계 기본법 제정과 같은 제도적 보완으로 정권과 무관한 남북 관계를 지향해야 한다. 이를 위해 무엇보다 국민과 공감대 형성을 토대로 법적 기준을 마련해야 한다. 김정은 정권 중 보이는 특징 하나가 큰 그림을 그려놓고 점차적으로 제도화를 세밀하게 실행해 나가고 있는 리더의 모습을 보인다는 점이다. 8차 당대회 이후 2021년 12월에 이루어진 전원회의 이후 그가 추구하고자 하는 윤곽은 보다 명확해졌다. 전과 차별화되게 전략적인 프레임을 가지고 있는 리더를 대하는 우리의 전략 또한 세밀한 전략으로 대응해야 한다.

큰 틀에서 당국은 자유권과 책임규명과 같은 사안에 대해서는 국제공조를 통하는 입장을 취하고, 유엔 인권메커니즘에 대해 북한이

24) 2018년 12월 북한은 처음으로 유엔에 장애인권리협약 이행 보고서를 제출함. 제출 기한인 2019년 1월 6일에 앞서 제출하였다. 북한은 이 보고서를 통해 장애인의 권리에 대한 보호와 증진의 기본 원칙이 포함되어 있다고 밝힌 바 있다. 워싱턴의 민간단체인 북한인권위원회의 스칼라튜 사무총장은 보고서를 제출했다는 것 자체를 긍정적으로 볼 수 있지만 보고서의 목적이 인권개선보다는 인권상황을 왜곡하는 것이라면 긍정적인 발전으로 볼 수가 없다고 한 바 있다.

수용적인 자세를 보이고 있는 부문(SDGs)에서는 전략적 공조 과정이 필요하다고 하겠다. 더불어 북한이 경제교류에 기반을 둔 개혁개방을 통해 점차적으로 인권개선을 이룬다고 해도 체제는 유지될 것이라는 점을 집중적으로 설득해야 하는 것이 한반도의 평화정착을 위한 우리의 과제일 것이다. 2022년 현재의 김정은은 여전히 시진핑의 중국을 지속적으로 학습하고 있다고 여겨지기 때문이다.

참고문헌

1. 국문단행본

김석향 외. 『2019년 북한인권 참고자료』, 서울: 이화여자대학교 산학협력단, 2019.

서보혁. 『북한인권: 이론 · 실제 · 정책』, 파주: 한울아카데미, 2007.

조동호. 『공진을 위한 남북경협 전략: 보수와 진보가 함께 고민하다』, 서울: 동아시아연구원, 2012.

2. 영문단행본

Franz Shurmann. *Ideology and Organization in Communist China,* London: Univ. of California Press, 1966.

Johan Galtung. *Human Rights in Another Key,* Cambridge, MA: Cambridge University Press, 1994.

3. 국문논문

김연철. "인권과 주권 사이: 북한의 경우". 『철학과 현실』 제93호(2012).

김환석. "북한 인권문제에 대한 현실적 관점". 『Issue Brief』 제60호(2018).

이정은. "해방 후 인권담론의 형성과 제도화에 관한 연구, 1945~1970년대 초". 서울대학교 사회학과 박사학위논문, 2008.

이재승. “법의 시각에서 본 인권의 역사”. 『역사비평』 제84호(2013).
서보혁. “서평: 요한 갈퉁의 평화·인권론”. 『통일과 평화』 제4권 2호(2012).
정영철. “김일성-김정일의 인권 담론의 역사”. 『북한학연구』 제10권 1호(2014).

4. 북한문헌

김일성. “진정한 인민의 보안일군이 되자(1946.11.20)”. 『김일성저작집 2』, 평양: 조선로동당출판사, 1979.
______. “내무일군들의 임무에 대하여(1949.2.15)”. 『김일성저작집 5』, 평양: 조선로동당출판사, 1980.
______. “우리 당 사법정책을 관철하기 위하여(1958.4.29)”. 『김일성저작집 12』, 평양: 조선로동당출판사, 1981.
______. “우리의 인민군대는 로동계급의 군대, 혁명의 군대이다(1963.2.8)”. 『김일성 저작집 17』, 평양: 조선로동당출판사, 1982.
______. “인민정권을 더욱 강화하자(1977.12.15)”. 『김일성저작집 32』, 평양: 조선로동당출판사, 1986.
김정일. “사회주의는 과학이다(1994.11.1)”. 『김정일선집 13』, 평양: 조선로동당출판사, 1979.

제8장
사회·기술 시스템 전환 전략*

물 시스템을 둘러싼 주민 실천과 당국의 대응

박 민 주

1. 들어가며

1) 문제 제기 및 연구 목표

고난의 행군 전부터 2021년 오늘날까지 오랜 기간 북한의 물 현황은 양호하지 못한 것으로 알려져 있다. 생활용수 사정은 농업·공업용수보다 훨씬 열악하며[1] 전체 인구의 88%가 상수도가 설치된

* 이 논문은 2020년 대한민국 교육부와 한국연구재단의 지원을 받아 수행된 연구임(NRF-2020S1A5B5A16082748).
이 논문은 다음 글을 수정 및 보완한 것임. 박민주, "북한 주민의 일상생활과 물/위생 시스템의 재구조화: 2000년 이후 북한 물/위생 시스템의 혼종적 전환", 『북한학연구』 17권 1호(북한학연구소, 2021), pp. 343~386.

1) 장석환, "북한의 물환경", 박수진 · 안유순 엮음, 『북한지리백서』(서울: 푸른길, 2020). p. 166.

집에 거주하지만[2] 전력난과 시설 노후화 문제로 깨끗하고 안전한 물에 접근하기 어렵다. 다른 도시보다 상황이 나은 평양조차 식수 문제에서 예외가 아니다.[3] 상수도 및 기타 수단을 통틀어, 안전한 물에 접근 가능한 인구는 북한 전체에서 2017년 기준 60.9%로 집계되었는데,[4] 이는 대표적 물부족 국가인 나이지리아(64.1%[5])보다도 낮고 콩고(59.0%[6])와 비슷한 수준이다.

북한의 물 상황에 대한 기존 연구들은 주로 공학적·통계적 관점에서 상수도 공급능력에 방점을 두어 왔다. 이러한 접근은 현대화 수준을 파악하는 데 유효하지만, 북한주민의 행위성과 시스템의 사회적 측면을 간과하여 '결여/열악'의 결론으로 귀결될 위험도 크다. 또한 고난의 행군 이후 비공식성이 증가하고 다양한 사회변화가 나타나고 있는 북한 사회를 보다 생생하게 읽어내기 위해서는 이분법적 '공식(formal)' 일변도의 프레임을 탈피해야 할 필요가 있다. 비공식(informal)과 공식이 혼종하는 북한 사회를[7] 읽기 위해서는 개인

---

2) UNICEF and World Health Organization, *Progress on Drinking Water and Sanitation 2012 update*(New York: UNICEF and World Health Organization, 2012). p. 43. 북한당국의 시설 개선작업이 부진하고 국제적 지원도 대폭 축소되어 2010년대 후반 북한의 상하수도 보급률은 2010년 기준의 88%에 비해 크게 개선되지 않았을 가능성이 높다.

3) "평양선 '검은 수돗물' 사태… "먹다가 병 걸린 주민도 있어", 「Daily NK」, 2019년 7월 17일, https://www.dailynk.com(검색일: 2021.4. 5)

4) Central Bureau of Statistics of the DPR Korea and UNICEF, *DPR Korea Multiple Indicator Cluster Survey 2017, Survey Findings Report*(Pyongyang: Central Bureau of Statistics and UNICEF, 2018). p. 149.

5) National Bureau of Statistics and United Nations Children's Fund, *2017 Multiple Indicator Cluster Survey 2016~17, Survey Findings Report*(Nigeria: National Bureau of Statistics and United Nations Children's Fund, 2018), p. 109.

6) Institut national de la statistique du Ministère du Plan, *République Démocratique du Congo MICS-Paly 2018*(République Démocratique du Congo, 2019). p. 307.

7) 정치-돈 혼종의 사례를 다룬 책으로 민영기, 『북한의 화폐와 시장』(경기: 한울 아카데미, 2018).

들의 구체적 실천, 관련 시장현상, 이에 대한 북한당국의 전략변화에도 주목할 필요가 있다는 뜻이다.

특히 상수도와 같은 사회－기술 시스템은 특성상 대규모 인프라, 전문 기술·지식, 자재 및 시설을 요구하기 때문에 당국의 정책과 긴밀하게 연결되어 있다. 또한 개인의 인식·관습·실천은 그 사회의 정치·사회·문화적 특성, 사회변화, 기술현황과 관련이 있다. 이 연구는 이러한 특성에 착안하면서, 2000년 이후 북한 물 시스템의 변화양상을 주민 인식·행위와 그에 대응하는 북한당국의 전략 차원에서 분석하였다.

2) 연구 방법

연구방법은 문헌분석과 심층면담이다. 주요 분석대상문헌으로 노동신문, 천리마와 북한 법령을 선정하였다. 물 관련 법제를 분석하기 위해 통일법제자료센터에서 북한의 상수도법(2009), 하천법(2013), 대동강오염방지법(2014), 물자원법(1999), 국토환경보호단속법(2005), 살림집법(2014), 도시경영법(2015) 등을 살펴보았다. 이 외에도 필요에 따라 금수강산, 오늘의 조선 등 북한당국이 발행하는 대외선전잡지·SNS를 참조하였다.

심층면담은 반구조화된 방식으로, 북한이탈주민 20명을 대상으로 재북 당시의 물 관련 경험에 대하여 질문하였다. 대상자는 지역, 도시/농촌, 경험 시기 등에 따라 골고루 분포가 이루어질 수 있도록 섭외하였다. 가사/돌봄 노동을 수행했던 사람일수록 물 사용 경험이 다양하므로 재북 당시 기혼 유자녀였던 여성을 우선 면담대상자로 삼고 남성 5명, 여성 15명과 면담하였다. 대다수 북한이탈주민이 그렇듯 지리적으로 중국과 맞닿아있는 양강도와 함경도 출신이 전체의 90%이며, 특히 이 연구에서는 눈덩이 표집의 결과 대상자의 양강도 거주자가 60%에 달한다는 점에서 면담자료는 지역적 편향성을 지닐 수 있다. 구술 결과는 연구 객관성을 확보하고자, 문헌자료 및 다른 대상자의 증언과 최대한 교차점검하였다.

2. 이론적 논의

1장에서 언급한 바, 북한주민의 물 관련 지식 · 실천, 시스템 전환을 다루고자 하는 이 연구의 직접적 선행연구는 찾기 어려운 실정이다.[8] 다만 사회기술시스템 이론을 통해 북한 문제를 다룬 소수의 연구를 참조하여[9] 과학기술과 사회를 유기적 관계로 인식하는 과학기술사회학(Science Technology & Society Studies)의 이론과 접목을 시도하였다. 특히 이 연구는 '사회 · 기술 시스템 이론(이하 시스템론)'을 활용하여, 그간의 북한 과학기술 연구들과 달리 제도, 학교, 연구소, 전문 과학기술인력 등의 이분법적 '공식' 부문보다 비전문인, 사적 공간, 관습과 민속지식 등의 영역에 초점을 맞추었다.

8) 2021년 4월 15일 기준 RISS 검색 결과나 정부/국제기구 보고서를 살펴보아도 직접적 선행연구를 찾아보기 어렵다.

9) 홍민, "분단의 사회-기술적 네트워크와 수행적 분단", 『북한연구학회보』 17권 1호 (북한연구학회, 2013), pp. 297~298.

1) 사회－기술 시스템

사회 · 기술 시스템 이론(이하 시스템론)에[10] 따르면, 사회와 과학기술은 엄밀하게 분리되지 않고 서로 유기적으로 연결된 하나의 '사회－기술 시스템(이하 '시스템')'을 구성하며, 고정불변하지 않고 전환(Transition)된다. 전환은 일부를 개선(Upgrade)하는 정도가 아니라, 기존의 체제를 완전히 부정하거나 폐기하지 않는 상태를 유지하면서 점진적으로 이루어진다. 전환은 여러 행위자가 상호작용하면서 하나의 대안을 선택해 나가는 형태이다. 정부, 대기업 등 특정 주체에 의한 일방적 기획(Strategy Planning)이나 통제는 전환에 해당하지 않는다. 시스템은 총 3단계로 구성되며 전환은 미세단계에서의 기술적 · 관행적 · 인식적 변화를 통해 시작된다(〈그림 1〉 참조).

시스템론을 북한 물 시스템에 적용시켜 보면, 주어진 주변환경(거시단계) 속에서 기존의 국영 상수도 시스템(중간단계)은 정상적 운영이 불가한 상황이다. 때문에 미세단계에서 활동하는 개인들에 의해 다양한 대안적 변화들이 나타난다.[11] 미세단계에서의 변화가 확장되면 중간단계(사회기술체제 및 레짐)에도 일정한 영향을 미치기 시작한다. 다만 중간단계는 거시단계의 영향 탓에 경로의존성을

10) 1절의 이론적 내용은 다음 문헌을 정리한 것이다. 송위진, "사회기술시스템전환론의 기본 관점과 주요 이슈", 송위진 엮음, 『사회 · 기술시스템 전환』(경기: 한울아카데미, 2017), pp. 18~19.

11) 시스템 전환을 단순화하여 설명하면, 미세단계에서 활동하는 주체들이 환경변화를 기회로 기존의 레짐을 해체하고 새로운 시스템을 구성하는 작업이다. 2절의 이론적 내용은 다음 문헌을 정리한 것이다. 송위진, "사회 · 기술시스템론과 과학기술혁신정책" 『기술혁신학회지』, 16권 1호(2013). pp. 163.

〈그림 1〉 북한 물·위생 시스템의 3단계 구조와 내용 예시

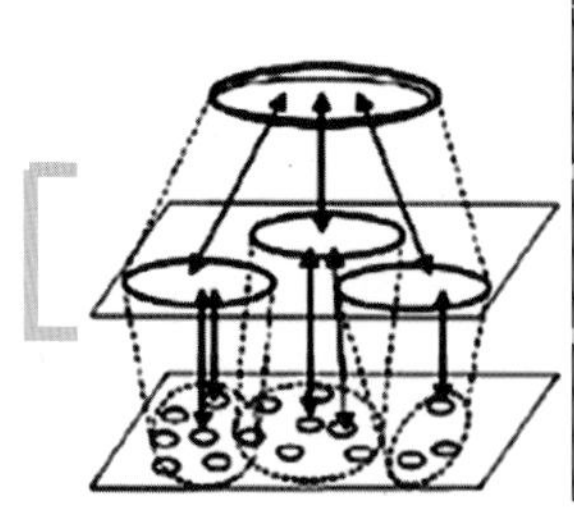

단계(Level)	요인(Factors)	비고(Note)
거시(Macro) 단계 (주변 환경)	사회주의권 붕괴, 배급제 붕괴, 대북제재, 자연재해, 수령체제 유지	거시적 환경
중간(Meso) 단계 (사회기술 체제/레짐)	국영 및 국가 소유(계획)	현존하는 사회기술 시스템 자체 (지속 불가능)
미세(Micro) 단계 (틈새/niches)	상품/기술 만들어 쓰기, 수입하기, 자체 생산, 자급자족	변화의 시작 및 실험 단계

자료: Frank Geels, "Technological Transitions as Evolutionary Reconfiguration processes: A Multi-level Perspective and a Case-study", *Research Policy*, vol.31(2002), p. 1261; 사회혁신팀 편역, 『지속가능한 사회 · 기술시스템으로의 전환: 이론과 실천 방법론』(서울: 과학기술정책연구원, 2014). p. 24; 송위진, "사회기술시스템전환론의 기본 관점과 주요 이슈", p. 19에서 재인용. 우측 표는 저자가 재구성

지녀 급격한 변화보다는 점진적 변화와 개선을 지향한다. 따라서 미세단계에서의 변화와 중간단계에서의 관성은 서로 상충하는 것처럼 보이면서도 혼종하여 공존하게 된다. 이는 동시대 한 사회 내에서 중간단계의 '공식'과 미세단계에서의 '비공식'이 공존하는 이유를 설명해준다.

2) 시스템 전환(사회변화)의 3요소

시스템 전환의 단초는 미세단계이며, 중간단계로 변화가 확대되려면 "정당성 확보, 주체 · 네트워크 형성, 학습"의 세 가지 영역에서 선순환이 일어나야 한다.[12)13)] 북한 사례에 적용시켜 보면, ① 주민

12) 위의 글, pp. 163~164. 시스템론은 대체로 전환을 위해 정부가 미세단계를 선제적으로 관리하는 상황을 가정한다. 북한의 경우 아래로부터의 변화가 우선이라는 점에서

의 지식과 일상적 실천(학습), ② 시장을 경유한 기술실천(주체 · 네트워크 형성), ③ 북한당국의 조치(정당성 확보)를 전환의 주요소(〈그림 2〉)로 상정할 수 있다. 각 요소를 살펴보면 다음과 같다.

〈그림 2〉 미세단계 3요소

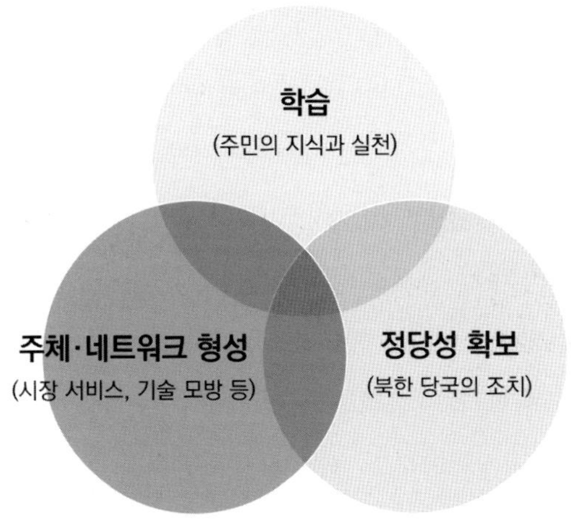

출처: 저자 작성

첫째, '학습(learning processes)' 영역에서는 개인의 기술 · 사회적 지식과 실천이 확산된다. 시스템 이론에 따르면, 수요자 개인은 지식을 습득하고 기술을 실천한다는 점에서 사회세력을 구성하는 중요 행위자이며 시스템 전환의 주요 동력이다. 개인의 학습이 반복

다르나, 미세단계를 세 가지 항목으로 분류하여 설명하는 방법은 이 연구에도 유효하다고 판단하였다.

13) 본래 이 3가지 항목을 제시한 것은 Frank Geels, and Rob Raven. "Non-linearity and Expectations in Niche-development Trajectories: Ups and Downs in Dutch Biogas Development(1973~2003)", *Technology Analysis & Strategic Management,* Vol. 18(2006). pp. 375~392이나, 국내 의역이 보다 자세한 측면이 있어 위의 글을 따랐다.

되어야 정치적 세력화가 이루어지고 지식이 조직화되는 '주체, 네트워크 형성' 영역도 확대된다. 이때, 전문인이 아니더라도 개별 북한 주민은 과학기술의 주요 행위자로 인식되는데, "단 하나의 과학이 있는 것이 아니라 사회 집단이나 사용자별로 다른 해석이 이루어지는 과학"이[14] 존재하기 때문이다. 시스템론의 과학관과 맞닿은 민중과학사의 입장에 따르면, '과학'은 전문지식만이 아니라 "자연에 관한 지식과 여기 연관된 지식생산 활동"으로 폭넓게 규정되며,[15] 기술은 '응용과학'에 한정되지 않고 모든 종류의 '손노동'을 포함한다. 과학이란 "(보통사람들의) 경험적 시행착오 절차 속에서 빚어진 산물"로서[16] 보통사람들의 과학은 엘리트 과학과 완전히 분리될 수도 있다.[17]

둘째, '주체 및 네트워크 형성(network building)'은 새로운 시스템을 위한 "정치적 힘과 지식의 조직화"를[18] 뜻한다. 학습이 반복되면서 사회적 세력이 구축되고 사회적 세력은 다시 학습을 강화한다. 2000년 이후 북한사회가 시장을 중심으로 작동하고 있는 측면을 고려할 때, 네트워크와 개인 주체성 또한 시장을 경유하여 구성된다. 특히 물 조달 활동은 물리적 특성상 도구나 서비스(기술)를 이용할 수밖에 없기 때문에, 시장은 그 매개체로서 중요하다. 북한에서 시장은 외부(많은 경우 중국)의 기술이 모방, 재해석, 확산되는 통로

14) 송위진, "사회 · 기술시스템론과 과학기술혁신정책", p. 171.

15) Clifford D. Conner, *A people's history of science*(New York: Bold Type Books, 2009), 김명진 · 안성우 · 최형섭 옮김, 『과학의 민중사』(서울: 사이언스 북스, 2014).

16) 위의 책, p. 31.

17) James E. McClellan and Harold Dorn, *Science and technology in world history: an introduction*(Baltimore: The Johns Hopkins University Press, 2006), 전대호 옮김, 『과학과 기술로 본 세계사 강의』(서울: 모티브북, 2006).

18) 송위진, "사회 · 기술시스템론과 과학기술혁신정책", p. 164.

로서 행위자의 주체성을 구성하는 기반이 된다. 또한 시장에서의 비공식적 교환(거래)은 단순히 재화 거래뿐만 아니라 촘촘한 네트워킹도 동반한다. 당국이 금지하는 시장 거래일수록, 거래 당사자 간의 긴밀한 협력이 필요하기 때문이다.

셋째, '정당성 확보활동'이란 시스템 전환의 "사회·정치적·인지적 정당성을 높이고 자원을 동원하는 정치활동이다".[19] 이는 행위자들로 하여금 제도를 수행하고 기대(expectation)를 갖게 함으로써, 정책·통치적 목표에 자발적으로 동조하도록 네트워킹과 학습을 촉진하는 것이다. 북한에 적용해보면, 북한당국의 물 관련 정책 기획, 입법, 제도 및 사업 수행 등 전략과 그에 따른 전반 활동을 의미한다. 아주 단순하게 설명하면, 전형적인 '공식－비공식'의 이분법적 구도에서 '공식'에 해당하는 내용이라 할 수 있다. 여기에는 학교교육, 위생선전, 전문인력, 관련 공공기관까지 포함된다. 이 때, 개인의 실천이나 전환의 방향은 정당성 확보활동(공식)과 결이 같을 수도 있지만 어긋나는 방향으로 전개되며 '비공식'의 형태로 나타나기도 한다.

이 연구는 이러한 이론적 배경 위에서, 물 시스템의 변화를 살펴보았다. 3장에서 학습, 4장에서 주체·네트워크 형성, 5장에서 정당성 확보의 양상을 구체적으로 다루었다. 마지막으로 6장에서는 3가지 요소들이 서로 어떠한 관계에 놓여 있으며, 그러한 조합을 통해 물과 관련한 북한 사회변화가 어느 단계에 위치해 있는지 종합하였다.

---

19) 위의 글, p. 164.

3. 학습: 물/위생에 관한 인식·지식 구성과 반복적 실천

이번 장에서는 상수도 시스템이 제대로 작동하지 않는 상황에서 주민의 물(위생) 인식/지식이 어떻게 '자체적'으로 구성되었으며, 그에 따라 어떠한 반복적 실천이 나타났는지 크게 두 가지 측면에서 살펴본다. 첫 번째는 식수－생활용수의 구별이며, 두 번째는 재화로서의 물 인식 · 활용에 대한 내용이다.

1) 식수－생활용수의 구별: 수질오염의 지각, 민속지식의 발달과 실천

(1) 수질 오염의 인지와 식수－생활용수의 구별

북한 상수도 공급 부족은 상당히 오래된 문제로, 1990년대 초반부터 평양 시내에서도 전력난으로 수도공급이 자주 중단되었다.[20] 대상자들 의견을 종합해보면, 일부 농촌지역은 1980년대부터 제한적 급수가 이루어졌지만 그래도 1990년대 초반까지는 시간제 상수도 시스템에 주로 의존하면서 필요할 때만 강 · 하천에서 자연수를 보충하면 양적 · 질적 측면 모두에서 그런대로 일상생활이 가능했다고 한다.

그러나 1990년대 초반부터 대도시 또한 전력부족으로 단수가 잦

[20] John Everard, *Only beautiful, please: a British diplomat in North Korea*(Stanford: Walter H. Shorenstein Asia-Pacific Research Center, 2012), 이재만 옮김, 『영국 외교관, 평양에서 보낸 900일』(서울: 책과함께, 2014), pp. 29~30; 안문석, 『북한 민중사』(서울: 일조각, 2020), p. 485.

아져 강 · 하천에서 물의 사용과 퇴수가 동시에 이루어지고, 폐수처리 또한 제대로 되지 않았다. 평양에서는 식수오염 문제가 이미 당 차원에서 심각하게 다루어졌다.[21] 2000년을 전후하여 북한당국은 공간문헌을 통해 주민에게도 수질오염의 심각성을 이야기하기 시작했다. 이전의 노동신문, 천리마를 살펴보면 물을 끓여마시라거나 상하수도 시설을 잘 정비하라는 언설보다는 주로 물절약[22], 홍보[23], 물을 소재로 한국 정치에 대한 비난[24] 등이 주를 이루었다. 간혹 물을 끓여마시라는 언설이 등장하나 어린이 성장, 장수 등의 폭넓은 건강 주제에서 접근하는 식이었다.[25] 그러나 2000년대부터는 주민에게 물을 끓여마시라거나 상하수도 시설 정비를 잘하라는 언설이 다양하게 등장한다.

> 겨울기간에 파손된 상하수도관들을 제때에 보수하여 먹는 물 오염을 미리 막도록 하며 공동위생실과 오물장을 비롯한 위생시설들을 리용하기 편리하고 문화성이 보장되게 잘 꾸리고 위생적으로 관리하도록 하여야 한다("봄철 위생", 『천리마』 2000년 4호)

> 농촌들에서는 잘 정화된 물을 사용하도록 해야 한다. 마시는 물은 철저히 끓이도록 하며 ("농사철 위생", 『천리마』, 2000년 6호)

---

21) "위대한 령도자 김정일동지의 현명한 령도밑에 1990년대 상하수도관리사업을 더욱 개선강화하기 위한 수도근로자들의 투쟁", 『김일성종합대학 학보 력사, 법률』, 2015년 2호, pp. 38~41.

22) "아시는지요: 수도꼭지", 『천리마』, 1977년 12호, p. 64.

23) "사랑을 새겨주는 수돗물소리", 「로동신문」, 1999년 7월 29일.

24) "상수도물 오염사건의 장본인은 누구인가". 「로동신문」, 1991년 3월 30일.

25) 홍순란, "어린이들이 먹는 하루 물량", 『천리마』, 1992년 4호, p. 171.

2000년을 전후하여 주민들 사이에서 식수－생활용수 구별과 수질오염에 대한 인지가 뚜렷해진다. 수도에서 녹물이 나오거나 하수가 근처 상수도관을 오염시키기도 하였다. 강물은 물론 상수도물도 식수로 사용할 수 없게 된 지역에서는 주민들이 먼 산에 가서 “땡줄”을 하루종일 서서라도 자연수(샘물)를 식수로 길어오기 시작했다.

> 1999년도인가 2000년도. 녹물이 나와요. 쇠관을 통해서. 수도에서 녹물이 나오는 것은 좀 보편적이지 않을까 싶어요. 강물은 못 마셔요. (사례5)

> 강물을 길어다가 장독 같은 데다 받지. 소독이란 게 없어. 처음에는 백두산 천지물이 내려와서 괜찮다고 했는데 나중에(2000년대 초반)는 더러운 물이 내려와. (사례2)

> 수돗물 끓이지 않고 그냥 받아 놓으면 건더기 같은 게 가라앉더라고요. 수돗물 먹다가 2000년 이후부터는 식수만 길어 와서 먹었어요. 자전거 타고 한 시간 반을 가요. 산 이런 데. 사람들이 물통을 들고 땡줄을 짝 서고. 졸졸졸 나오니까 시간 많이 걸렸어요 (사례14)

수질오염은 회복되기보다 계속 악화된 것으로 파악된다. 2000년대 중반에는 북한당국 스스로 UNICEF에 북한 내 수질오염, 특히 수도관 노후화로 인한 2차 오염 문제를 지적하기도 하였다.[26)]

---

26) UNICEF DPRK, *Analysis of the situation of children and women in the Democratic People's Repablic of Korea*(UNICEF DPRK, 2006), p. 48.

(2) 자구적 민속지식의 혼종적 구성

식수 오염이 '발견'되면서 물에 대한 민속지식은 더욱 풍부해졌다. 그간 북한당국은 공식영역에서 학교 및 직장, 의료기관, 공간문헌 등의 위생선전을 통해 주민에게 물/위생 지식을 '보급'해 왔다.[27] 그러나 공적 차원에서의 지식전달은 효과성 · 현실적합성 모두에서 주민의 일상생활과 맞닿지 못하는 측면이 큰 것으로 드러난다. 이러한 상황에서, 지난날 지식의 (공적) 학습 · 생산 · 전파에서 사실상 객체였던 개인이 시스템의 주요한 행위자로 부상한다. 동시에 지식은 개인에 따라 다양하게 구성되어 혼종적으로 존재하게 되었다.

출신지역과 수질조건이 비슷한 대상자일지라도 탈북 시점이 최근일수록 물에 대해 더 많은 민속지식을 지니고 있다. 그 민속지식의 근거를 살펴보면, '과학적' 논리를 제시하는가 하면 들은 것을 의심없이 수용하기도 한다. 과학지식과 민속지식은 서로 완전 일치할 때도 있지만 부분 일치하기도 하고 때로는 엇갈리기도 하면서 넓은 스펙트럼을 구성한다.

> 얼음물은 깨끗하다고 그래요. 북한에서. 겨울물 깨끗한데 빨래하는 물도 없고 나와서 고기잡는 사람도 없고 그나마 깨끗하다고. 봄 되면 얼음 녹으면서 찌꺼기들도 끼고. 그리고 발전소 물은 깨끗하다

---

27) 위생선전은 각 지역 의료보건기관 및 종사인력(주로 호담당 의사)을 통해 진행되며 천리마, 조선녀성 등의 공간문헌을 통해서도 전개된다. 수인성 질병이 발생하기 쉬운 농번기에는 물을 끓여먹거나 소금을 물과 함께 섭취하라는 등의 내용이 게재되기도 한다. 때로 위생선전은 직장, 학교 등의 공적 단위별로 진행되기도 한다.

고 했어요. 걸러 보낸다고 (중략) 겨울에는 얼음을 깨고 그 사이에 비누칠 한 빨래를 넣어서. (사례5)

겨울에 깨끗하지. 봄에는 강에서 빨래하고 여름 같은 경우는 대부분 비오거나 흙물이 강물에 들어갈 수 있고. 겨울 같은 경우는 대부분 얼어 있어. 여름 같은 때는 너나없이 다 강에다가 막 씻고 빨래하고 이랬었는데. (사례4)

대상자 증언을 살펴보면 '사계절 중 겨울물이 가장 깨끗하며 여름물이 가장 오염되었다'는 민속지식이 나타난다. 이러한 민속지식은 물에 대한 인식 · 지식이 사회문화적으로 구성되는 하나의 양상을 드러낸다. UNEP와 북한당국의 통계자료에 따르면, 대동강의 경우 봄에는 화학적 오염 지표인 '화학적산소요구량(Chemical Oxygen Demand)'과 대장균 수가 가장 높고 수위는 가장 낮아 사계절 중 오염이 가장 심각하며, 가을에는 상대적으로 수량이 높아 오염도가 가장 낮다.[28] 그러나 평양에 거주했던 사례를 포함하여[29] 많은 대상자가 봄보다 겨울 강물이 더 깨끗하며 가장 물이 더러운 계절은 여름이라고 인식하고 있었다. 사례15의 증언에서는 겨울에는 빨래나 활동을 하지 않아 물이 더 깨끗하다고 인식하지만, 겨울에도 얼음을 깨고 빨래를 한다는 점이 모순적으로 드러난다. 이처럼 물의 오염도에 대한 인지/판단은 급수/측정에 따르는 것이 아니라, 주민 개인의 시각적/촉각적 경험과 민속지식에 의거하여 구성된다.[30]

28) 장석환, "북한의 물환경", p. 167.

29) 사례19 외에도 출장 등의 특별 사유로 평양에 1년 이상 살았던 사례가 2건 존재한다.

30) 대상자 1명만이 북한에서도 물에 급수가 있다고 증언하였다.

민속지식은 개인별로 주거지역의 자연환경, 지역 이동 경험, 신체적 상황 등에 따라 다르다. 광산이나 공장 근처에 거주한 경우, 물배탈을 자주 경험한 경우, 지역 이동이 잦은 경우, 수도관/우물에서 커다란 부유물이나 앙금을 목격한 경우일수록 물에 대해 세밀하고 구체적인 지식과 감각을 지니고 있다. 식수 때문에 고생을 겪으면, 어디서나 식수를 신경써서 마시는 습관이 들고 민속지식이 굳건해지는 것이다. 중국사람이 근처에 사는 경우 식수 습관에 영향을 받기도 한다.

> 탱크 같은 거에 받은 지 오래된 물을 먹는 게 안 좋았거든요. 수돗물을 그대로 먹으면 대장염이 잘 걸리고요. (이웃) 중국분은 항상 끓여 식혀서 냉동실에다 얼려가지고. (사례14)

> 몸에 적응하게 된 물이 있는데 이거를 바꾸면 그 물이 나빠서가 아니라 바꾸면 그냥 배탈이 많이 나더라고요. 물 때문에 고생한다 이런 말을 자주 써요. 북한 사람들이. (사례7)

> 공업지구가 많은 지역은 우물을 먹을 수가 없어요. 광산 근처도. 그런데 활석 광산 물은 사람이 먹어도 건강에 좋으면 좋았지 나쁜 것도 없어요. (사례5)

2) 재화로써 인식·활용되는 물

북한법상 물은 국가재산으로, 물자원법(1999) 제5조는 "물자원은 나라의 귀중한 재부"라고 규정한다. 허가받지 않은 개인 물판매는 위법이며, 합법적 물 판매의 유일한 당사자는 북한당국인 것이다.

대상자 의견에 따르면, 물을 재화로 인식하고 판매−구매하는 현상은 1990년대 초반부터 나타났던 것으로 파악된다. 전력난으로 기차가 불시에 오래 멈추는 일이 잦아지면서, 기차역 주변 주민들이 식수를 플라스틱 병이나 비닐에 담아 탑승객에게 팔기 시작하였던 것이다. 이러한 변화 속에서, 1997년의 물자원법(최고인민회의 상설회의 결정 제86호)을 필두로 물에 대한 권리와 책임을 명시한 법률이 채택되기 시작하였다. 재화로서의 물 인식·활용이 확산되자 북한당국이 물의 국유화를 적시함으로써 시장의 이익을 중앙으로 환수할 근거를 마련하고 시스템의 전환을 막고자 하였던 것이다.

다만, 일련의 법률 제정이 2000년 이후 주민들의 물 거래에 있어서 큰 제한효과를 발휘하지는 못한 것 같다. 대상자 증언에서 드러나듯 물을 사고파는 것은 큰 처벌의 대상이 아니다.[31] 많은 대상자가 전기와 나무에 대해서는 "훔친다"고 서술하지만 취수나 물 판매는 절도행위로 표현하지 않는다. 또한 기차역 주변 물 시장은 사라지지 않고 오히려 분화하고 성장하였다. 열악한 교통·전력·상수도 상황이 교차하는 상황 속에서 기차 승객에게 별다른 선택지가 없었던 탓이다. 2000년대 초반에는 식수 서비스에 더하여 수온조절, 비누·수건 등의 옵션이 포함된 세숫물 서비스가 등장하였다.

> 물 사먹는다는 건 1990년대 기차타고 다니면서 알았지. 기차가 가다가 전기가 없어서 역에 섰다, 그러면 사먹었어요. 2000년대 초반에 월급이 100원이면 세숫물은 5원 받았던 것 같아. 세숫대야하고 비누까지 줘. 맨물만 주면 더 싸. 더 잘하는 건 수건까지 줘. 돈 없

---

31) 대상자 1명이 기차 안에 들어와서 식수 판매하는 것을 단속한 적이 있었다고 말했다.

는 사람들은 개울까지 내려가. 근데 돈 아끼다 그 사이에 기차 떠나는 날에는 큰 일 나. 겨울에는 찬물 2원, 더운물 3원, 더운물 찬물 섞는 것도 있고. (사례6)

2000년대 초반부터 물은 기차역 근처뿐만 아니라 일상에서도 상품 가치가 있는 재화로 인식되기 시작한다. 대상자 일부 증언에 따르면, 중국 상인들이 북한을 자주 왕래하면서 1990년대 말부터는 국경지역을 필두로 주민들 사이에서 물의 재화성이 인식되기 시작했다는 것이다. 또한 장사 밑천이나 특별한 기술이 없을 경우에도 물은 판매해볼 만한 상품으로 인식되기 시작한다.

1997년~1998년 정도부터 중국 사람들이 많이 오는데 자기네 먹을 물을 사와요. 그거를 막 황센수이(황천수)라고 해요. (사례14)

국경 같은 경우는 1990년대 말 2000년대 초에 중국 사람들이 많이 들어오면서. 중국 사람들은 물을 다 사서 먹거든요. 그러니까 '아 잘 사는 사람들은 물을 사먹는구나.' (사례5)

물 받는다고 수도꼭지 잠그지 않고 다녀오면 물바다 되지. 낮에 시간에 때 없이 나오니까. 물이 잘 안 나오니 나중에는 물을 받아주는 사람도 생기고, 로임을 주고 사람을 불러서 뭘 설치하기도 하고. (사례6)

전에는 장사를 안 해서 사람들이 팔고 사고를 몰라서 못 해 먹었는데. 고난의 행군시기 때부터 장사가 막 유통이 되다 보니까 2000년대부터는 내가 벌이가 정 없으면 물통을 리어카에다 물 50리터짜리를 한 두 개씩 싣고 팔고 사고. (사례12)

물이 수요자와 돈이 필요한 민간 공급자 사이에 네트워크가 형성되고 일련의 거래가 확산되면서 재화로서의 물 인식과 거래는 점차 뚜렷해진다. 게다가 화폐개혁 이후에는 개인주의가 급속하게 증가하면서[32] 물은 더 이상 "얻어먹을 수 있는" 것이 아니다. 물의 재화·사유재로서의 속성이 증가한 것이다.

> 옛날에는 물 마시고 싶으면 밖에 나가서 물 마시고 싶은 어느 집에 가서 문 두드리면 물 줬거든요. 근데 이게 없어지면서 물이 시장에서 나오고. 옛날에는 옆집에 누가 사는지 이렇게 알았었는데 점점 옆집에서 이사하고 다른 사람이 들어오고 해도 관심이 없어지고 주변에 말거는 사람이 잘 없고. 그게 화폐개혁 후였어요. (사례7)

> (고난의 행군 전에는) 물 파는 사람들은 별로 없었고. 곳곳에 지하수 물이 많아서 물 먹고 싶으면 모르는 집 문 두드리고 달라면 줬어요. 지금은 이상하게 보지만. (사례5)

4. 주체·네트워크의 형성: 기술실천에서 나타나는 비공식성과 협력 관계

수질오염과 식수 구별에 대한 인식이 확산되고 물이 재화로 부상하면서 물 시스템은 시장과 긴밀하게 접목한다. 물에 관한 인식·민속지식은 수요와 조건에 따라 모방, 외부(중국)로부터의 기술 수입 등 다양한 기술적 실천으로 이어지고, 시장을 경유한 실천은 상품/서비스를 배태한다. 실천이 반복되다 보니 기술적 개선이 이루어지면서

---

32) 통일부 통일교육원, 『2018 북한이해』(서울: 통일교육원), p. 157.

상품/서비스는 진화하거나 축소되기도 한다. 이 과정에서 실천의 비공식성은 개인의 주체성과 거래 당사자 사이의 협력을 강화한다.

원칙적으로 북한당국은 각 지역 인민위원회 산하에 상하수도 사업소를 두고 상수도 관리 및 감독을 맡기고 있다. 전력난으로 수도공급이 원활하지 않은 상황을 해결하기 위해 2006년 이후 일부 시도 인민위원회에서 "자연흐름식" 수도를 도입하고는 있으나[33] 위치에너지 차가 충분하지 않아 수돗물이 집까지 도달하기에는 동력이 부족하다.

> 여름에는 4~5일에 한 번, 겨울 같은 때는 강이 얼었다가 수압에 터지면 보름에 한 번씩 나오고. 자연수압도 아파트 3~4층 이상 물이 올라가기 힘들어요. 자연수에서 조금 거리가 먼 역전 앞은 1층에서도 올라가기 힘들어서 양수기로 빨아 올렸거든요. 공급 못 받으면 샘물 배달하는 걸 사서 먹죠. (사례12)

자연흐름식에 따라 취수지가 변경되고 새로운 송수관을 설치하여 물이 공급되어도, 집 근처 수도관은 세척이 제대로 진행되지 않고 인프라도 낡은 상태인 경우가 많다. 물론 북한당국은 이런 구조적 문제의 책임을 테크노크라트 개인에게 전가할 따름이다.

> 관리소에서는 긴장한 전력사정과 설비의 고장 등 이런저런 사정으로 하여 먹는물 공급에서 애로를 느끼게 되었다 (중략) 기술자,

33) 2000년대 초반에도 자연흐름수도로 농업용수를 조달한다는 기사가 등장하였으나, 식수/생활용수 조달용 자연흐름수도 설치에 관한 기사는 2006년 9월 1일자 노동신문에 처음으로 나타난다. 자연흐름식 수도 설치는 지역마다 인민위원회 주도 아래 지속적으로 진행되고 있는 것으로 파악된다. 혜산시에는 2014년(「민주조선」, 2014년 11월 15일), 2018년의 경우 강령군 청룡골(「로동신문」, 2018년 9월 13일), 랑림군(「민주조선」, 2018년 12월 24일)에서 설치되었다.

기능공들은 부속품제작을 위한 투쟁을 활발히 벌리었다. 이들은 무거운 부속품배낭을 지고 먼길을 걷기도 하고 밤을 새워가며("먹는 물 보장에 바쳐가는 숨은 노력", 「로동신문」, 2005년 3월 25일)

상수도관이 낡아서 터진 걸 즉시 처리하는 게 아니라 막 물이 주변에 가득 차는데도 누가 와서 처리를 안 해. 나중에 보니까 교체하기도 어려우니 철판 같은 걸 대서 나사로 맞췄더라고. 녹슬지. (사례6)

상황이 이렇다보니 시장을 중심으로 테크노크라트, 수요자, 관련 상품 공급자, 마을 주민 등 다양한 행위자가 협력하게 된다. 그 가운데 완전히 새로운 실천이 나타나는가 하면 때로 이전부터 간간이 수행되었던 보조적, '비법적' 행위들이 확산되기도 한다. 다음 〈표 1〉에 정리된 다양한 사례들은 미세단계에서의 상당한 변화를 방증한다.

〈표 1〉 식수 및 생활용수 조달을 위한 기술 상품·서비스 사례

사례	내용
① 수돗물 취수 및 운반	수요자 집에서 대신 수돗물을 받아주거나, 공급자 집에서 수돗물을 취수하여 수요자 집에 배달해주는 서비스
② 자연수 운반	자연 샘물, 깨끗한 강/하천 물을 대신 취수하여 배달해주는 서비스 * 리어카 등의 수단 사용, 시간제 가사도우미 등이 대신하기도
③ 지하수 채취	집안에 "졸짱"과 펌프를 설치하여 지하수 취수 * 식수 판매자들도 자주 이용
④ 공동 우물 건설 및 운영	지하수를 파서 마을 공동 우물을 조성, 관리 * 2010년대 이후 보초 세워 운영하기도
⑤ 공동수도관에 직통관 인입	고층(3층 이상)아파트에서 수압을 높이기 위해, 공동 수도 파이프라인에 별도의 직송관을 인입. 양수기나 모터를 연결하기도 함

출처: 저자 작성.

확산 시점을 살펴보면 ①, ②, ⑤ 사례는 2000년을 전후하여 활발해졌거나 새롭게 등장한 사례이고 나머지는 그 이전부터 간헐적으로 존재했던 것이다. 기존 상수도 시스템과의 관계를 살펴보면 ①번 사례는 단순한 물리력을 이용하며, ②, ④는 자연수를 활용하기 때문에 국가주도 상수도 시스템에 직접적 영향을 주지 않는다. ③, ⑤번은 기존의 국가주도 물/위생 시스템을 매우 적극적으로 모방·변주하는 행위이다. 다른 사례에 비해 기술적·행정적으로 복잡한 탓에 경제적·정치적 자원, 특정 개인 간의 협력 등을 더 많이 요구한다. 각 사례들의 비공식성의 정도에 따라 형성되는 네트워크의 성격 또한 상이한데, 1) 비공식성(비법성)이 비교적 낮아 개방적이고 느슨한 네트워크(①, ②번), 2) 다소 제한적인 네트워크(③, ④번), 3) 비공식성이 가장 크고 폐쇄적인 네트워크 유형(⑤번)으로 분류하여 살펴보았다.

1) 개방적이고 느슨한 네트워크의 형성: 운반 및 취수 서비스

①, ②번 사례의 경우 물을 긷고 나르는 수준의 노동력과 시간을 투입하는 서비스이다. 요구되는 기술, 전문성, 비공식성 또한 낮아 수요자와 공급자 모두 참여하기 쉽다. 그만큼 네트워크가 느슨한데 수요자 개인은 상품 공급자를 교체할 수도 있다.

①번의 경우 상수도가 설치되었으나 단수가 잦은 도시에서 식수와 생활용수 일부를 조달하기 위해 흔히 사용하는 서비스이다. 2장에서 설명한 것처럼, 장사 때문에 수도꼭지를 열어두고[34] 계속 기다릴 수 없는 여성들을 위해 2000년대 초반 잠시 유행하였다.

②번 사례는 자연 샘물을 취수해서 배달해주는 서비스로 ①번보다 약간 늦게 확산되었으나 훨씬 큰 규모로 성장하였다. 개인이 직접 샘물을 취수해 오던 것이 시장을 경유하면서 상인이 차량, 기술, 노동력을 이용하여 배달해주는 방식으로 변모하였다. 특히 산 속 샘물 배달은 2000년대 이후 일부지역에서 흔한 식수 조달 방식으로 나타나며, 수돗물이 잘 나오는 지역에서도 흔히 찾아볼 수 있다.

> 수돗물은 잘 안 나오고 장마당에 나가서 돈도 벌어야 되는데 물 긷고 수도 기다릴 시간이 없어가지고. 요청하면 그 물을 100리터면 100리터 떠가지고 파는 사람들이 올려다 주거든요. 그렇게 물장사가 그렇게 시작되다가. (사례11)

> 개인이 샘물 나오는 지역에 가서 병에 넣어가지고 구루마라고 하는 거기다 실어서 팔거든요. 대체로는 그게 싸니까 거기에 다 매달려서 그걸 먹자고 하지. (사례12)

> 잘 사는 할머니 집에 한 달 밥 해주고 쌀을 가져가거나 이런 아줌마도 있고. 나무 패주는 아저씨들도 있거든요. 그런 분들이 물 길어다 주고. 자전거나 소달구지 이용해서. (사례14)

이 서비스는 많은 이들이 이용하는 만큼 나름의 체계와 규칙이 존재한다. 판매자들은 샘물을 약 4.8L~5L 용량의 중국산 식용유 병에 담아준다. 샘물을 산 사람은 판매자로부터 물을 용기째 받고 자

34) 앞서 인용한 다음 문헌에서도 나타난다. "살림집에서 수돗물 위생", 『천리마』, 2003년 7호

신이 갖고 있던 용기를 판매자에게 주어야 하며, 용기가 없으면 용기 값까지 지불해야 한다. 잉여분의 병이 집에 있을 경우 샘물 판매자들에게 팔기도 한다. 샘물 병은 일정한 용량을 담으면서도 교체 속도가 빨라야한다는 점에서 유통량이 많고 구하기 쉬운 식용유 통을 조직적 · 체계적으로 재활용하는 것이다.

2) 다소 제한적인 네트워크 형성: 졸짱 박기와 우물 파기

두 번째 유형은 ③, ④번 사례가 해당하며, 첫 번째 유형보다는 제한적인 네트워크가 형성되고 비공식성이 더 큰 측면도 존재한다. 특정한 기술 · 상품을 공급하는 사람과 거래하거나 같은 지역 사람끼리 협력하기 때문이다.

③번 사례 "졸짱"은 관의 한쪽 끝을 지하수 물길에 닿게 하고, 다른 쪽 끝은 지상으로 닿게 설치하여 펌프로 물을 끌어올리는 방법이다. 졸짱은 상수도가 없거나 물이 잘 나오지 않고 수질이 좋지 않을 경우에 설치한다. 상수도 시설이 부재한 농촌 주민들은 1980년대 초반부터 졸짱을 자가에 설치하기 시작하였다. 2000년을 전후해서는 도시에도 물부족과 수질오염이 나타나고 시장을 통해 상품, 기술자(공임) 수급이 원활해지면서 널리 설치되기 시작한 것으로 파악된다.

> 공업지구나 광산 지역은 우물을 먹을 수가 없어요. 그런 지역에서는 졸짱을 써요. 손으로 하는 펌프. 집 밑에 판 거. 지금도 써요. 홍수나 가뭄 나도 잘 되요. 며칠 팠어요. (사례5)

> 옛날인데도 쫄장을 박았거든요. 2층인데도. 시골 같은 경우엔 쫄짱 많이 쓰지. 집에서 물을 이렇게 넣어서 펌프질 하고. 쫄짱은 세대주들이 혼자 버거우면 친구들 야 와라 해가지고 같이 하고 음식이라도 한끼 대접하고. (사례20)

졸짱은 부속을 구해야 하고 혼자 설치하기 어렵다는 점에서 또 다른 네트워크를 필요로 한다. 초기의 경우 주로 각 집안 "세대주"가 지인들이나 마을 사람들과 졸짱을 설치하다가 2000년대 중반 이후에는 전문 공임 기술자 1~2인을 활용하는 것으로 파악된다. 졸짱을 설치할 때 필요한 플라스틱 관, 부자재(수도꼭지, 고무바킹 등)은 시장에서 쉽게 구매할 수 있다. 상수도 공급이 비교적 원활했을 때에도 수도꼭지나 소모성 부자재는 개별 주민이 책임져야했기 때문이다. 다만 주물로 된 졸짱은 국영공장에서 밀매해야 한다는 점에서 수요자 개인과 특정 공급자 사이의 긴밀한 협력관계가 형성된다. 월급을 제대로 받지 못하는 국영공장 근무자와 주물관이 필요한 수요자 사이에 협력관계가 형성되는 것이다.

> 재료는 자기가 다 사. 고무바킹부터 관까지. 주물관은 자기가 해결해야 돼. 공장 가서 뒷돈 주고. 국가적으로 공장과 공장만 사고팔 수 있는데 공장 사람들이 먹고 살아야 하니까 개인에게도 팔지. 위법이야. 많지는 않았지만 1970년대, 1980년대도 있었고. (사례6)

④번 사례는 상수도화가 진행되지 않은 지역에서 오랜기간 활용된 방법이다. 마을에서 주민들이 돈과 힘을 합해서 자연 샘물을 우물로 만들거나 기존 우물을 확장하는 행위, 공동수도를 받아두는

행위 모두를 포함한다. 2000년 이후 물이 재화로 부상하고 우물의 건설·관리 비용이 소요되자 2010년대 이후에는 보촌를 고용하기도 하였다.

> 동네가 달라붙어서 원래부터 있던 이 우물을 크게 만들었어요. 양동이를 넣어서 퍼도 밑에 모래가 흔들리지 않게끔. 홍수가 나면서 원래 있던 물이 묻혔거든요. 근데 물줄기가 다른 데로 튀어서 다시 우물을 했어요. 샘물 줄기가 나오는데 돌을 넓게 둥그렇게 놓고 우물을 만들어요. 양동이 놓는 돌, 물 나갈 길도 만들고. 집에서 노는 아줌마들, 아빠들도 점심시간에 나와서 하고. 나대기 좋아하는 사람들이 주도하고. (사례5)

> 그 한 우물에 달라붙어서 3개 인민반이 다 물을 먹으려니 싸움이 나지. 그래서 나중에는 인민반 회의에서 세대마다 사람 수에 따라 물 긷는 시간을 정해줬어요. (사례10)

이 방법은 국가주도의 상수도 시스템을 대신해, 마을 공동체가 오랜 시간 지녀온 지식/지혜와 기술을 활용하고 때로는 갈등을 해결해가며 나름의 물/위생 시스템을 개선한다는 점에서 의미가 있다. 주민들은 우물을 이용하기 좋게 만들고, 나름대로 파악한 원리를 이용하여 시설을 개선해 나간다. 가라앉았던 모래가 취수과정에서 떠오르지 않게 조치하고 배수로 확보와 폐수-샘물 경로를 분리하였다. 이처럼 주민들은 제도적 한계나 자연재해에 굴하지 않고 네트워크를 구성하고 정치적, 기술적으로 협업하면서 주체적 행위성을 발휘해 왔다.

3) 비공식성이 가장 크고 폐쇄적인 네트워크의 형성 : 인입관과 양수기 설치

⑤번 사례는 고난의 행군 이전에는 찾아보기 어려웠던 것으로, 주로 아파트 고층 거주자들이 낮은 수압 문제를 해결하기 위해 활용하는 방식이다. 비용이 다른 방법보다 크기 때문에 거주자의 경제적 여력이 뒷받침되어야 하며, 상수도 공급과 전력사정 모두 비교적 좋은 도시 중심부나 수원지 인근에서만 가능하다. 상향식 급수를 하는 아파트에서는 고층일수록 수압이 낮아져 4층 이상에서는 급수가 어렵다. 아래층에서 물을 사용하면 위층에서 동시 급수가 불가능한 경우도 발생하여 중층 이상 거주자는 수동 펌프보다 중국에서 수입된 양수기를 선호하기도 한다. 평양의 구역 상하수도 관리소에서조차 펌프와 전동기 부속품 조달이 "제일 난문제"인[35] 상황에서, 개인이 양수기를 설치한다는 것은 일정한 능력과 네트워크를 지녔음을 시사한다.

> 6층짜리 아파트였는데 물이 다행히도 4층까지는 올라와요. 그래가지고 펌프보다는 위층에 양수기를 물을 빨아올리거든요. 전기를 돌려가지고. (사례13)

고층 거주자의 경우 1층 수도관에서 자기 집까지 직통 수도관을 인입 · 설치하기도 한다. 이는 다섯 부류의 사례 중 "비법"성과 비공식성이 가장 큰 방법이다. 북한 상수도법(2009)에 따르면, 당국의 승인 없이 인입관을 연결/설치하는 등의 시설 조작(제43조)은 위법이

[35] "먹는물보장에 바쳐가는 숨은 노력", 「로동신문」, 2005년 3월 25일.

다. 게다가 14조에 따르면, 개인은 인입관 연결 가능 주체에 포함되어 있지 않다. 승인 없이 인입관을 설치하면 집주인부터 관할 인민위원회 상하수도 사업소까지 모든 관여된 이들이 행정적 책임(제50조 2항)을 져야 한다. 이렇게 구체적으로 법률에서 금지를 명시했다는 점은 실제로 이 방법이 매우 성행하고 있음을 의미한다.

> 수도관 올라가는 거 안에다가 직경이 낮은 관을 사서 넣는 거야. 한 번씩 상하수도 담당이 검사를 나와 관이 터진 게 없나 점검을 하지. 땅밑에 들어간 건 자주 못 봐. 어쨌든 집에 부가한 설치는 벌금 나오지. 그러면 설치한 집에서 (뇌물을) 좀 줘야지. 그러면 뭐 이렇게 하시오 저렇게 하시오 (조언) 해주기도 하고. (사례6)

> 물이 잘 안 나와 가지고 아빠가 그거를 공사를 하셔가지고 중앙에서 저희 집만 따로 따온 거예요. 그래서 집에 동네 사람들이 물 길러 많이 오고. 땅집이라 양수기나 펌프는 안 했고 메인에서 관을 따온다고만 들었어요. 땅을 파고. 비법이라고. (사례7)

인입관 설치 과정은 전문인/비전문인, 공식/비공식, 합법/불법 사이의 이분법적 경계를 모호하게 만들며 기존 시스템을 재구조화한다. 수요자 개인은 테크노크라트의 전문성과 지위를 필요에 맞게 활용함으로써 비법의 용인을 끌어내고 주도적으로 네트워크를 구축한다. 서류상 문제가 없다거나 허가를 받았다는 "도장" 날인을 이끌어냄으로써 비공식 행위와 불법을 합법화하기도 한다.

인입관 설치는 또 다른 협력관계를 동반하기도 한다. 특히 다른 층 거주자는 수압이 더 낮아져 피해를 볼 수밖에 없다. 때문에 서로 갈등이 생기면 인민반에서 중재하면서 "집에서는 밥만 해먹고 목욕은

은덕원에서 해라(사례18)" 권고하기도 한다. 그러나 "사정 좀 봐달라고 하는데(사례6)" 뭐라 하기도 어렵고 인입관 있는 집으로 이웃들이 물을 받으러 오는 일이 잦기 때문에 서로 눈을 감아주기도 한다. 북한당국 주도의 공식 시스템에 의존할 수 없는 상황에서, 이처럼 다양한 행위자들은 비공식적인 네트워크를 더욱 견고하게 만든다.

5. 북한당국의 물 시장 개입과 주민 선택 : 변화에 대응하는 중간단계의 관성

3장과 4장에서 살펴본 바, 2000년대 이후 물 시스템은 기존의 공급자였던 북한당국이 아니라 개인의 자구적 민속지식과 실천, 다양한 행위자들간의 네트워크를 중심으로 재구조화되었다. 기존의 국가 인프라를 일부 활용·변주하거나 시장을 경유하여 상품/서비스를 이용하며 미세단계의 변화를 견인한 것이다. 이 가운데, 2000년대 말부터 시작된 북한당국의 내수시장 포장샘물(생수)사업은 2010년대 더욱 적극적으로 확대된다.

1) 과시수단으로서의 포장샘물과 북한당국의 포장샘물판매

북한당국은 1980년대부터 외화상점과 중앙당 간부 공급에 신덕샘물을 유통시켰다. 당시 북한산 포장샘물(생수)는 주로 외화벌이를 위한 것이었기 때문에[36)37)] 대다수 주민들에게 그 존재가 널리 알려진 것은 아니었다. 2000년대 중반에도 북한당국이 김정일 지시에 따라 "샘물 공급소" 라는 이름의 포장샘물 판매소를 운영하였으나 당시에는 일반주민이 아닌 간부와 자본가만 대상으로 하였다. 그러다가 2000년대 말부터 일반 주민에게도 북한산 포장샘물을 판매하기 시작한 것이다.

김정일 집권 말기부터 북한당국은 해외시장뿐만 아니라 내수시장을 확장하고 있다. 2009년 강서약수를 소재로 한 드라마 "사랑의 샘"이 방영되었고, 2011년 1월 김정일이 "룡악산 샘물공장"을 방문하는 등[38] 포장샘물을 "사랑의 샘물"로 홍보하는 양상이 두드러지게 나타난다.[39] 김정은 집권 이후 북한산 포장 샘물 홍보는 더욱 잦아져 노동신문 내 기사량이 급증하였다(〈그림 3〉). 또한 2011년부터 노동신문에 '봉이 김선달'을 긍정적으로 호명하는 김일성의 현지지도 설화가 등장하기 시작하였다.

> 1986년 6월 일요일 (중략) 어버이수령님께서는 느닷없이 오늘은 유람선을 타고 대동강의 풍치를 구경하자고 (중략) 70 고령의 나이에도 언제 한 번 쉬여본 적 없으신 그이께서 (중략) 봉이 김선달이 대동강 물을 팔아 량반놈들을 골탕먹이던 이야기를 해주시였다("인민을 위해 바치신 하루", 「로동신문」, 2011년 4월 4일)

36) "북한샘물, 콜레라 검사 강화 지시", 「연합뉴스」, 1996년 9월 21일, https://news.naver.com/main/read.nhn?mode=LSD&mid=sec&sid1=101&oid=001&aid=0004066198(검색일: 2021. 4. 5). 1995년 한국에 북한 신덕샘물이 수입되기 시작하였고 1996년 8월 중순까지 신덕샘물, 고려신덕산 샘물, 수정금강산샘물, 금강산 샘물 총 3,665톤이 수입되었다.

37) 1995년 10월 조선국제합영총회사와 조총련 애교상사가 합작하여 고려신덕산샘물합작공장을 건설하고 해외수출상품을 제조하였다. "고려신덕산샘물", 『금수강산』, 1996년 9호, pp. 33~34.

38) "위대한 령도자 김정일 동지께서 11월 20일 공장과 룡악산 샘물공장을 현지지도하시였다", 「노동신문」, 2011년 1월 21일.

39) "사랑의 룡악산 샘물", 「로동신문」, 2011년 3월 12일.

〈그림 3〉 노동신문에 등장한 포장샘물 관련 기사의 연도별 추이

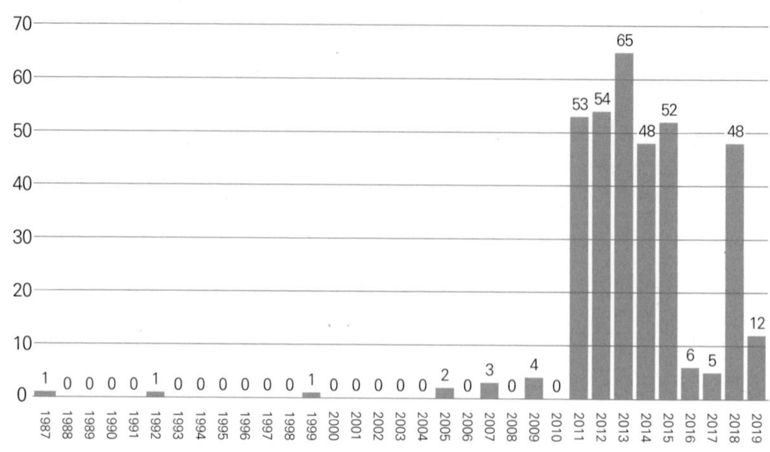

출처: 저자 작성

김정은 집권 이후 북한당국은 「로동신문」, 『천리마』, 『조선녀성』 등의 공간문헌과 조선중앙 TV 단편 드라마, 위생선전[40] 등을 통해 지역 샘물, 신규 샘물 발굴 및 천연기념물 지정,[41] 북한산 샘물의 우수성 및 유용성, 물과 장수/건강의 관계 등을 활발하게 홍보하고 있다.[42] 이처럼 북한당국은 주민의 기대를 높임으로써 소비실천을 유인하고 정당성을 확보하고자 하며 각 도 단위로 샘물공급소와 샘물공장도 확대설치하고 있다.[43]

40) 허상봉, 『건강을 위한 식생활상식』, 조선료리협회. 2014. pp. 156~161.

41) "새로 등록된 천연기념물들", 「로동신문」, 2018년 6월 3일; "천연기념물로 지정된 샘물들", 『천리마』, 2017년 1호, p. 68.

42) "건강에 좋은 무산령샘물", 「로동신문」, 2014년 6월 1일; "룡악산 샘물과 화포금 샘물", 『천리마』, 2018년 9호, p. 38; "귀중히 여기라", 텔레비죤극창작사 제3창작단 드라마, 2016년.

43) "각 도 샘물공장건설 활발", 「로동신문」, 2018년 12월 8일; "인민의 목소리에 귀를 기울이며: 늘어난 샘물공급소", 「로동신문」, 2019년 8월 12일; "대성산샘물공장 준공식 진행", 「로동신문」, 2019년 5월 19일.

2010년대 들어 지역마다 설치되고 있는 샘물공급소(판매소)는 상업부 사회급양부문의 감독 아래 24시간 운영된다고 한다. 중요한 것은, '국영' 사업의 특성상 일정 금액을 당국에 납부해야 하므로 샘물공급소 판매자는 샘물 외의 다른 품목 또한 판매할 수밖에 없고 북한당국 역시 이를 묵인한다는 점이다.

> 상업부 사회급양부문에서 운영하고 여기 편의점처럼 24시간 해요. 개인들이 좋은 위치를 받으려고 돈을 많이 내고 공급소를 하죠. 샘물도 팔고 단물도 팔고. (사례17)

> 샘물 공급소에서 처음에는 24시간 샘물만 팔았는데 수량도 없고 판매자도 기업소에 돈 바치고 먹고 살아야 되잖아요. 그러니까 샘물 중국 것도 팔고 과일 주스도 만들어 팔고 처음에는 숨겨놓고 팔았지만 단속하지 않았어요. (사례12)

> 대동강 물장사. 장군님은 봉이 김선달이라고 소문이 돌고. 국가도 주민들의 생활수준이 올라와서 물을 사먹을 수 있겠다는 걸 파악을 한 상태에서 공장을 하잖아요. 물 안 사 마셔도 되거든요. 북한에 화학제품 많아서 물을 못 마시는 것도 아니고. (사례5)

북한당국의 내수 물 시장 개입은 주민 실천에 상당한 파장을 주고 있다. 대상자 증언을 종합해보면, 2010년대 중반 이후에는 생수 구매의 직·간접적 경험이 훨씬 많아지고 생수 유행 현상도 뚜렷해졌다. 포장 샘물이 부의 상징이 되면서 사회경제적 계급을 자랑하는 수단이 되었다는 것이다. 이러한 유행현상은 북한당국의 정당성 확보 행위가 주민의 기대를 일정정도 촉발했음을 보여준다.

2016년도 전에도 있었는데 본격적으로 나타난 건 그때부터 나타난 것 같아요. 사람들이 물이 너무 안 좋으니까 좀 돈 있는 사람들은 그 샘물을 사용했어요. (사례11)

2010년도 2009년도에는 청학 약수를 먹었다 이런 말이 돌더니 2012, 2014년도 이렇게 지나면서 보니까 청학 약수를 사서 드시는 분들이 시내 안에는 좀 많더라고요. (사례8)

페트병에 든 물을 갖고 다니거나 중국물을 먹던가 뭐 그렇게 하면은, 사람들이 객관적으로 보기에는 '아 저 사람 돈이 많으니까 비싼 걸 먹는구나' 하니까. (사례12)

북한당국의 샘물판매는 미세단계에서의 변화에 대응하는 중간단계 특유의 관성을 보여준다. 단적인 예를 들어, 2002년 7·1경제관리개선조치 이후 북한당국은 시장이 커질 때마다 시장을 폐쇄하거나 주요 장사계층인 여성의 장사를 제한하였다. 이처럼 화폐개혁 직후인 2010년대 초반부터 경제적 능력을 지닌 계층이 확대되고[44] 이들의 소비실천이 고급화되는 현상이 나타나자,[45] 북한당국이 해외시장뿐만 아니라 내수시장에도 개입하기 시작한 것이다.[46] 이는

---

44) 뤼디거 프랑크는 화폐개혁 이후부터 김정은 집권 이후에 이르러 북한 내부의 중산층 계급이 두터워졌다고 분석한다. 그는 휴대폰 보유인구에 근거하여 2014년 기준 중산층 인구를 전체의 10%로 추산하였다. Rüdiger Frank, *Nordkorea: Innenansichten eines totalen Staates,* München: DVA, 2014, 안연희 역, 『북한』(서울: 한겨레출판, 2020), p. 299.

45) 소비 취향의 고급화현상에 대해서는 김석향·박민주, 『"북조선 여성", 장마당 뷰티로 잠자던 욕망을 분출하다!』(서울: 도서출판 선인, 2019) 참조.

46) 해외 수출사업 또한 여전히 활발하게 지속되고 있다. 김정은 집권 이후 북한당국은 해외 대상 홍보잡지(영문판, 중문판, 러시아어판)에 룡악산 샘물공장을 지속적으로 홍보하고 있으며, 최근에는 SNS '조선의 오늘' 등을 통해 포장샘물을 홍보하고 있다.

상당 규모를 이룬 민간 중심의 시장 시스템을 재편하여 중앙으로 이익을 흡수하려는 북한당국의 시도인 것이다.

2) 북한당국의 개입에 대한 주민의 실천

포장샘물 소비가 주민들 사이에서 경제적 지위를 과시하는 수단으로 활용되고 있으나 북한당국이 원하는 만큼 시스템이 다시 조정될 것 같지는 않다. 유행(expectation)이 포착되고는 있으나 북한당국이 원하는 방식으로 학습과 네트워킹이 나타나지는 않고 있다. 북한당국의 샘물 판매에 대한 주민들의 인식·실천은 크게 두 가지로 분류된다.

첫째, 2017년 기준, 북한 주민의 약 7.8%만이 식수판매대에서 물을 구매하는 것으로 추산된다.[47] 그러나 이 7.8%에 해당하는, 생수 소비가 가능한 '중산층' 이상의 계층에서조차 품질이 훨씬 나아 보인다는 이유로 중국산을 선택하는 일이 적지 않다. 중국산 샘물은 다량 구매 시 할인을 해주는 등 북한산 샘물보다 훨씬 굳건하게 세력화가 진행된 측면도 존재한다.

> 중국 거는 그래도 다 인증이 돼서 왔으니까 믿고 먹을 수 있고 보기도 좋잖아요. 소백수 물, 장백산샘물. 중국 거는 우리가 타바라고 했거든요. 박스처럼 그런 게 있었는데. 타바로 사면은 중국돈으로 살 수 있고 한 개씩 살 때 보다 더 싸고. (사례12)

---

47) Central Bureau of Statistics of the DPR Korea and UNICEF, *DPR Korea Multiple Indicator Cluster Survey 2017, Survey Findings Report*, p. 142.

중국 걸 먹지 말라고 국가에서 선전을 많이 해요. 중국 걸 먹고 벙어리가 된다던가. 그래도 중국 것을 먹던 맛이 있고. 중국물이 조선물보다 비싸지만 보기에 더 신선해 보여요. 포장 용기도 좀. 중국은 북한보다 경제가 발전했다고 보잖아요. (사례11)

둘째, 가격이 비싸 일반 주민의 접근성이 매우 낮다. 국영 포장샘물 500ml 가격은 쌀 0.5kg 가격과 비슷하며 샘물공급소에서 취수해 올 수 있는 물 역시 저렴하지 않다. 때문에 다수 주민은 4장에서 다룬 바, 개인적 방식으로 식수를 조달하고 있다. 2017년 기준, 응답가구의 55.6%만이 주거지 수도관,[48] 나머지 15.8%는 관을 인입하거나 졸짱을 박은 관우물, 8.6%가 관리되는 안전한 우물, 4.8%가 관리되지 않는 우물을 이용한다.[49]

국가에서 물을 퍼가지고 파는 게 있거든요. 2016년부터. (통에 담아주는) 공급소 샘물이 싸긴 한데 원할 때 살 수 있는 게 아니라 금방 끊겨요. 그리고 웬만한 사람들은 (포장 샘물은커녕) 그 샘물도 못 먹거든요. 싸다고 해도 그 돈을 며칠 모으면 한 끼 땔 수 있는 나무도 살 수 있고 하니까. (사례12)

게다가 식량, 땔감, 생활용수 등의 생존물품 조달이 원활하지 않기 때문에 식수 구매까지 신경쓰지 못하는 측면도 존재한다. 특히 포장 샘물의 가격 때문에 주민의 구매가 주로 사회경제적 지위 과시를 목적으로 한다는 점도 간과할 수 없다.

---

48) 그러나 공간문헌을 살펴보면, 상수도가 제대로 작동하지 않다고 보기 어렵다. "주민들의 목소리에서 찾은 일감", 「로동신문」, 2018년 10월 31일.

49) Central Bureau of Statistics of the DPR Korea and UNICEF, *DPR Korea Multiple Indicator Cluster Survey 2017, Survey Findings Report*, p. 142.

아직 북한에서는 좀. 한 20% 정도의 사람이 그 포장된 샘물을 먹는다고 생각되지. 굳이 평민까지, 그 물을 사서 들 그런 형편은 아직 아니에요. (사례11)

생활수준이 어느 정도 되야 나가서 물 마시고 싶으면 사먹는 거지 그 물을 아예 이렇게 사놓고 한국처럼 먹을 수 있을 만한 생활수준은 아직 아닌 것 같아요. (사례7)

배가 아파서 먹었지만 샘물 값이 너무 비싸서 중국을 다니지 않으면서부터는 개인이 파는 샘물을 사서 먹은 것 같아요. 일반인이 생각하면 비싼 물이죠 (중략) 아직 '단물보다 생수가 좋다' 이런 인식은 없죠. 생수보다도 단물이 더 비싸니까 그걸 먹는 게 돈이 더 많은 사람으로 생각하죠. 생수는 그냥 맹물이라고 생각하거든요. (사례13)

포장샘물이 하나의 사회적 유행이 되었다고는 하나, 북한당국이 원하는 방식대로 시스템의 구조변동이 일어나기에는 부족한 측면이 존재한다. 북한당국이 샘물판매의 정당성 확보를 시도하면서 사업 영역을 확대하려고 시도하고 있으나 개인들의 동조적 실천은 제한적이다. 특히 포장샘물 구매는 식수 안전성에 대한 지식·인식과 연계되기보다 사회적 구별짓기로서 더 큰 의미를 지닌다. 이처럼 북한당국의 정책적 개입은 보다 저렴하고 안전하게 식수를 조달하려는 주민들의 학습, 주체·네트워크 형성과는 지향이 다르다. 이는 앞절에서 살펴본 바, 중간단계의 관성으로도 해석할 수 있으며, 전환의 3가지 요소가 선순환하고 있지 못함을 확연하게 보여준다.

6. 나오며: 물/위생의 일상과 시스템의 재구조화

사회 · 기술 시스템론에 근거하여 2000년 이후 북한주민의 일상생활을 살펴본 결과, 물 시스템이 미세단계에서부터 전환되어 중간단계의 관성을 촉발하는 상당 수준까지 왔음이 나타난다. 기존의 국영 상수도 공급체계가 마비되면서 개인 수요자, 상품 판매자, 테크노크라트, 기술자 등 다양한 행위자들은 전환의 주체로서 학습(자구적 지식)과 네트워크 형성(시장을 경유한 기술 · 상품 모방 등) 활동을 통해 적극적으로 시스템을 재구조화해 왔다.

첫째, 학습 영역에서는 수질오염과 함께 식수를 생활용수와 구별하는 인식 · 활동이 확산되었다. 자구적 민속지식의 생산 · 유통과 함께 물은 재화로 인지 · 활용되기 시작하였다. 학습활동을 통해 과학기술적 지식을 구성하고 실천함으로써, 다수의 개인은 주체로서의 행위성을 획득하고 사회적 네트워크의 기반을 다져왔다.

둘째, 주체 · 네트워크 형성 영역에서는 학습 활동을 수행한 다양한 행위자가 시장을 매개로 기술을 모방 · 변용 실천하는 가운데 조직화와 세력화 현상이 나타난다. 기름통을 재활용하여 물통으로 사용하는 등 조직화된 체계와 규칙이 등장하였다. 또한 샘물 취수 · 배달 서비스를 통해 형성되는 느슨한 네트워크부터, 인입관 설치를 통한 테크노크라트–개인 사이의 폐쇄적이고 긴밀한 공모에 이르기까지, 기술실천의 비공식성에 따라 다양한 수준의 네트워크가 구축된 것으로 파악된다.

셋째, 정당성 확보 영역은 〈그림 4〉와 같이 학습, 주체 · 네트워크 형성 활동과 균형을 맞추지 못해 선순환하기 어려운 것으로 나타난다. 북한당국이 중앙으로의 이익 흡수에 천착하면서, 〈그림 2〉에서 제시한 시스템 전환의 이상적 모형과는 다른 상태인 것이다. 이러한 북한당국의 대응은 시스템론에서 언급한 “일방적 기획(Strategy Planning)”으로서 미세단계의 변화에 대한 중간단계의 관성(경로의 존성)으로도 해석할 수 있다. 북한당국은 2010년대 들어 내수시장으로 샘물 판매를 확장하고 있는데, 이는 민간 중심으로 재구조화된 시스템을 다시 당국 중심으로 재편하되 기존 시스템을 복구하여 생활용수·식수 등 전반적 주민의 물 생활을 개선하려는 것은 아니다. 오히려 ‘정치와 시장의 혼종’을[50] 포장샘물 영역으로 확대해 나가려는 시도로 분석된다.

〈그림 4〉 2010년대 이후 북한 물·위생시스템의 미세단계 3요소 구성

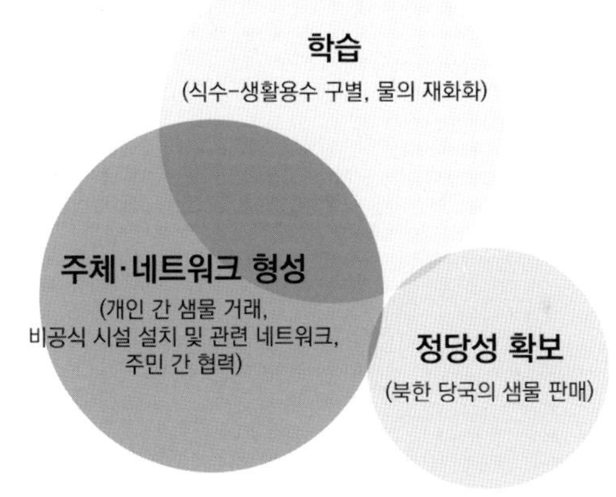

출처: 저자 작성

50) 민영기, 『북한의 화폐와 시장』; 한재헌, “북한의 시장화와 통치: “국가 대 시장”에 대한 대안적 접근의 모색”, 『사회와 역사』, 105호(2015), pp. 389~416.

종합해보면, 북한당국의 관성적 시도에도 불구하고 주민들의 실천은 미세단계의 확연한 전환을 견인하고 있다. 대다수 주민이 그간 학습과 네트워크를 통해 상당한 물적 · 과학기술적(지식적 · 실천적) · 사회적 기반을 구축해 두었기 때문이다. 특히 과학(전문)－기술(비전문), 공식－비공식, 사회－과학기술의 혼종은 개인들의 주체성과 사회 세력의 결속력을 증가시키는 것으로 나타난다. 따라서 북한당국이 외부 기술과 상품을 모방하는 데 익숙한 사회적 세력의 기대를 일부 활용할 수는 있겠지만 수요에 역행하는 전략은 제한적 효과만을 거둘 뿐이다.

참고문헌

1. 국문단행본

김석향 · 박민주. 『"북조선 여성". 장마당 뷰티로 잠자던 욕망을 분출하다!』, 서울: 도서출판 선인, 2019.

민영기. 『북한의 화폐와 시장』, 경기: 한울 아카데미, 2018.

사회혁신팀 편역. 『지속가능한 사회 · 기술시스템으로의 전환: 이론과 실천 방법론』, 서울: 과학기술정책연구원, 2014.

안문석. 『북한 민중사』, 서울: 일조각, 2020.

통일부 통일교육원. 『2018 북한이해』, 서울: 통일교육원, 2018.

2. 영문단행본

Central Bureau of Statistics of the DPR Korea and UNICEF. *DPR Korea Multiple Indicator Cluster Survey 2017. Survey Findings Report*, Pyongyang: Central Bureau of Statistics and UNICEF, 2018.

Conner, Clifford D.. A people's history of science, New York: Bold Type Books, 2009. 김명진 · 안성우 · 최형섭 옮김. 『과학의 민중사』, 서울: 사이언스북스, 2014.

Everard, John. *Only beautiful, please: a British diplomat in North Korea*, Stanford: Walter H. Shorenstein Asia-Pacific Research Center, 2012. 이재만 옮김. 『영국 외교관, 평양에서 보낸 900일』, 서울: 책과함께, 2014.

Frank, Rüdiger. *Nordkorea: Innenansichten eines totalen Staates*, München: DVA, 2014. 안연희 역. 『북한』, 서울: 한겨레출판, 2020.

Institut national de la statistique du Ministère du Plan. *République Démocratique du Congo MICS-Paly 2018*, République Démocratique du Congo: UNICEF, 2019.

McClellan, James E. and Dorn, Harold. *Science and technology in world history: an introduction*, Baltimore: The Johns Hopkins University Press, 2006. 전대호 옮김. 『과학과 기술로 본 세계사 강의』, 서울: 모티브북, 2006.

National Bureau of Statistics and United Nations Children's Fund. *2017 Multiple Indicator Cluster Survey 2016~17. Survey Findings Report*, Nigeria: National Bureau of Statistics and United Nations Children's Fund, 2018.

UNICEF and World Health Organization. *Progress on Drinking Water and Sanitation 2012 update*, New York: UNICEF and World Health Organization, 2012.

UNICEF DPRK. *Analysis of the situation of children and women in the Democratic People's Republic of Korea*, Pyongyang: UNICEF DPRK, 2006.

3. 국문논문

송위진. "사회기술시스템전환론의 기본 관점과 주요 이슈". 송위진 엮음. 『사회·기술시스템 전환』, 경기: 한울아카데미, 2017.

송위진. "사회·기술시스템론과 과학기술혁신정책". 『기술혁신학회지』 16권 1호(2013).

장석환. "북한의 물환경". 박수진·안유순 엮음. 『북한지리백서』, 서울: 푸른길, 2020.

한재헌. "북한의 시장화와 통치: "국가 대 시장"에 대한 대안적 접근의 모색". 『사회와 역사』 105호(2015).

홍 민. "분단의 사회: 기술적 네트워크와 수행적 분단". 『북한연구학회보』 17권 1호(2013).

4. 영문논문

Geels, Frank. "Technological Transitions as Evolutionary Reconfiguration processes: A Multi-level Perspective and a Case-study". *Research Policy.* vol.31(2002).

Geels, Frank. and Raven, Rob. "Non-linearity and Expectations in Niche-development Trajectories: Ups and Downs in Dutch Biogas Development(1973~2003)". *Technology Analysis & Strategic Management* Vol. 18(2006).

5. 북한문헌

"고려신덕산샘물". 『금수강산』 9호(1996).

「로동신문」 각 호

「민주조선」 각 호.

『천리마』 각 호.

허상봉. 『건강을 위한 식생활상식』, 조선료리협회, 2014.

"귀중히 여기라". 텔레비죤극창작사 제3창작단 드라마, 2016.

"위대한 령도자 김정일동지의 현명한 령도밑에 1990년대 상하수도관리사업을 더욱 개선강화하기 위한 수도근로자들의 투쟁". 『김일성종합대학 학보 력사, 법률』 2호(2015).

6. 기타

"평양선 '검은 수돗물' 사태… "먹다가 병 걸린 주민도 있어". 「Daily NK」. 2019년 7월 17일. https://www.dailynk.com(검색일: 2021.4.5).

"북한샘물. 콜레라 검사 강화 지시". 「연합뉴스」. 1996년 9월 21일. https://news.naver.com/main/read.nhn?mode=LSD&mid=sec&sid1=101&oid=001&aid=0004066198(검색일: 2021.4.5).

"24년 전 오늘. 생수를 '합법적'으로 사 마시기 시작했다". 「한겨레 신문」. 2018년 3월 16일』. https://www.hani.co.kr/arti/society/society_general/836389.html#csidx9650b3498d9d0bb9da76be6a4a56314(검색일: 2021.6.1).

강혜석

서울대학교 한국정치연구소 연구원으로 재직 중이다. 통일부 정책자문위원 및 민주평통 상임위원으로 활동하고 있으며 주요 연구 주제는 북한정치, 남북관계, 통일정책 등이다.

송현진

이화여자대학교 통일학연구원 객원연구위원, 이화여대 북한학과 강사, 이화여대 북한연구회 4대 회장으로 재임 중이다. 주요 연구 주제는 북한의 영웅정치, 북한 여성사, 북한 사회, 대북지원이다.

윤은주

이화여자대학교 통일학연구원 객원연구위원, 민화협 회원사업위원장, 민주평통 상임위원으로 활동하고 있다. 주요 연구 주제는 한반도 평화프로세스와 시민사회 역할이다.

조윤영

일본 와세다대학교 국제관계학 박사이며 뉴시스 도쿄특파원으로 재직하였다. 주요 연구 주제는 북·일 관계, 탈북자 문제, 한·일 관계이다.

조현정

홍익대학교 교육학과 연구교수(한국연구재단 학술연구교수), 이음연구소 대표, 민주평통 자문위원으로 활동하고 있다. 주요 연구 주제는 북한 교육, 남북교육통합, 북한이탈주민 교육, 다문화 교육이다.

김미주

이화여자대학교 북한학과에서 강사로 재직 중이다. 주요 연구 주제는 북한 아동, 북한 장애인 등 북한 내 소수자 문제와 국제인권협약이다.

김엘렌

이화여자대학교 통일학연구원 객원연구위원, 국가인권위원회 북한인권전문위원회 전문위원, 서울시 남북교류협력위원회 위원으로 활동하고 있다. 주요 연구 주제는 북한 정치, 리더십, 북한 인권, 남북교류이다.

박민주

동국대학교 북한학연구소에서 연구초빙교수(한국연구재단 학술연구교수)로 재직 중이다. 주요 연구 주제는 북한 과학기술 및 STS(일상생활, 젠더, 물질성)이다.